1

2

Wege zum Wahnsinn

von Rasso Ronneburger

4

1.Kapitel

Michel de Port, Hausnummer 2, 3. Stock, stand in feiner Maschinenschrift auf dem eleganten Kuvert. Keine unangenehme Nachricht wahrscheinlich, die ich da austrage, sann der Postbote. Er hatte in den vergangenen Jahren schon so einiges in dieses Viertel gebracht. Studenten und kleine Beamte, beiderlei Geschlechts, lebten hier, einzeln oder in kleinen Wohngemeinschaften. De Port! Moment mal! Er versuchte sich zu erinnern: Ach ja! Hie und da eine Rechnung, in einem nüchtern blauen Umschlag und allmonatlich die Jagdzeitung. Eine Seltenheit in diesem Bezirk, dessen Bewohner illusionslos ihre Jugend versoffen, vertrödelten oder Konsumzwängen hörig verbrachten. Letzteres galt vor allem für die Beamten. Alljährlich ein Paar neue Ski, eine Urlaubsreise, das geleaste Auto! Es blieb nicht viel übrig vom geringen Einkommen. Er wusste es aus eigener Erfahrung. Und dann die Jagdzeitung. Allein dass er sie abonniert hatte, verriet einen Lebensstil, vor dem ein Briefträger in der Regel nur träumen kann.
'De Port'! Die Familie, alter Landadel! Der Sohn, Student, wie Generationen seiner männlichen Vorfahren, mutmaßte der Bote

und hatte damit so unrecht nicht. Träumerisch, fast zärtlich, betrachtete er ein letztes Mal den Umschlag in seiner Hand, bevor er ihn in den Schlitz gleiten ließ. Was mochte er bringen? Egal! Ernüchtert wandte er sich wieder seinen Geschäften zu. Die Tour war noch lang, die nächste Briefkastenreihe aber nur wenige Meter entfernt.

Im dritten Stock schwenkte das herabgelassene Rollo vorsichtig in seine Ausgangsstellung zurück. Das Tun des Briefträgers war beobachtet worden. Mit echt menschlicher Neugier hatte Gisa, gespannt auf den Moment geharrt, in dem der Bote im Nachbareingang verschwand. Flink angelte sie sich die Briefkastenschlüssel vom Brettchen und eilte die drei Treppen hinab. Ihre blonde Mähne wehte wie eine Fahne hinter ihr her. Treppauf ging es dann bedeutend langsamer. Ihr feingeschnittenes Gesicht wirke nachdenklich, während sie den Umschlag hin und herwendete. Sie hatte den Absender gelesen und wusste, dass die Botschaft von Michels Onkel kam. Ein komischer alter Kauz, schrullig, selbstsüchtig und kleinlich, so war er ihr beschrieben worden. Aber ein Erbonkel und damit ein Wesen, von dem man sich vieles gefallen lassen musste und der immer recht behielt.
Sie selbst, hatte ihn noch nicht kennengelernt. Sie konnte sich auch kein rechtes Bild von ihm machen, denn die männlichen Angehörigen ihrer Verwandtschaft, einschließlich ihres Vaters, hatten zwar ihre Besonderheiten, waren aber weder kleinlich, noch schrullig, sondern standen untertags mit beiden Beinen im Geschäft und kehrten abends freudig in den Familienkreis zurück. Das galt insbesondere für ihren Vater. Sein Beruf als Tierarzt machte ihm Spaß, doch wehe der Kuh, die zu kälbern begann, wenn Vater es sich im Fernsehsessel bequem gemacht hatte. Ihre Nachkommenschaft wurde verflucht, so dass sie

eigentlich mit Bockshörnern hätte auf die Welt kommen müssen. Die ganze Familie litt in so einem Fall mit ihrem Oberhaupt, welches ein Anruf in die Nacht hinausjagte. War das schrullig oder war es selbstsüchtig? Ihr Michel! Nein, der glich mehr ihrem Vater, überlegte sie. Sein Wesen war ihr vom ersten Moment des Kennenlernens an vertraut gewesen. In seiner Gegenwart fühlte sie sich in dieser großen Stadt behütet. Es gab einen Menschen, der für sie da war. Nie und nimmer wäre sie als Ledige in Zapfenhausen mit einem jungen Mann zusammengezogen. Aber hier in der Großstadt, da kam man sich allein so richtig verloren vor und da war nunmehr auch nicht irgendeiner, da war Michel. Der französische Klang seines Namens hatte sie beim ersten eher zufälligen Treffen auf ihn aufmerksam gemacht. Während einer Exkursion zu verschiedenen Fischgewässern, die ihnen als Studenten der Tiermedizin nicht erspart blieben, war das geschehen. Es war ihr von da ab immer wieder gelungen, sich so geschickt in seine Nähe zu mogeln, dass er ihre lebfrische Erscheinung gar nicht übersehen konnte. Eines Tages ergab sich dann ein gemeinsamer Ausflug in seinem Vehikel und, eigentlich unbeabsichtigt, hatte sich der nächste Schritt eingestellt. Als die Karre streikte, war man gezwungen gewesen zu übernachten; hatte dann spontan einige Ferientage angehängt und schließlich festgestellt, dass man zu zweit auch nicht teurer leben würde. Sie war zu ihm gezogen. Sein Appartement galt von diesem Zeitpunkt an ihrer Verwandtschaft gegenüber als ihres, wohingegen seine Verwandtschaft ihn ohnehin nicht kontrollierte. Er wurde nur vorgeladen und um bei seinen Worten zu bleiben: „Zitiert!"

Was, so fragte sie sich, mochte das vertrackte Ding da enthalten? Unschlüssig drehte und wendete sie den Umschlag, während sie sich, endlich oben angekommen, in den Lehnstuhl, jenes beim Trödler erstandene, vorsintflutliche Ungetüm fallen ließ, das alle Besucher so sehr bewunderten. Zu dumm, dass Michel nicht greifbar war. Er ölte zum fünften Mal innerhalb dieser Woche seine Karre. Einer seiner Schwächen, wie sie sich eingestand.

Ob sie das Ding öffnen sollte? Unschlüssig drehte sie es hin und her. Schließlich kam sie zur Überzeugung, dass sie bisher stets dann am besten gefahren war, wenn sie mit ihrer fraulichen Neugierde hinter dem Zaun gehalten und der Männerwelt scheinbar den ersten Schritt überlassen hatte. Allein Gott wusste, wie schwer ihr das jedes Mal aufs Neue fiel. Nur bei Papa durfte sie sich so geben, wie sie war. Diese Tatsache ließ in ihr die beruhigende Vermutung zu, dass sich ihr Ehemann einmal genauso würde erziehen lassen. Ob Michel? Ach Unsinn, schoss es ihr durch den Kopf. Zwar war sie seiner ziemlich sicher, aber da gab es noch die Frau Mamma! Nicht ihre, um alles in der Welt, nein, aber seine! Viel Adel und wenig Geld, kam es ihr in den Sinn. Nur gut, dass die Alte vor lauter nutzloser Beschäftigung der sie nachging, nie dazu kam, dem Sohn nachzuspionieren. Das ist überhaupt keine Mutter, überlegte sie, das ist eine Nervensäge. Ach was, tat sie das Thema ab, während sie den Brief auf dem Sekretär deponierte. Diesmal bist du tapfer und denkst nicht weiter an den Inhalt; damit er letzten Endes nicht doch noch vorzeitig das Tageslicht erblickt!

Zuerst zögernd, dann entschlossen, zog sie sich zu ihrer im Moment zweitliebsten Tätigkeit, dem aus dem Fenster gucken, zurück. Und übrigens, was konnte der Umschlag außer einer Einladung schon enthalten! Welch ein schrecklicher Gedanke, ein ganzes Wochenende ohne Michel. Noch dazu um diese Jahreszeit. Sie starrte in den Nebel, der um die Hausecken waberte. Anfang Oktober, eine Zeit, wo selbst reisen keine echte Freude mehr machte. Dachte sie. Vorbei das Oktoberfest auf der Wies'n und der Semesterbeginn noch Zukunft! Du fährst nachhause, lässt er dich auch nur ein Wochenende allein und bleibst den ganzen Monat weg, trotzte sie in Gedanken. Soll er doch der dämlichen Einladung folgen. Ihr Spenderherz tat sich auf. Sie gönnte ihm die Abwechslung. Ein Gedanke erfreute sie ungemein: Sie sah ihn, wie er bei diesigem Wetter mit seiner Karre unterwegs hängen blieb. Schwarzer Humor, lachte sie und schloss befreit den Rollo, während sie tief durchatmete. Einige Tage allein! Wie schön! Du gehst in die Pinakothek, machst dieses und jenes. Herrlich! Er soll nur fahren! Ihre Lebensfreude, eben das, was er so sehr an ihr schätzte, hatte einmal mehr die Oberhand gewonnen.

Sie hörte seine Schritte auf der Steintreppe. Ruhig, zielbewusst klang es an ihr Ohr Sie lauschte dem Klirren des Schlüsselbundes, vernahm das Schaben, bevor der Schlüssel mit sattem Geräusch ins Loch fuhr und die Türe mit einem Klick aufsprang. Sie hatte den Kopf etwas zur Seite geneigt und wandte ihn vollends, als das Licht im Flur angeknipst wurde. „Bist du es?" Mit dem letzten Wort gestand sie sich die Überflüssigkeit der Frage ein. Wer sollte es sonst sein? Kein Einbrecher kann in derart vertrauter Manier eine Tür öffnen. „Ja, ich!" Nicht mehr und nicht weniger, kam als Antwort. Sie hörte, wie die Türe ins Schloss schnappte. Klack! Gleich darauf begann das Wasser in die Wanne zu rauschen. Entspannt lehnte sie sich zurück, kein bisschen böse wegen dem entgangenen Begrüßungskuss. Sie wusste, sein Sinn für Reinlichkeit war grenzenlos, war perfekt! Doch seit dem bewussten Brief war irgendetwas ein klein wenig anders. Sie begann zu grübeln. War es ersteres, was sie an ihm schätzte? Gewiss nicht! Nicht, dass in ihrer Familie kein Wert auf Sauberkeit, frische Wäsche oder ein Bad gelegt wurde! Aber man übertrieb es nicht. „Einmal die Woche! Es hat eben alles seine Zeit und alles seinen Platz bei uns zu Hause", grummelte sie.

Du wirst ihm das abgewöhnen müssen, quengelte ihr Ego. Gleichzeitig erschrak sie über diese neu entdeckte Unstimmigkeit in ihrer Beziehung. War es wirklich so, wie sie einmal in einem schlauen Buch gelesen hatte? War das Zusammenleben zweier Menschen an seinem Beginn ein andauerndes, gegenseitiges Erziehen, einem Kampf unter dem Deckmantel der Liebe vergleichbar? Sie fröstelte leicht. Wo gekämpft wird, ist eine Entscheidung fällig, dachte sie. Eine Entscheidung, die vielleicht ein ganzes Eheleben auf sich warten lässt. Ein zwanzig, dreißig, vierzig, ja, wenn es hochkommt, fünfzigjähriges Ringen, in dessen Verlauf sich die Kontrahenten immer besser kennenlernen, so dass schließlich keinem mehr ein Sieg beschieden sein kann. Oder kommt nach vier, fünf oder zehn Jahren das Aus. Ein Aus, dass es in seiner Familie noch nie gegeben hatte und das deshalb führ ihn unvorstellbar ist. In ihren Ohren klangen die Worte jener Frau, gesprochen in der verzweifelten Situation eines hoffnungslosen Siechtums, an einem Punkt, an dem sich der Mensch an den dünnsten Strohhalm klammert: „Ich überlebe ihn. Die Statistik spricht für mich und dann!"

Was dann! Gisa erschauerte unter dem Druck ihrer Gedanken. Wird es mit Michel und mir wie im Fall einer Ehe auf Dauer gehen? Ist das in der heutigen Zeit überhaupt noch möglich?

Kann es so kommen? Oder werden wir beide genauso zufällig wieder auseinandergehen, wie wir uns gefunden haben? Gab und gibt es das überhaupt: Einen Zufall? Oder ist alles vorherbestimmt? Schicksal! Wer ist sich seiner Antwort darauf sicher? Fragen, Fragen? Ob nur die Jugend eine solche Frage stellt? Sie konnte sich nicht erinnern, dass ihre Eltern jemals dieses Thema diskutiert hatten. Michel und du, ihr redet allerdings oft darüber! Viel zu oft! Michel! Ein sanftes Plätschern drang an ihr Ohr. Es war schon länger im Raum, jetzt aber vernahm sie es! Sie fühlte, dass das Leben, diese sich summierenden Alltäglichkeiten, sie wiederhatte. Bestand es aus diesen vielen kleinen Erlebnissen, oder wurde es durch tiefe Einschnitte geprägt? Ihre Eltern! Für sie, wohlbewahrt durch regelmäßig sprudelnde Geldquellen, war es wohl das erstere. Für sich selbst ließ sie die gleiche Regelung im Moment noch nicht gelten. Ohne dass sie es wahrgenommen hätte, war der Einschnitt, das herausgerissen werden aus vertrauter elterlicher Umgebung, von ihr noch nicht bewältigt. Dass sie die Frage ‚klein oder tief' für ihr eigenes Leben nicht beantworten konnte, machte sie hilflos. Indem sie den Brief unbewusst als Vorwand benutzte, flüchtete sie zu Michel. Zu ihrem Michel, der es verstand, verstehen musste, dass sie ihn jetzt, ob es ihm gelegen kam oder nicht, besuchte, weil sie ihn brauchte.

Dampf schlug ihr entgegen und holte sie in die Wirklichkeit zurück. Sie erkannte auf einen Blick seine teils erwartungsvollen teils irritierten wässrigen Augen, registrierte die Falten an seinem Hals, die so gar nicht zu seiner samtenen Haut passen wollten, sah die Schaumkrone, welche seinen Leib umgab und den beschlagenen Wandspiegel. Konnte ihr aus dieser Situation Hilfe entstehen? Unbewusst um ihr Wohlergehen kämpfend, streckte sie ihm mit einer müden

Bewegung den Brief entgegen. „Da!", würgte sie hervor. Das Geschehen versachlichte den Augenblick. „Ein Brief, von wem?", baute Michel eine Brücke. „Von deinem Onkel", kam es leicht über ihre Lippen. „Willst du ihn lesen?" „Nein", entschied er. „Jetzt nicht! Das hat Zeit." Und in Gedanken, während er sich mit dem Schwamm seinen Arm massierte, fuhr er fort: „Es wird eine Einladung zur Treibjagd sein". Selbstgefällig, elitär hatte das geklungen. Es reizte daher ihren Widerspruch. Hätte man sie allerdings gefragt, warum sie im Folgenden beinahe einen Streit anfing, sie hätte es nicht zu sagen gewusst.

„Puh, ist das hier eine Luft", fuhr sie ihn an. „Keine Frau fiele auf euch Mannsbilder herein, würde sie euch ausschließlich im Dampfbad begegnen." „Komm gib mir den Brief", wehrte er sich und streckte ihr teils fordernd, teils bittend seine nasse Hand entgegen. Die Neugierde ließ sie entsprechend handeln. Wortlos setzte sie sich auf den Wannenrand, während ihre Augen funkelnd zusahen, wie er das Empfangene unschlüssig hin und herwendete. „Nun mach schon", forderte sie ungeduldig. „gib mir bitte die Haarnadel dort, konterte er, geschickt die Wichtigkeit seines Tuns betonend. „Du Sadist", trotzte sie, während sie ihm eiligst das Verlangte in die Hand gab. Sie konnte ein befreites Seufzen nicht verhindern, als er das Kuvert, mit spitzen Fingern in der einen Hand haltend, gekonnt mit der anderen und mit Hilfe der Nadel aufriss und es spontan samt Inhalt an sie zurückgab. „Bitte lies vor", forderte er, während gleichzeitig sein Oberkörper entspannt ins Wasser zurückglitt. Mit fahrigen Bewegungen, die ihre Anspannung mehr als verdeutlichten, entnahm sie den Inhalt. Sie bemerkte, und es störte sie dieses Mal überhaupt nicht, das Wappen der de Port im Briefkopf. Schweigend überflog sie den Absender und begann alsdann: „Waidmannsheil, Neffe! Du bist hiermit zur diesjährigen Treibjagd eingeladen, welche am 15.

November über die Bühne gehen soll. Ich stelle dir anheim, eine Begleitung mitzubringen. Lass es mich aber rechtzeitig wissen, damit disponiert werden kann. Dagobert."
„So einfach Dagobert", grollte sie. „Kein Gruß, nichts! Eine feine Verwandtschaft hast du", versuchte sie ihn herauszufordern. Er konterte mit einem Lächeln, während sein Blick genüsslich zur Decke wanderten. „Schatz, was willst du? Du begleitest mich nach meiner Erfahrung ohnehin nicht zum Tiere töten. Ich wiederum kenne Leute, denen kannst du eine derartige Einladung auf Toilettenpapier zukommen lassen und sie werden sie in einen Goldrahmen fassen. Das ist Leidenschaft! Übrigens nett von Onkel Dagobert, dass er auch dieses Jahr wieder an mich denkt. Außerdem ist ‚Waidmannsheil' Gruß genug."
In Gisas Augen blitzte Schalk auf. Ihr war eine Idee gekommen. Ja, noch mehr! Sie wollte einen neuen Konflikt entfalten. Sollte Er, dieses nasse, glänzende, selbstsichere, geliebte Ekel, das genießerisch vor ihr lag, ruhig sehen, dass das nicht so einfach war, ein Wochenende zu verreisen und sie in München allein zurückzulassen. Im Moment dieses Gedankens gestand sie sich gleichzeitig ein, dass ihr seine Bemerkung über ihr Verhalten Tieren gegenüber ganz entschieden gegen den Strich ging. „Mit Begleitung!" Ihr Hinweis, halb lauernd, halb bittend, verklang im Raum. Was folgte war keine Kunstpause, sondern die Vorbereitung zweier Intelligenzen auf eine Auseinandersetzung. Jeder kannte die Waffen, deren sich der Andere in den folgenden Minuten bedienen würde.
Gisa erwartete, hasste aber auch aus vollem Herzen sein von dieser Sekunde an gezieltes Schweigen. Diese, wie sie es nannte, Ignoranz. Schon der Gedanke daran brachte sie in Wut. Nur mühsam gelang es ihr, den Hieb bezüglich des Tiere

Tötens genügend lang auszusitzen, bevor sie ihrerseits zur Attacke überging. Sie verlieh ihrer Stimme einen bittenden Klang und seufzte schmelzend: „Bitte!" Gisa war sich bewusst, dass diese „Bitte" eine schwache Waffe war. Michel würde sich so ohne weiteres nicht veranlasst sehen, sein Schweigen zu beenden. Was aber sollte sie machen? Der Schmelz in ihrer Stimme schaffte Wärme, lenkte aber eher ab, als dass er das Ziel fixierte. Ihr Angriff, so hatte sie ihn eingeschätzt, würde nur geringen Erfolg bringen. Und so war es auch. Selbstsicher, konterte das Scheusal, wie sie ihn im Moment in Gedanken nannte: „Aber Herzchen, du weißt doch, wie die Einladung zu verstehen ist. Onkel Dagobert denkt an eine zünftige männliche Skatrunde nach dem Jagdessen!" Sie griff das Stichwort mit Sarkasmus auf. „Kannst du mir dann sagen, wieso deine Mamma dabei sein wird? Nach deinen Worten lässt sie keine derartige Gelegenheit aus."

Gisa hatte den Einwand bewusst angebracht, um es ihm unmöglich zu machen, sich voll auf seine Antwort zu konzentrieren. Statt zu reden, handelte er! Gelassen zog er sich am Haltegriff hoch, griff betont sachlich zum Handtuch. Ignorant, Scheusal, hämmerte es erneut in ihrem Gehirn. Doch er beging einen Fehler! Sein „würdest du mir bitte den Rücken frottieren", hätte nicht kommen dürfen. Gisa legte das Ansinnen, das zwischen vertrauten Partnern an und für sich eine Selbstverständlichkeit hätte sein können, als Dreistigkeit aus. Blitzschnell, mit einem nur Frauen eigenen Gespür für derartige Chancen, erfasste sie die neue Situation und hatte sie im nächsten Moment schon soweit analysiert, dass sie mit Sicherheit, wenn auch nur in Gedanken, feststellen konnte: Schatz, jetzt habe ich dich! Kein Zeichen von ihr verriet allerdings, dass dem so war.

Gisa begann zu reden. Sie sprach sachlich, auch nicht besonders eindringlich. Kein Beobachter hätte das Bild vorausgesehen, das sich daraus ergab. Denn nach ihrem letzten Satz stand ein Häuflein Elend mit nassen Füßen neben der Wanne, das innerhalb von einigen Minuten über der Unverschämtheit, einer Frau die es schätzte, ja liebte, die Teilnahme zu verweigern, weinend zusammengebrochen war.

Und so kam es, dass am vierzehnten November Michel seine Gisa auf das Schloss der de Port mitnahm. Wohl war es ihm dabei nicht, denn nach seiner Vorstellung, aber auch Erfahrung, brauchte man keine besonderen hellseherischen Fähigkeiten, um einige Unannehmlichkeiten voraussagen zu können. Eines war ihm jedoch klar: Er würde kämpfen. Für seine Gisa lohnte jeder Einsatz. Zumindest beinahe jeder! Genaugenommen hielt Michel es für besser, den Fall nicht bis zur letzten Konsequenz durchzudenken. Was wird Mamma sagen, blieb außen vor. Gisa hatte mit ihrer Einschätzung recht! – Er war ein Ignorant. Es gelang ihm tatsächlich, diesen unbequemen Gedanken bis zum Vierzehnten zu verdrängen. Er tat ganz einfach so, als wäre es das natürlichste auf der Welt anzunehmen, dass die Einladung ihnen beiden gegolten habe.

2.Kapitel

November! Was erwartet man von diesem Monat, besser gesagt von seinem Wetter, mehr als Nebel. Die Schleier liegen bis spät in den Tag auf den Wiesen. Sie umhüllen den Wanderer und geben ihm das Gefühl in den Gewölben eines Doms dahinzuschreiten, während eine feierliche Stille ihn wohltuend umschmeichelt und der vom Frost überzuckerte Tau ihn die

Existenz der Urelemente bewusstwerden lässt. So ist es den einen in Einsamkeit gegönnt, den Übergang zum Winter zu erleben. Die anderen aber suchen Geselligkeit. Nicht zuletzt die Hubertusjünger! Sie, die im Frühling und im darauffolgenden Sommer einen Eindringling in ihrem geheiligten Bezirk über hunderte von Metern hinweg riechen und ihn stellen, wie ein Hahn das mit seinem geringeren Nebenbuhler tut, werden plötzlich gesellig, wie die Hirsche in der Brunft. Treibjagden stellen landauf, landab das gesellschaftliche Großereignis dar. Ob böhmisch, oder im Kessel; einerlei, dabei zu sein ist das halbe Leben. Man schießt nicht auf alles. Wer das denkt, verleumdet die gesamte elitäre Gruppe. Es wäre natürlich auch unverschämt auf alles zu schießen, wo doch nur weniges vor die Flinte kommt. – Und was für eine Flinte! Extra aus diesem Grund für ein paar Tausender erstanden. An irgendetwas, wenn schon nicht an der ‚schicken‘, weil abgetragenen Kleidung muss man ja schließlich den finanziellen Rückhalt der Beteiligten abschätzen können. Das Gewehr ist der Gradmesser. Kein Nimrod übersieht das Tötungsinstrument des Anderen. Sachkundig, vor allem aber mit einem Blick für die Ziselierung wird es taxiert, werden Schussleistungen verglichen. Zahlenkolonnen schwirren durch die Hirne der Informierten. Auch das Missverhältnis zwischen Leistung und Ergebnis wird besprochen. Immer wieder! Jedes Mal dann nämlich, wenn ein aufgeschreckter Hase, in langgezogenen, schnellen Sprüngen das nächste Dickicht erreicht. Dann stellt der Beinahe-Schütze (nie die Beinahe-Schützin!) fest, dass noch manches an der Waffe eingestellt gehört, was aber, wie er zu bedenken gibt, eine reine Zeitfrage ist. Und Zeit ist das einzige, was man eben nicht hat. Wer hat heute noch Zeit‘? Die ganze Woche über: London, Rom, Washington! Wer hat da noch Zeit?

Und doch gibt es glückliche Menschen, die haben welche übrig. Sehr viel sogar und dazu auch noch das nötige Kleingeld. Sein Onkel zählt dazu, sann Gisa, während Michel, die zitternden Hände an das Lenkrad gepresst, durch den Nebel nach der richtigen Abzweigung starrte. Das Zittern verriet keineswegs eine innere Erregung, sondern war die rein mechanische Folge eines ausgeschlagenen Lenkgetriebes, sonstiger ungenügender Schwingungsdämpfung und der schlechten Straßen. Er hat sich verfahren, dachte Gisa. Ihr weibliches Selbstbewusstsein stieg. Vor fünf Minuten etwa, bei der letzten Kuh-Herde, deren Körper schemenhaft verschwommen aus der Nebelsuppe aufgetaucht waren, muss es geschehen sein. Dein Michel ist spontan in den nächsten Feldweg eingebogen. Das hätte er wohl nicht tun sollen. Es hat selbst dich überrascht, dass er so schnell war und damit deinem Vorschlag zuvorgekommen ist. Jetzt trägt er die Schuld und das ist gut so. Ein Mann mit schlechtem Gewissen ist allemal besser beherrschbar wie einer, dem alles auf Anhieb gelingt. Dieser stille Triumpf und doch! Ihre Gedanken fraßen sich an etwas Anderem fest. Wie wird es sein, wenn du zum ersten Mal vor seinem Onkel stehst, fragte sie sich. Wie schaut er aus? Wie wirkst du auf ihn?

Instinktiv ahnte sie, was es bedeuten konnte, auf Anhieb akzeptiert zu werden und damit sozusagen die höheren Weihen in der Familie zu bekommen. Vorstellungen von ritterlichen Tafelrunden konkurrierten in ihrem Gehirn mit Vorstellungen von Schäferspielen! Allmählich erst kehrte sie in die Realität zurück. Die Straße, der Weg – die Bezeichnung Trampelpfad hätte eher getroffen - war gar zu schlecht. Ein schneller Blick nach links ließ sie jedoch zur Überzeugung kommen, dass es zwecklos wäre aufzubegehren. Michel! Beinahe wäre sie in ihrem Frust über die momentanen Verhältnisse auf ‚deutscher Michel' in seiner französischen Übersetzung gekommen. Ihr Michel war viel zu beschäftigt, um ihr in dieser Situation mit Worten Parole bieten zu können. Gelangweilt ließ sie sich deshalb in den Sitz zurückgleiten und versuchte, so gut es ging, zu entspannen. Doch der Autositz glich einer Brettschaukel, bei der die Enden immer wieder hart auf den Boden knallen. Zaunpfähle zogen vorbei und für einen Moment erkannte sie das auf und nieder der sie verbindenden Drähte. Wie lange konnte das noch so weitergehen? Ein Blick zu Michel, ließ sie weiterschweigen. Da eine Kurve und schon trennte sich vor der Kühlerhaube der eine Wiesenweg vom anderen. Vorbei! Hätte man links abbiegen sollen? Sie wusste es nicht. Sie fragte sich ernsthaft wie lange in diesem Land Feldwege sein könnten? Vier Kilometer, fünf? Nicht mehr, eher weniger! Eine Ortschaft würde folgen. Irgendein aus dem Nebel auftauchendes Kreuz würde dies signalisieren.

Und so war es auch. Sie kamen über eine Hofstelle ins Dorf. Gisa fühlte sich bei der Durchfahrt wie der Einbrecher, der sich ein Kellerfenster zunutze machen will. Endlich eine geteerte Kreuzung! Kein Hinweisschild, nichts! Michel fuhr in Richtung Dorfausgang. Aber was besagte das schon! Die Straße führte in jeder Richtung aus dem Ort heraus. Dann das Ortsschild! Zapfenhausen! Wir verlassen Zapfenhausen, dachte Gisa. Michel wendete, als sei das das selbstverständlichste von der Welt. „Na also, ich wusste es ja", triumphierte er. Männer, dachte Gisa. Schon den kleinsten Erfolg rechnen sie sich groß an. Sie verbiss sich den Hinweis, dass er ihrer Meinung nach, bis vor wenigen Augenblicken gar nichts gewusst hatte und konzentrierte sich, jetzt da der Moment der Begegnung schon greifbar war, ganz auf ihre Befangenheit, ihr Unwohlsein, das sie, allmählich beginnend, von zehn Meter zu zehn Meter mehr und mehr gefangen nahm.

Am Schluss die Allee, die Zufahrt zum Schloss! Selbst ein völlig Ortsunkundiger wäre sich nunmehr sicher gewesen. Gisa wollte schreien: Halt, Liebling bleib stehen! Lass mir Zeit! Kurz dämmerte in ihr der Gedanke: Wie damals, als dich Vaters Freund, Dr. Kurz, im Wagen zur Blinddarmoperation in seine Klinik mitnahm. Doch seinerzeit warst du noch ein Kind. Darfst du dich als Erwachsene soweit gehen lassen? Die Antwort darauf wurde ihr erspart.

Sie waren angekommen. Schloss Zapfenhausen stand in seiner kolossalen Behäbigkeit vor ihren Augen. Kein Einparken, nichts! Michel ließ den Wagen im Vorhof ausrollen. Unter den Rädern knarrte und rauschte der Kies. Dann Stille! Sie standen. Gisa sah in die Runde! Trutzig! Vier Türme! Verwitterter Anstrich, der durch Weinranken zu drei Vierteln verdeckt war. Die Burg, wie Gisa sie spontan nannte, trutzte gut vier Meter über ihnen, zugänglich nur über eine altersgeschwärzte, mächtige Steintreppe. Wirklich eine andere Welt, schoss es Gisa in den Sinn, während sie zögernd den Schlag aufmachte und ausstieg. Sie dachte an das Dorf, durch das sie gefahren waren. Kirche, Wirtshaus! Die Häuser mit grün gestrichenen Fensterläden! Und nun das da! Die Läden: Blau-weiß-gelb! Die Farben der de Port! Hier lebt man nicht in Gesellschaft, man gibt sie! Und das im zwanzigsten Jahrhundert, durchzuckte es Gisa.

3.Kapitel

Drei Hunde kamen geschäftig wedelnd die Stufen herab, während ein vierter und fünfter, vielleicht sogar ein sechster irgendwo im Verborgenen dumpf anschlugen. Diese Töne können nur von einem Bernhardiner oder ähnlich großen Viechern stammen, dachte Gisa. Die zwei Münsterländer hatten es auf Michel abgesehen, während sich der kleine Rauhaardackel Gisa zuwandte. „Es ist Susi", sagte Michel schnell, während er seine beiden Tiere abwechselnd zu kraulen begann. „Susi!", presste Gisa hervor, während sie rätselte, wie sie sich verhalten sollte. Die Hundedame wackelte heran und blieb dicht vor Gisa stehen. Jetzt streichle mich mal, sollte das wohl heißen. Gisa hatte begriffen. Dankbar ging sie in die Hocke und begann mit Inbrunst das raue Fell der gutmütigen Teckeline zu kraulen, wobei ihre Augen immer wieder munter durch die Gegend spazierten. Dabei bemerkte sie Details, die sie zuvor nicht gesehen hatte. Sie diagnostizierte den aus der Seitenbegrenzung herausgebrochenen Stein und die in der entfernten Hecke sichtbaren, störenden Stufen. Alles alt, dachte sie. Doch über die wahre Welt des Besitzers traute sie sich kein endgültiges Urteil abzugeben. Soviel hatte sie schon erfahren, es war nicht die Armut die die Reparatur der Treppenanlage verzögerte. War es Gleichgültigkeit? Wenn ja, dann ließe es sich hier leben. Was jedoch sind das für Menschen, die ein solch großes Rudel unterschiedlichster Hunde ihr eigen nennen. Drei liebgewordene, verwöhnte! Und die anderen? Gisa fühlte sich irgendwie überfordert Sie warf einen verdeckten Blick auf Michel. Er schien vollständig gelöst und zufrieden. Er strahlte aus, was sie in dieser Intensität bei ihm noch nie erlebt hatte: Gesättigten Stolz! Sie wusste, ein solch starkes Gefühl ist dir selbst nicht gegeben und deshalb war er ihr in diesem Moment ein Fremder. Man kann einfach nicht übersehen, resümierte sie, welchen Rückhalt ihm das Gefühl gibt, an diesem Ort geboren und aufgewachsen zu sein.

„Du wirst zugeben, es gefällt dir", mutmaßte er nach einer kleinen Ewigkeit. „Ich weiß nicht", hörte Gisa sich sagen. Sie wusste es wirklich nicht! Ihr schien es, als wären die verbindenden Bande zwischen ihm und ihr zerschnitten. Ihre Antwort war nicht stark genug, um ihn aus seinen Träumen zu reißen. „Hierher kehre ich eines nicht allzu entfernten Tages zurück", bekräftigte er seine Gedanken. Unter der Last, der in ihr aufschäumenden Gefühle war ihr gar nicht aufgefallen, dass er in der Einzahl gesprochen hatte. Wäre es ihr aufgestoßen, hätte sie sich, nach dem was soeben auf sie eingestürmt war, bestimmt nicht groß gewundert. Im Gegenteil! Sie hätte ihn im Augenblick der Erkenntnis losgelassen, zumal da noch die Sache mit der Ungleichbehandlung der Hunde war. Als angehende Tierärztin hatte sie bereits schmerzhaft erkennen müssen, dass man ohne Versachlichung der Tierwelt nicht weit kam. Es war einfach so, dass es Nutz- und dass es Streicheltiere gab. Aber bitte doch nicht innerhalb derselben Art, dachte sie irritiert. Vaters, was heißt Vaters! Ihrer aller Lieblinge - ihre ganze Kindheit hindurch waren es meist zwei - waren vollberechtigte Familienmitglieder gewesen. Das hat dich geprägt, überlegte sie. Es ist wohl der stärkste Grund, warum du dich entschieden hast Tierärztin zu werden. Da Zwinger- und hier Streichelhunde! Nein! Die Abneigung gegen Menschen, die so etwas fertigbrachten, war als Samenkorn auf ihre Seele gefallen. Vielleicht ließ es der nächste Eindruck dort schon Wurzeln schlagen. Es konnte aber immer noch sein, dass in den nächsten Stunden alles ganz anders kam. Du bist immer noch bereit, dich überzeugen zu lassen, beruhigte sie sich ein wenig, während sie, die Dackeldame auf dem Arm, Stufe um Stufe hinter Michel her stieg. Die Leichtigkeit seines Gemüts hatte seine Schritte beflügelt.

Er war bereits oben. „Trag doch nicht den Hund", maulte er. „Der hat doch selbst Beine!" Sie verkniff sich die Antwort, weil sie spürte, dass bei aller Liebe zu dem Tier der Begriff Dackellähme für Michel ein Fremdwort war. Nein, sie war hier und so schnell wollte sie nicht aufgeben. Du bist bereit, dir entweder endgültig eine Lehre fürs Leben geben zu lassen oder aber am Ende des Tunnels doch noch einen positiven Eindruck von dem zu gewinnen, was du dir noch am Morgen als gemeinsames Leben vorgestellt hast, sprach sie sich Mut zu. Alles in ihr sträubte sich einfach umzukehren. Was sollst du in so einem Fall mit dem Hund in deinen Armen machen? Ihn einfach absetzen und weglaufen! Ein wenig außer Atem erreichte sie die Haustüre. „Du hast ja den Hund noch immer auf dem Arm", hörte sie Michels vorwurfsvolle Stimme. Verlegen, wie ein ertapptes Schulmädchen beugte sie sich nach vorne und stellte das Tier auf den Boden. Doch umkehren? Zu spät! Sie hörte das Türschloss sperren. Ihre Ankunft schien nicht unbemerkt geblieben zu sein. Eigentlich komisch, überlegte sie, während sie ihre Aufmerksamkeit auf das massive Holz vor ihren Augen zu richten versuchte. Man begibt sich in Situationen, denen man im Grunde genommen am liebsten ausweichen möchte, wiegt sich dabei bis zuletzt im Gefühl es tun zu können - bloß umkehren zu brauchen - und zögert letztlich damit solange, bis es zu spät ist. Ist das neugieriger Entdeckergeist? Ist er stärker, ist er stets mächtiger als das Unbehagen, sprich die Angst.

Langsam, man könnte es sogar bedächtig nennen, öffnete sich die Tür. Gebleichte Eiche, fest und stattlich, schwenkte nach innen und ließ einen ersten schmalen Blick in die Halle zu. Steinboden, links ein mächtiger offener Kamin und ein wuchtiger, schmiedeeiserner Kronleuchter in der Mitte der Decke! Aufgrund ihrer Fernseherfahrungen hatte sie nichts Anderes erwartet. Das soll Heimat sein, durchzuckte es sie. Mehr zu erfassen war ihr unmöglich, aber auch nicht nötig. Der Mann allerdings, der devot lächelnd zur Seite trat, war ihr auf Anhieb sympathisch. Groß, hager, taxierte sie. Dazu eine durch das Alter ein wenig gebeugte Gestalt, ein einfacher schwarzer Anzug und ruhige Augen! Das ist der wirkliche Adel, dachte sie, nicht der Geld- und auch nicht der Titeladel. Nein, das ist der Mensch in seiner Vollkommenheit. „Willkommen junger Herr!", hörte sie ihn sagen. „Hatten sie eine angenehme Reise? „Ja, danke Albert!" Die Reihe war an ihr. Spontan streckte sie ihre Hand aus. Ihr Gegenüber reagierte unaufdringlich, nicht zu früh und nicht zu spät, einfach im richtigen Moment. Du hast es auch nicht anders erwartet, bekräftigte Gisa ihre ersten Eindrücke, während sie einen angenehmen Druck auf ihrer Handinnenfläche spürte. Im Gefühl, nicht mehr allein zu sein, suchte und fand sie Alberts Blick. Grundgute Augen boten ihr den Willkommen.

Michel hielt es für überflüssig sie vorzustellen. Ein Blick in seine Richtung zeigte ihr, dass er seinen Frust nur schwer unterdrücken konnte. Verkrampft, beinahe schüchtern stand er da. Sie spürte, das Ganze war ihm peinlich. Es war, als wäre ihm bange davor überrascht zu werden. Dein Michel! Er ist hier aufgewachsen und ist trotzdem nicht in der Lage, sich natürlich zu geben. Sie spürte deutlich, er ist ein anderer geworden. Er war ihr fremd. Gedankenverloren folgte sie ihm in die Halle. Komisch, dachte sie, es scheint hier nicht Sitte zu sein, dass sich die Menschen die Hände geben. Die Halle war leer. Waren alle ausgeflogen? Sie hörte Michels

Befehlsstimme. Sie hatte sie nie zuvor vernommen. Er befahl: „Albert, zeigen sie der Dame ihr Zimmer". „Jawohl, junger Herr!" Gisa wartete die Aufforderung des Dieners ihm zu folgen nicht ab. Sie spürte, wie sich ihre Beine mechanisch in Bewegung setzten. Nachdenklich schritt sie hinter Albert her. Michels weitere Frage: „Ist Maman im kleinen Salon?", welche mit: „Ja, sie werden erwartet", beantwortet wurde, klang bereits, als ginge es sie überhaupt nichts an. Konnte sich ein Mensch, nicht irgendeiner, nein, ihr Michel so verändern? War das möglich? Ja, es war so. In einem jähen Aufbegehren, drehte sie sich nach ihm um. Sie sah, dass er ihr in einiger Distanz folgte und eben im Begriff war, eine Tür zu öffnen. "Michel!" Aus diesem unterdrückten Hilfeschrei war herauszuhören, dass sie bereit war, ihm eine letzte Chance zu geben, alles wieder so wie zuvor werden zu lassen. Er schüttelte sie buchstäblich ab, indem er mit einem leichten Zucken seiner Achseln in die offene Türe trat. „Bis später, Gisa!", rief er über die Schulter zurück. „Lass dir alles von Albert erklären. Um Haltung kämpfend, wandte sie sich erneut nach vorne. Als Beweis ihrer gesunden Persönlichkeit erwachte in ihr der Stolz. Eben noch abhängig, fühlte sie, wie Kraft und Zuversicht zurückströmten. Die Freude über ihre wiedergewonnene Persönlichkeit, die seit dem Eintreffen des Briefes, von Tag zu Tag geringer geworden war, machte sie mutig. Ihre Lunge blähte sich mit frischer Luft. Du bist frei, dachte sie.

Albert hatte vor ihren Augen eine Tür geöffnet. Er trat zur Seite. Zum ersten Mal standen sie sich von Antlitz zu Antlitz gegenüber. Sie spürte, dass er überrascht war. Das tat ihr wohl. Er hat wahrscheinlich ein Gänschen in Michels Gefolge erwartet, eine von den Ja-sage-Puppen, auf die schon ein

mittelteurer Sportwagen, erst recht aber ein Schloss Eindruck macht, dachte sie zufrieden. Ganz in Gedanken, zog er, kaum dass sie durchmarschiert war, die Türe von außen zu, um sie nach einer Schrecksekunde wieder zu öffnen. „Verzeihung! Ich soll sie ja noch informieren", sagte er. Aufgrund seiner Stimmlage, schloss sie, dass er sich bereits wieder gefasst hatte. Sie blickten sich erneut an. Wäre jemand hinzugetreten, hätte er aus ihren Mienen keinerlei peinliches Berührt-Sein herauslesen können. „Na also, da wären wir", sagte Gisa im selbstverständlichsten Ton der Welt. Sie ließ sich in einen Sessel fallen. „Um neunzehn Uhr pflegen die Herrschaften zu speisen", klärte Albert sachlich auf. Sie spürte, dass es zwecklos sein würde ihr Gegenüber auszuhorchen. Von ihm erfährst du nichts, dachte sie. Du verscherzt wahrscheinlich nur einiges an Sympathie. Und weshalb auch, solltest du es tun? Du weißt so und so, wie es in diesem Hause zugeht. Egal, es ist nicht deine Familie. Sie wird es auch nie sein.
Gisa, war über diese nüchterne Erkenntnis tief im Inneren froh. Sie wollte im Moment auch nicht länger darüber nachdenken, vor allem auch nicht darüber, ob in der Konsequenz Michel oder sie selbst aus der Münchner Wohnung auszog. Wahrscheinlich Michel! Er muss, angesichts dieser unmöglichen Situation, doch genauso denken wie du, überlegte sie. Du schreibst ihn also noch nicht ganz ab? Die Frage hatte sich ihr unwillkürlich und genauso ungewollt aufgedrängt. Um eine Antwort zu umgehen, wandte sie sich zurück zu Albert. „Wann war das mit dem Abendessen", erkundigte sie sich so unschuldig wie möglich, um sogleich selbst zu antworten: „Ach so, neunzehn Uhr, wenn ich recht verstanden habe. Also danke Herr Albert. Sie müssen schon entschuldigen, aber ich kenne ihren Familiennamen nicht." „Nur Albert!", wehrte der Diener ab. „Wenn man mich beim Vornamen ruft, ist das keine

Beleidigung für mich. Ich kann mir nichts Anderes vorstellen, denn ich war mein ganzes Leben Albert und nichts weiter. Sie können daher in Zukunft das 'Herr' ohne weiteres weglassen. Im Übrigen, wird sie das Mädchen rechtzeitig holen, beendete Albert seine kurze Aufklärung. „Ja, dann mache ich mich ans Einrichten!" Albert verstand sofort. So unauffällig wie möglich zog er sich zurück. Sanft streifte die Türe ins Schloss. Gisa sah sich um. So, dachte sie. Im Moment bis du der Hotelgast, der eben sein Zimmer bezogen hat und dabei mit einem unguten Gefühl feststellt, dass es ihm nicht besonders zusagt.

4.Kapitel

Wer wird dein Gepäck bringen? Gisa vermutete, dass es auf keinen Fall Michel sein würde. Sie sollte Recht behalten. Noch zwei Stunden bis zum Abendessen, stellte sie gelangweilt fest. Sie trat ans Fenster. Ihr prüfender Blick blieb an den herbstlich kahlen Ästen der mächtigen Ulmen hängen. Kein schädlicher Käferbefall, dachte sie. Ihr Ausblick reichte trotzdem nicht viel weiter, denn dahinter war schemenhaft dunkelgrauer Fichtenwald. Enttäuscht drehte sie sich um. Es klopfte. Sie nötigte sich ein 'herein!" ab. Albert brachte ihren Koffer, zog sich aber gleich wieder mit einer freundlichen Verbeugung zurück.

Sie war wieder allein. Du wirst eine Figur bei der Tafel abgeben, dachte sie. Nicht mehr und nicht weniger, eine gute oder schlechte! Was hast du dir eigentlich erwartet, fragte sie sich. Wohl mehr! Michel müsste wissen, dass es mehr war. Und was wird passieren? Er wird dich als Kommilitonin, als Tochter aus gutem, aber eben doch bürgerlichen Haus vorstellen und die anwesenden Herren werden sich genüsslich an ihre eigene Studienzeit und an irgendeine Brünette, Schwarze oder Blonde erinnern. Bleibst du überhaupt hier? Sinnend ließ sie sich in den Sessel zurückfallen. Nervös suchten ihre Finger nach der Zigarettenschachtel, welche sie in ihrer Handtasche zu wissen glaubte. Ach so, stellte sie nach einiger Zeit genervt fest, du hast sie wohl im Wagen liegen gelassen. Auch gut!

Zuerst unbeabsichtigt, dann zielstrebiger begannen die Finger ihrer rechten Hand eine Wanderung über die geschlossenen Schubladen einer neben ihrem Platz befindlichen Kommode. Um sich abzulenken, ließ sie den Dingen ihren Lauf. Ja sie gab diesem neuen Abenteuergefühl allmählich vollends nach. Sie stand auf und zog zunächst zögernd, dann aber kräftig an der untersten Lade. Wieso, die Unterste, fragte sie sich zwischenhinein etwas ratlos. Sie zieht dich entgegen allen Regeln der Verkaufspsychologie an. Es wollte sich kein Erfolg einstellen. Sie riss kräftiger. Ein letzter Ruck! Das Ding krachte aufs Parkett. Der Aufprall hallte in ihren Ohren nach. Decken, Gardinenringe, Bettlaken lagen über und ineinander auf dem Fußboden. Ob sie es gehört haben, fragte sie sich erschrocken. Hastig kniete sie nieder und schob die ersten Stücke in die Schublade zurück. Die Bettwäsche hatte, wohl von der langen Lagerung, einen leicht grauen Schimmer. Kunstvolle Monogramme stachen Gisa ins Auge, lenkten sie ein wenig ab und beruhigten sie. Der Schreck war wie weggeblasen. Zielstrebig begann sie mit dem Einordnen, strich hier eine Falte gerade und ordnete dort eine Ecke, als ihre Finger plötzlich in einem der Inletts einen Gegenstand fühlten. Was war das? Vorsichtig tastet sich ihre Hand suchend voran und griff Papier. Behutsam zog sie den Fund ans Tageslicht. Etwa fünfzig Blätter, handgeschrieben in gestochener zierlicher altdeutscher Schrift, das Ganze mit Wolle zusammengebunden. Wer band

mit Wolle? Wohl nur ein weibliches Wesen. Sorgsam legte
Gisa ihren Fund auf den Tisch, ließ rasch das Häufchen Rest,
das noch nicht einsortiert war, in der Schublade verschwinden
und zwängte letztere mit großer Anstrengung, in den für sie
vorgesehenen Raum.

Geschafft! Ungeduldig griff sie nach dem Schatz, zwang sich
jedoch sofort wieder zur Ruhe, um auf sich nähernde Schritte
oder ähnliches lauschen zu können. Nichts! Sie war und blieb
allein. Doch das Alleinsein hatte nunmehr seinen besonderen
Reiz. Neugierig begann sie zu lesen, was da ohne Angabe eines
Verfassers, ohne Datum oder ähnlichem geschrieben stand:
„Bin heute bei der Kapelle gewesen. Es lässt mir keine Ruhe!"

Nachdenklich blätterte sich Gisa durch die Seiten, las hier ein
Wort und dort ein anderes. Es blieb dabei. So ohne weiteres
lüftete sich das Geheimnis um die Autorin nicht. Sie musste
nochmals beginnen und siehe das wunderbare geschah. Gisa
biss sich, als sie die eben aufgenommenen Sätze wiederholte,
fest und verlor so das Gefühl für Raum und Zeit.

Jemand, eine Frau, ein junges Mädchen war offensichtlich zu
einer einsamen Kapelle gegangen, weil sie von irgendetwas
Schwerem bewegt wurde. Was mochte es gewesen sein? Gisa
las weiter: „Habe dort gebetet, wie noch nie! Ob es etwas hilft?
Ich weiß es nicht! Es hat mich erleichtert. Zwar nur kurz, aber
immerhin! Ich werde wieder dorthin gehen, wenn mich das
Verlangen erneut packt. Ob andere Mädchen, ähnlich denken?
Gewiss nicht! Kein Mensch kann so schlecht sein, wie ich. Ich
schäme mich ja so. So etwas kann man doch nicht beichten.
Und doch werde ich es wieder tun. Ich weiß, dass ich es wieder
tue. Jetzt! Nein! In einer Stunde oder morgen in der Früh, wenn
ich aufwache. Ich darf nicht liegen bleiben. Ob ich noch
Jungfrau bin?"

Gisa hielt inne. Was war das für eine Zeit, in die sie soeben einen kleinen Einblick gewonnen hatte? Die Bedenken, die Schrift! Sie tippte auf die zwanziger, höchstens die dreißiger Jahre des zwanzigsten Jahrhunderts. Entschlossen setzte sie die Lektüre fort: „Warum hat mir noch niemand gesagt, was das ist, Jungfrau zu sein. Ich selbst traue mich doch nicht zu fragen. Kein Mensch wagt es, so etwas zu fragen. Ich werde beten: Vater unser... Vater ist ein Mann. Ein Mann... Ich kann nicht. Ich bin schlecht, abgrundtief schlecht... Jetzt habe ich mir die Haare gerauft und ich werde sie mir wieder raufen. Ich habe Angst vor Männern. Gestern bin ich dem Köhler-Michel begegnet. Wie mich der angesehen hat – Wahrscheinlich bilde ich es mir auch nur ein. Nein, ich spüre es. Ein Mann, wie der Köhler-Michel... Die niedere Hütte! Allein der Gedanke an letztere hat mich nüchtern werden lassen. Nie wieder in einem hohen, hellen Raum mit bequemem, breiten Bett schlafen zu dürfen! Nächtigen, wie die Tiere. Nein!"
An dieser Stelle riss der erste Eintrag ab. Gisa datierte, nachdem was sie gelesen hatte, die Entstehung um weitere fünfzig Jahre zurück. Sie las weiter. Was folgte, hatte im Wesentlichen dieselben Gedanken zum Inhalt und spiegelte ebenfalls die täglichen Sehnsüchte und Triebe eines sehr jungen Mädchens wieder, das sich in ihrer Not ins Gebet zurückzog und half das nicht mehr, ihre Skrupel und Sehnsüchte dem Papier anvertraute. Fünfzig eng beschriebene Seiten legten Zeugnis ab, dass die innerliche Not am Anfang und am Ende dieselbe geblieben war.

Sie selbst war mündlich und durch Erfahrung aufgeklärt worden. Kunststück, dachte Gisa, wenn man einen Tierarzt zum Vater hat, mit Jungen zusammen die Schule besucht und sich frühzeitig in so einen Anfänger verknallt. Hier aber war ihr

Einblick in eine völlig andere Welt gewährt worden. Die Wäsche war anscheinend in Vergessenheit geraten, war dabei grau geworden und hatte gleichwohl ihren Schatz bewahrt. Du bist die erste, die Einblick in die Nöte einer frühen Geschlechtsgenossin gefunden hat. Gisa fühlte Zufriedenheit, ja ein klein wenig Stolz in ihrem Inneren. Gut, dass du es gefunden hast, dachte sie. Michels ehrenwerte Familie hätte die Blätter wohl kopfschüttelnd verschwinden lassen. Warum bist du dir darüber so sicher, fragte sie sich nach einer kleinen Gedankenpause unwillkürlich. Ist das Geschriebene wirklich so außergewöhnlich, ist es gar anrüchig? Es ist doch das natürlichste von der Welt. Und trotzdem! Wenn du ihm das Besondere absprichst, warum hast du die Zeilen dann förmlich verschlungen. Warum? Ist es wirklich nur die völlig andere Welt gewesen, die dich so fasziniert hat oder... Ja, was wäre, würde in diesem Moment jemand ohne anzuklopfen den Raum betreten? Könntest du dich, über das Aufgenommene unbefangen mittteilen, oder gerietest selbst du in eine kleine Verlegenheit?

Leicht irritiert las Gisa in den hinteren Seiten weiter. Und erneut überbrückten sich in ihr nach einer kurzen Spanne Zeit und Raum: „Bin gestern im Wasser gewesen. Drunten im Teich. Es war herrlich! Wasser, Luft und mein Körper! Hoffentlich hat mich niemand gesehen. Nicht auszudenken, wenn mich jemand ausspioniert hätte. Aber ich bin mir eigentlich ziemlich sicher... Wenn mich aber doch jemand beobachtet hat, dann erzählen sie es jetzt überall im Dorf. Nicht auszudenken! Schon beim Gedanken daran schäme ich mich! Wenn ich nur wüsste, ob es so ist. Minna war heute im Ort. Ich glaube, sie hat mich bei ihrer Rückkehr irgendwie komisch angesehen. Oder bilde ich es mir nur ein... Sicher bilde ich es mir ein... Ja! Minna würde lachen! Nicht frei, nein versteckt! Aber so, dass man es fühlen kann. - Sie hat nicht gelacht. Bin ich froh! Aber wenn die Leute es wissen, es ihr aber nicht gesagt haben? Mein Gott, habe ein Einsehen mit mir!" Damit brach auch dieser Eintrag ab. Fragmente, dachte Gisa. Wir sind weiter. Wir haben uns entwickelt, stellte sie mit Genugtuung fest. Sie sah vor ihrem geistigen Auge die Badende, wie sie ängstlich nach allen Seiten Ausschau hielt, bevor sie Schritt für Schritt ins Wasser stieg, um endlich für einen Moment selig die Augen zu schließen, um sie gleich darauf wieder angstvoll aufzureißen und gehetzt die Umgebung zu visitieren. War dort eine Bewegung? Ja, nein! Schnell abgetaucht! Nein, nicht so schnell! Ach wie war ich wieder lüstern. Ich hätte schneller gekonnt...

Entschlossen legte Gisa das Papier zur Seite. Was soll das Ganze, resümierte sie – Der gewonnene Eindruck entspricht doch haargenau dem zu erwartenden, ist man sich erst einmal über die Zeit und ihre Umstände im Klaren. Eines ist allerdings auch klar, schloss Gisa das Kapitel ab. Eine gewisse, oft überspielte Scheu diesen Dingen gegenüber ist beim jungen Menschen auch heute noch vorhanden. Nicht nur die Übung, auch die Gewöhnung macht den Meister. Mein Gott, Michel in langen Unterhosen! Sie kicherte. Aber die hätte er, zu der Zeit in der die Blätter beschrieben wurden, bestimmt angehabt. Nacktbaden! Was ist dabei, dachte sie. Oder ist die neue Freizügigkeit im Grunde genommen die Ursache für den schwindenden Glauben an Gott? Ist dieser Seelentröster auf diesem Umweg schließlich doch noch für die Menschheit entbehrlich geworden. Unangenehm berührt trat sie ans Fenster. Du bist hierhergekommen um mitzuerleben wie getötet wird, dachte sie. Was ist die Jagd anderes, als der legalisierte

Tötungsakt? Du wirst Tierärztin und wirst selbst oft genug zur letzten Spritze greifen müssen. Gisa sah Susi vor sich, der sie kurz zuvor die Treppe hinaufgeholfen hatte und sie erinnerte sich an Maxi, ihren Liebling in frühen Kindertagen. Ein Rauhaarrüde, in dessen Gesichtsausdruck und Körpersprache sich Freude, Sehnsucht, Verlangen, oder Pfiffigkeit zeigte. Sie dachte daran, wie sie so ein Vieh vor sich auf dem Behandlungstisch haben würde, um ihm notwendiger Weise ein Ende zu setzen. Sie blickte durchs Fenster in den dichter gewordenen Nebel und erkannte nichts anderes, als die vor Angst zitternden Flanken des Opfers, den Kopf, der in der Armbeuge seines liebgewordenen Menschen Schutz suchte und sie meinte das Hineingleiten der Nadel in die Vene zu spüren; diesen kurzen Ruck, mit dem der Tod ins Leben drang. Jetzt muss dein Daumen den Kolben vordrücken, exerzierte sie sich die Situation vor. Nein, du wirst es nicht fertigbringen, durchzuckte es sie. Nie! Oder doch! Gisa wusste sich keinen Rat. Innerlich aufgewühlt ließ sie sich aufs Bett fallen. Du kannst nicht sagen, ob du es nicht doch machst, wenn das Leben deines Patienten in deinen Augen unwert und voll Schmerzen ist, entschied sie. Sie atmete tief durch. Bloß keine Krise jetzt, betete sie sich vor. Und doch! Sie war sich ihrer Berufswahl nicht mehr sicher. Landtierärztin! Wo du doch so gerne in der großen Stadt lebst. Nein, nicht zurück aufs Land entschied sie aufgrund der nur noch vagen Erinnerung an die triste graue Weite des spätherbstlichen Gartens, welcher sie soeben angeödet hatte. Gisa hatte, ohne dass es ihr groß bewusstgeworden war, ihrem Leben eine neue Richtung gegeben. Allerdings hatte sie bis dato nur erkannt, was sie nicht machen wollte. Was sie an dessen Stelle machen könnte, musste sich, das spürte sie deutlich, erst herauskristallisieren. „Amen!", sagte sie laut und gab damit ihren Gedanken die Richtung in die Zukunft. Sie erkannte: Dieser Nachmittag hat dich losgelöst von vielen Zwängen. Er hat dir ein Stück Freiheit zurückgegeben, indem er dich deiner großen Illusionen beraubt hat. Du musst dankbar sein, dass es so gekommen ist. Was nun? Ein Nickerchen! Versuch dich auszuruhen. Heute musst du nichts Neues mehr planen. Nicht nur Michel hat. Auch du hast deine Familie, die dir zur Seite steht und dich auffängt, wenn der Neuanfang wider Erwarten nicht auf Anhieb klappen sollte. Zufrieden drückte sie ihren Kopf in die Kissen. Alle Sorgen waren mit einem Mal ein Nichts. Ihre Blicke glitten die schwere Kastendecke entlang. Zu groß, aber schön, dachte sie. So beruhigend braun! Sie fühlte keine Müdigkeit und doch entglitt ihr Geist unbemerkt ihrem Willen. Sie schlief nicht. Sie dämmerte vor sich hin.

5.Kapitel

Es klopfte. Gisa richtete sich benommen auf. Dämmerung füllte das Zimmer. Nur das Fenster als hellere Fläche ermöglichte ihr sich zu orientieren. Sie erinnerte sich: Die Anfahrt, das Eintreffen, der Fund1 – Die Blätter lagen noch auf dem Tisch. Du bist also eingenickt, dachte sie. Erneutes klopfen ließ sie völlig zu sich kommen. Mein Gott, wie spät ist es, fragte sie sich unwillkürlich. Sie erschrak. Allerdings nicht so heftig, dass es die Ansprüche ihres Magens völlig überlagert hätte. Ganz recht, du hast seit dem frühen Morgen nichts mehr gegessen, erinnerte sie sich. Acht Stunden ohne einen Bissen, das hält nicht einmal ein Guru ohne weiteres aus. Komisch, überlegte sie, dass Hunger zu einer beherrschenden Macht werden kann. Sie war froh, nachgeben zu können. „Nur herein", rief sie. Die Tür öffnete sich und ein schmaler Lichtkorridor tat sich auf. „Ah, Albert, sie!", begrüßte sie den Eintretenden. Der schale Geschmack in ihrem Mund verstärkte sich. Michel! Warum ist nicht er zum Abholen gekommen? „Bitte Albert, machen sie Licht", lenkte sie sich mit dem Nächstliegenden ab. „Sehr wohl, Fräulein!" - Michel! Eigentlich freust du dich jetzt auf eine Begegnung mit ihm, dachte sie. Noch schöner wäre es gewesen, wenn... Lass das, befahl sie sich. Du siehst ihn ja gleich. Ihre Erinnerung kehrte zurück und mit einem Male war die Freude über das Wiedersehen getrübt. Keine Schmetterlinge im Bauch, nichts! Es war, als träfe sie mit einem Freund aus dem Kegelklub zusammen.

Albert hatte das Licht eingeschaltet. Leicht erstaunt, zog er die Brauen hoch. „Gnädiges Fräulein, ich wollte sie zu Tisch bitten, aber..." In diesen Worten hatte kein Vorwurf mitgeschwungen, eher Mitleid. Gisa hob erstaunt die Augenbrauen. „Albert, was ist?", erkundigte sie sich. „Habe ich etwas falsch gemacht? Der Diener wich einer direkten Antwort aus, indem er eine höfliche Pause einlegte. „Wenn sie gestatten", wies er vornehm zurückhaltend auf die wahren Umstände hin, „werde ich versuchen, ihnen vor dem Essen noch einen kleinen Imbiss zu bringen. Ich mag sie und die Herrschaften sind..." Albert stockte und räusperte sich. „Ich wollte sagen, es ist bei Tisch Sitte, dass, wenn der Hausherr das Besteck aus der Hand legt, die Runde es ihm gleichtut. Und mein Herr isst wenig." Albert stockte erneut, „Zudem macht er sich, vor allem wenn ein neues Gesicht bei Tisch erscheint, oft den Spaß... Na, sie verstehen schon! Und deshalb beeile ich mich jetzt, ihnen etwas zu holen." „Nein Albert'", wehrte sich Gisa vehement. Über Alberts Gesicht zog ein feines Lächeln.

„Wissen sie Fräulein", sagte er. „Man vergibt seine Persönlichkeit nicht, wenn man den natürlichen Bedürfnissen ausgiebig nachkommt. Ich besorge ihnen auf der Stelle die Kleinigkeit und dann sehen sie zu, dass sie zu den Herrschaften kommen. Herr de Port legt viel Wert auf Pünktlichkeit. Doch so viel Zeit ist noch!" Albert verschwand, noch ehe Gisa reagieren konnte und er war schneller zurück als erwartet. Mit einem kleinen Schwung stellte er das mitgebrachte Käsesandwich vor Gisa auf den Tisch. „Ich habe mich für Käse entschieden", bekannte er, „denn nicht alle Menschen essen Wurst. Käse schien mir sicherer!" Hastig griff Gisa nach der Stärkung. Albert sah amüsiert zu, wie sie einen großen Happen abbiss. „Sie brauchen sich nicht so zu beeilen, Fräulein", sagte er. „Gisa! Nennen sie mich Gisa, wie ich sie Albert nenne", schmatzte sie vor dem zweiten Bissen heraus. „Also Gisa! Sie haben noch eine Viertelstunde Zeit, für ihre Toilette. „Albert, ich brauche nicht mehr wie fünf Minuten. Obwohl ich in der Großstadt wohne, bin ich ein Mädel vom Land."
Sie musste unwillkürlich an ihren Entschluss denken, nicht mehr dorthin zurückzukehren. Sie verdrängte den Gedanken sogleich wieder. „Gewiss, Gisa", beendete Albert das Gespräch, während er sich weniger devot wie bis dahin der Tür zuwandte. Schau, schau, dachte Gisa. Aus der Marionette ist ein Mensch geworden. Kaum war die Tür geschlossen, stand die drängendste aller Fragen im Raum: Was, um Gottes willen, ziehst du an? Sie entschied sich für ihr mitgebrachtes Cocktailkleid und war im Grunde genommen ganz glücklich darüber, dass sie nicht vor einem gefüllten Kleiderschrank stand. Husch, hinein, kommandierte sie in Gedanken. Jetzt das Make-up! Sie betrachtete ihr Gesicht im mitgebrachten Spiegel. Nein, entschied sie. Deine Haut hat genug natürlichen Schmelz

und deine Lippen sind von gesunder Frische. Wenn die de Port schon so gerne auf dem Land leben, dann sollen sie auch etwas Natürliches zu sehen bekommen. Ein letzter prüfender Blick, bevor sie den Spiegel in ihrem Koffer versenkte. Passt! „Fertig", sprach sie sich Mut zu. Sie erhob sich. Gisa, es kann losgehen, gab sie sich das Startzeichen. Unternehmenslustig schlüpfte sie aus der Tür. Mal sehen, dachte sie, ob du den Salon allein findest.

Leise knarzte das Parkett unter ihren Sohlen, während sie rasch zur Treppe auf halber Länge des Flures eilte. Angekommen, zögerte sie einen Moment. Du befindest dich im zweiten Stockwerk, fiel ihr ein. Wenn du davon ausgehst, dass in so einem alten Kasten die Küche und die Wirtschaftsräume im Erdgeschoss liegen, dann kannst du nicht fehlgehen, wenn du dich in die erste Etage begibst. Aber dann, welche Türe! Gisa, ganz einfach, belehrte sie sich. Jene, unter der der Lichtschein hervortritt. Wenn alle so pünktlich sind, wie Albert es gesagt hat, dann werden die anderen Räume wohl kaum mehr beleuchtet sein. Neugierig und ein wenig stolz auf sich selbst hüpfte sie die Treppe hinab. Mitten in dieser Unbeschwertheit schoss ein Gedanke in ihr hoch. Verdammt, Michel! Wieso hast du mich nicht zum Abendessen geholt und hast mir diese an und für sich läppischen und doch so wichtigen Dinge erklärt? Warum musste es Albert tun? Bin ich dir so gleichgültig, oder was? Sie hielt ein und klammerte sich an das Treppengeländer. Ein, zweimal, versuchte sie tief durchzuatmen. Ihr war kaum leichter ums Herz. Schwerfällig ging sie weiter. Da, aus einer halbgeöffneten Tür, klang das leise Surren eines Aufzuges in den Korridor. Gisa war sich sicher. Du bist angekommen, dachte sie. Ihr Herz pochte kräftiger. Das Sandwich begann sie zu würgen. Sie schluckte.

Ach was, gab sie sich den Befehl und schob entschlossen die Tür weiter auf.

Sie stand, sie hätte nicht sagen können wie es geschehen war, auf halbem Weg zur Tafel. Ihr erster Eindruck war: Alle sind da! Mit Unbehagen hielt sie den musternden Blicken stand. Blicke können Geschosse sein, durchzuckte es sie. „Michel, kümmere dich um deinen Gast!", befahl eine spitze hohe Stimme. Gisa versuchte die Sprechende auszumachen. Ja, das muss sie sein, dachte Gisa. Seine Mutter! Na ja! Blässe in einem runzlig kantigen Gesicht, macht noch lange nicht vornehm. Gisa fühlte sich wohler und sie hatte als angenehmen Nebeneffekt nunmehr auch einen Blick für die Gesamtsituation. Drei Personen, an so einer langen Tafel! – Wie albern! Aber gut, setz dich einfach dazu. Passt es, ist es recht, passt es nicht, auch gut! Du hast mit der Gesellschaft ohnehin schon reinen Tisch gemacht.

Michel war aufgesprungen und eilte mit einem leisen Vorwurf im Gesicht auf sie zu. „Konntest du nicht waren, bis Albert dich holt?", zischte er sie an. „Ich kann ja wieder gehen", hörte Gisa sich trotzig erwidern.

Die unangenehm hohe Stimme meldete sich erneut. „Willst du deinen Gast nicht zu uns bitten, mein Junge", befahl sie mit einem lauernden Unterton. „Jawohl, sofort Maman", antwortete Michel nervös. Marionettenhaft griff er nach Gisas Hand. Wieder schrillte es: „Bitte, mir gegenüber!" Das ältere Semester mit dem zerknautschten Gesicht, den Gisa für Michels Onkel hielt, hatte sich erhoben. „Meine Mutter, mein Onkel Dagobert! - Gisa, eine Kommilitonin!", stellte Michel fahrig vor. Etwas wie Glas zersprang in Gisas Innerem. Du Arsch hast nicht einmal ‚meine' gesagt, ‚eine' hast du mich genannt, tobte die Wut in ihr. Heftig stieß sie seinen Arm zurück und setzte sich, bevor er noch eingreifen konnte auf den Platz, den er zuvor eingenommen hatte. Vor Schreck wagte Michel nicht zu widersprechen. Still verzog er sich auf die ihr zugedachte Sitzgelegenheit, während sich seine Mutter vielsagend räusperte. Es klang wie: Na, was habe ich dir gesagt, mein Junge! Du wirst doch zugeben, dass derartige Manieren wohl nur zu einem Schüsseltreiben in einer Dorfgaststätte passen. Gisa fühlte die Ablehnung deutlich. Sie haben über dich getratscht und er hat nicht gewagt für dich Partei zu ergreifen und auf deiner Seite zu stehen, machte sie sich einen Reim auf das, was vorausgegangen war. Was immer er auch seiner Mutter vorgelogen hat, letztere hat den wahren Zustand eurer Beziehung gewittert. Mütter können das - letzteres wusste Gisa aus eigener Erfahrung - und sie sind, wenn es um die Beziehungen ihrer Söhne geht, fast immer dagegen.

Michel hätte seine ‚Maman' zwingen müssen, dich zu akzeptieren, dachte Gisa. Ein Punkt mehr, den sie ihm ankreidete und der umso schwerer wog, weil sie das untrügliche Gefühl hatte, dass er dergleichen niemals fertigbringen würde. Muttersöhnchen, schimpfte sie im Stillen. Zwischen ihnen hatten sich Welten aufgetan.

Gisa versuchte ihren momentanen Zustand in den Griff zu bekommen. Die von Hand geschriebene Menükarte half ihr dabei. Überrascht, dass es etwas Derartiges an einem gewöhnlichen Werktag gab, begann sie zu lesen: „L'Oeufs Chasseur" Aha, Eier auf Jägerart! Was soll denn das? Sind das etwa die Eier von erlegten Wildhühnern, welche man letzteren aus dem Bauch geschnitten hat, amüsierte sie sich. „Consommé double", gehaltvolle Kraftbrühe. Gisa war gespannt, wie das aussah! Sie las weiter. „Selle de Chevreuil", Rehrücken! Nicht schlecht, dachte sie. Aber wenn der Onkel bereits nach dem ersten Bissen Messer und Gabel aus der Hand legt, was dann? Misstrauisch sah sie ihn aus den Augenwinkeln heraus an. Dabei gewann sie das unbestimmte Gefühl, dass er sie einfach zu ignorieren schien.

Sie vertiefte sich erneut in die Karte. „Pommes frittes" Wahrhaftig und gar nicht französisch! Frites, mit ‚tt' geschrieben. Alles klingt weit mehr nach essen als nach tafeln, wenn man es sich nur in die Muttersprache übersetzt, überlegte sie.

Und, zum Schluss: „Glace Niosette Rokoko" Fein, dachte sie: Haselnusseis „Rokoko". Ein Narr, wer sich von diesem Tisch vertreiben lässt, ohne geschlemmt zu haben und ein noch größerer, der sein Besteck aus der Hand legt, wenn es einem magenkranken Tattergreis beliebt. Gisa war nun richtig neugierig auf die Getränke geworden. Auch darüber gab das Schmuckstück in ihrer Hand Auskunft: „73er Graves de Vaires". Kennst du nicht, dachte sie leicht irritiert. Aber der andere Tropfen: „73er Bourgogne Sautenay!" Soweit du weißt, ist das ein ausgezeichneter Burgunder. Wahrscheinlich ist das Jahr 73 auch noch ein gutes gewesen. Letzteres zu beurteilen, soweit wollte sie sich nun doch nicht vorwagen. Sie verschanzte sich hinter ihrem Gedeck mit der kunstvoll drapierten Serviette. Auch die Anderen schwiegen.

Für Gisa währte dieser halb feierliche, halb triste Zustand viel zu lang. Erst nach einer kleinen Ewigkeit schien sich der Onkel genötigt zu sehen, sich zu äußern. Gisa war gespannt, was kommen würde. Der Alte richtet seine wässrigen Augen auf sie. „Zu meiner Zeit", erklärte er und schon in diesen ersten Worten lag eine bestimmte Wehmut, „waren die Universitäten noch fest in Männerhand. Heutzutage scheint es anders zu sein." Michel unterbrach ihn vorsichtig. „Wir Heutigen setzten uns gerne neben eine Kollegin", sagte er leise. Der Alte lachte. „Kann ich mir denken, kann ich mir denken!", streute er vielsagend ein. „Wir haben dazumal auch manches erfrischende Erlebnis gehabt. „Schwager, bitte!", stoppte Michels Mutter die Unterhaltung. Der Gemaßregelte räusperte sich verlegen. „Ach so! Mhm! Damengesellschaft, ich weiß", versuchte er eine Kehrtwendung, jedoch nicht ohne nachzuhaken: „Aber die jungen Dinger müssen das gewöhnt sein, sind sie doch schon jahrelang mit den Bengels zusammengesessen."

Gisa hielt sich zurück. Das Beste, denn der Alte wechselte das Thema. „Junge Dame, können sie denn überhaupt schießen", wollte er wissen. Michel fühlte sich auf der Stelle gefordert. Dieses Mal war es Gisa ganz recht. „Onkel, du wirst sehen, Gisa ist eine ausgezeichnete Schützin", rief er. „Ihr scheint euch ja gut zu kennen", meinte der Alte ironisch. „Nein, nein", versuchte Michel zu korrigieren. „Ihr Vater hat ein eigenes Revier und sie begleitet ihn seit Jahren." Der Onkel wandte sich wieder Gisa zu. „Na dann, Waidmannsheil! Nieder- oder Hochwild?", erkundigte er sich in Bezug auf Gisas Vater interessiert. „Niederwild!", stellte Gisa klar. Der Bremser folgte auf der Stelle. Wer anders als Michels Mutter konnte am bisherigen Dialog etwas auszusetzen haben. „Wir sind also wieder einmal beim Thema Nummer eins", wandte sie sarkastisch ein. „Ihr vergesst ganz, dass das Heim der Platz ist, an dem sich eine Frau hervortun sollte und nicht der Wald und alles was damit zusammenhängt." Gisa schielte zu Michel. Ihre geheime Vermutung traf zu. Seine Mutter hatte ihm aus der Seele gesprochen. Jetzt erst recht, beschloss sie. Diese Jagd machst du mit.

Albert begann mit dem Servieren. Gisa erkannte ehrlich an, dass das Essen ausgezeichnet mundete. Es schmeckte allen, auch wenn die Anderen aus Vornehmheit die Bissen nur scheibchenweise zu sich nahmen. Kein Wunder also, dass der Abend so harmonisch wie nach dem Vorgefallenen möglich verlief. Selbst Michels Mutter schoss nicht länger quer. Sie sah Gisa inzwischen offenbar als chancenlos an. Kein Wunder, denn diese haute rein, wie schon lange nicht mehr. Ja, sie lockte sogar Susi mit einem Bissen zu sich an den Tisch. Michel – Gisa gönnte es ihm - schien nicht allein aus diesem Grund die ganze Zeit auf glühenden Kohlen gesessen zu haben. „Albert", flehte er, „nimm den Kerl und setz ihn vor die Tür." „Ja sofort, junger Herr!" Die Anderen schwiegen, bis die Situation bereinigt war. Was Gisa aber am meisten erstaunte war, dass man nach dem Essen, wie es schien, in schönster Harmonie auseinanderging und dass der Onkel Messer und Gabel spät beiseitegelegt hatte. ,Gegessen, gut gegessen, vergessen!', machte sie sich im Zimmer angekommen ihren Reim darauf und legte sich ohne große Bummelei ins Bett. Michel sah es offensichtlich nicht für nötig an, ihr eine gute Nacht zu wünschen. Was sie auch nicht weiter störte. Dafür brannten ihr vor dem Einschlafen ein wenig die Ohren. Für sie ein untrügliches Zeichen, dass man sich über sie unterhielt.

Am anderen Morgen stellte sie in Erinnerung an das frugale Abendmahl nüchtern fest, dass man nichtsdestotrotz in diesem Hause auch glatt verhungern könnte. Sie sah auf die Uhr. Verschlafen, stellte sie leicht angesäuert fest. Dank Alberts Hilfe, der sich mehr privat nach ihrem Befinden erkundigt hatte, gelang es ihr dann doch noch ein volles Tablett aufs Zimmer zu bekommen. „Was macht Michel", erkundigte sie sich so nebenbei, während sie ihm zusah, wie er die Sachen auf dem Tischchen anordnete. Albert sah sie mit einem Ausdruck von Fürsorge und Mitleid zugleich an. „Maman, hat ihn gleich nach dem Aufstehen mit Beschlag belegt", antwortete er. Er besah sein Werk und schien zufrieden „Ich räume später ab", sagte er und schickte sich an zu gehen. Gisa beachtete ihn nicht weiter. Schau, schau, grollte es in ihrem Inneren. Wahrscheinlich kommt deinem Ehemaligen das auch noch gelegen. Albert hielt unter der Tür für einen kurzen Moment inne. „Um neun Abfahrt vom Schloss", tat er schnörkellos kund, „dann Treibjagd und anschließend Rückkehr zum geselligen Zusammensein im Kaminzimmer".

Das nämliche und ein paar Dinge mehr verkündete wenig später Michels Onkel auf dem Schlosshof. „Ja, meine Dame, meine Herren", sagte er unter anderem launig, „schalten sie rechtzeitig ihre Handys aus. Am besten ist, sie nehmen sie erst gar nicht mit. Wir gehen zur Jagd und nicht in einen Debattierklub. Zur Abfahrt stehen, wie hoffentlich alle sehen, zwei Geländewagen bereit! Das passende Gewehr hat der Jäger ohnehin bei der Hand! Er wäre sonst kein guter. Wer es also nicht hat, holt es sich schnellstmöglich und sieht anschließend zu, dass er noch einen Platz im Wagen ergattert. Die Dame bekommt ihres von mir. Einen Jagdschein hat sie hoffentlich! In diesem Sinne Waidmannsheil!"

Gisela hatte den Schein. Herzeigen brauchte sie ihn nicht. Für sie ein weiterer Beweis, dass Michel am Abend zuvor im engen Kreis der Familie seine Schnauze spazieren gehen hatte lassen. Daher das Ohrenbrennen, dachte sie erneut, während der Onkel sie ohne viel Worte kurz beiseite nahm und ihr eine Bock-Doppelflinte, samt etlichen Patronen aushändigte.

Die kleine Gruppe war zur Abfahrt bereit. Die Einteilung war schnell getroffen. Der Onkel bestimmte: „Im ersten Wagen sitzen meine langjährigen Freunde hier." Er wies mit seinen Augen auf zwei echte Nimrode, deren gebräunte Gesichter in diesem Moment schon vor Zufriedenheit glänzten. „Und, natürlich ich!", vervollständigte er die Besetzung. „Im zweiten sie Hochwürden, Fräulein Gisa und Michel." Gisa öffnet behutsam die linke hintere Türe, während es sich Michel bereits neben dem Chauffeur bequem machte. Gisa vermutete während sie auf den Sitz kroch, dass letzterer ein bediensteter Jäger des Alten war. Als er zusammen mit den drei anderen auch ihr Gewehr im Kofferraum verstaute, verstärkte sich dieser Eindruck noch. „Na Fräulein, dann wollen auch wir Beide mal", half ihr Hochwürden über die nicht ganz einfache Situation hinweg.

Ein Pfarrer, welcher auf die Jagd geht, dachte Gisa. Sie runzelte unwillkürlich die Stirn. Aber er hat ein angenehmes Wesen, beruhigte sie sich auf der Stelle wieder. Na also, überlegte sie stattdessen, du kommst doch noch irgendwann im Laufe der nächsten Stunden zu der Ehre mit Michel allein zu sein. Beinahe allein! Ein Lächeln drängte sich auf ihr Gesicht. Sie fand es irgendwie lustig, dass alle Welt von ihr unterschwellig zu erwarten schien, sie solle dem Mann, dem sie seit gut einem halben Jahr seine schmutzige Wäsche wusch und den sich auch sonst in und auswendig kannte, förmlich begegnen. Was soll das Theater, dachte sie. Schade, wirklich schade, dass er nicht das Rückgrat hat diesen Zustand zu beenden. Ein für alle Mal, du bist mit ihm fertig, betete sie sich vor, während der Wagen mit einem kleinen Ruck zu rollen begann. Bei nächster Gelegenheit sagst du es ihm, beschloss sie. Ach was, schloss sie das Kapitel für sich ab, du brauchst es ihm gar nicht zu sagen. Sie horchte in sich hinein. Ja, so ist es, stellte sie ohne Trauer fest. Er bedeutet dir und du bedeutest ihm nichts mehr.

Gisa wischte mit ihrem Jackenärmel die angelaufene Seitenscheibe trocken und atmete tief durch. Nicht ohne Häme stellte sie fest, dass es sich lohnte zu bleiben. Der Vorabend stand vor ihren Augen. Wenn ungebetene Gäste schon so trefflich bewirtet werden, wie vorzüglich muss nach dem Treiben angerichtet sein, wo doch die besten Freunde geladen sind. Sei ehrlich, sagte sie sich. Wohin sollst du auch gehen, wenn du jetzt anhalten lässt und aussteigst? Sie schielte mit einem Auge zur Seite. Hochwürden saß mit abgewendetem Gesicht breit und zufrieden da und erkundete ebenfalls die Landschaft. Was soll er auch anders, dachte Gisa. Wo er dich doch nicht kennt und wo er doch ein Geistlicher ist. Im Grunde genommen war ihr sein Verhalten angenehm. Sie schätzte keine Menschen, die munter irgendwelches Zeug daher plappern nur um eine Unterhaltung in Gang zu setzen. Gedankenverloren sah sie erneut aus dem Fenster. „Ich sehe, du freust dich auf die Jagd." Michels Worte rissen sie aus ihrem neuen Leben.

„Jagd? Ja, so!" Sie ließ ihm seinen Glauben. Recht auf Leben für Mensch und Tier, hämmerte gleichzeitig ein neu erstandener Widerspruchsgeist hinter ihren Schläfen. Mit einem Mal wurde ihr klar: Für dich werden von nun an noch deutlicher Tiere in erster Linie Lebewesen sein und damit ein Recht auf Leben haben. Dafür wirst du von dieser Stunde an kämpfen, beschloss sie. Gegen die hier, gegen deinen Vater, gegen die ganze scheinheilige Gesellschaft, die eigentlich nur ihr Vergnügen sucht und dabei behauptet eine gesellschaftliche Pflicht zu erfüllen.

Etwas Neues war zu Tage getreten. Was würde daraus werden? Gisa wusste es in diesem Moment selbst noch nicht. Es war nur da und ließ sich wohl nicht mehr aus der Welt schaffen. Und sie begriff, dass ihr Ziel nicht einmal per Regierungsdekret zu erreichen sein würde. Solange es erfolgreiche Menschen gibt, dachte sie, brauchen sie auch etwas Besonderes, etwas zum Angeben, etwas was sie vom Rest unterscheidet. Für nicht allzu Wenige ist die Jagd so ein Mittel. Erneut fiel ihr Blick auf den Sitznachbarn. Sie staunte selbst, als sie erkannte, dass er für sie mit einem Male ein Anderer geworden war. Das Pfäfflein, wie sie ihn nunmehr für sich nannte, scheint ja wirklich ein Musterexemplar eines Dorfgeistlichen zu sein. Wie wäre es eigentlich, wenn du ihn bei seinem Hobby lächerlich machen würdest. Wirklich, du könntest damit die Kollegen einer ganzen Diözese vom Laster des Jagens heilen. Sofort begann sie einen Plan zu schmieden. Und wenn es nur zwei Schießwütige weniger werden, hat es sich gelohnt, stellte sie hoffnungsvoll fest.

Jetzt geht's los, startete sie das Unternehmen. „Michel, willst du mich nicht endlich meinem Nebenmann vorstellen", knurrte sie mit bitterer Miene, wobei sie das ‚e' besonders gedehnt ausgesprochen hatte. Michel wandte ruckartig den Kopf nach hinten. Na also, dachte sie. Jetzt sieht er dich zum ersten Mal während der Fahrt an. „Pfarrer Halder, meine Kommilitonin Gisa", kam er dem Wunsch schnörkellos nach. Unmut über ihn und über sich selbst kroch in Gisa hoch. Sie überlegte. Wenn der Pfarrer dich jetzt dumm anredet, dann explodierst du. Doch der tat nichts dergleichen. „Sie lieben die Jagd", begann Gisa daher das Gespräch.

„Ja! Zugegeben, ein etwas seltsames Hobby für einen Geistlichen! Aber es liegt mir im Blut! Und ein Pfarrer als

Wilddieb, das wäre auch nicht gerade das rechte." Der Mann ist voll in Ordnung empfand Gisa. Ein undankbares Opfer, gestand sie sich widerwillig ein. Das Gespräch schlief ein. Daran bist du selbst schuld, überlegte sie wenig später. Du bist ein totaler Ausfall. Man müsste ihn lächerlich machen, schwirrte es ihr erneut durch den Kopf, aber wie? Gisa gab nicht auf. Im Durchhalten war sie Meister. Das hatte bereits ihre Mutter feststellen müssen. Denn, wurde sie wegen einer kindlichen Ungehörigkeit in ihr Zimmer verbannt, dann blieb sie dort, bis man sie holte. Es fiel ihr gar nicht ein von sich aus um Pardon zu bitten. Gisa prüfte und verwarf, während der Wagen langsam die Feldwege entlang schaukelte.

Allmählich begann sich die Idee vom inszenierten Unfall herauszukristallisieren. Ihr war jedoch sehr schnell klar, dass nur der Zufall einen entsprechenden Plan hervorbringen und realisieren konnte. Was du tun kannst, ist immer in seiner Nähe zu bleiben, überlegte sie. Sie war in der Zwischenzeit so stark von der Idee besessen, dass sie dem Gelingen zuliebe, ihre Augen total vor einer eventuellen menschlichen Tragödie verschloss. Sie lauerte!

Sie lauerte während der Fahrt und als der Onkel im Revier die Begrüßungsansprache hielt. Als die Standplätze verteilt werden sollten, zog sie den Pfarrer schnell in ein Gespräch, so dass der Jagdherr gar nicht anders konnte, als ihr einen Platz in Sichtweite von Hochwürden zuzuweisen. Gisa war zufrieden. Mehr kannst du im Moment nicht tun, stellte sie sachlich fest.

Ihr Blick fiel zufällig auf seine abgestellte Flinte. Man müsste, hämmerte es auf der Stelle in ihrem Kopf. Ja, was? Vielleicht kommt dir der Zufall, dieser treue Freund der vom Schicksal Auserkorenen, zu Hilfe…

Gisa hatte während der Fahrt steife Beine bekommen. Genauso unbeweglich sah es in ihrer Seele aus. Letztere war so fanatisiert, dass sie im Grunde genommen gar nicht mehr anders konnte, als ihr Ziel, koste es was es wolle, durchzusetzen. Die Tiere schützen! – Ein gutes Ziel, ein hohes Ziel, doch leider keines, das für Fanatiker taugt. Über das Verhalten der Menschheit schimpfen ist das eine, mit allen persönlich zur Verfügung stehenden Mitteln gegen etwas vorgehen das andere, das sich zudem erfahrungsgemäß meist nur in kleinen Schritten realisieren lässt. Gisa war jung und das Letztgenannte ging ihr daher gegen den Strich.

Die Wagen hatten bei einer Feldscheune gehalten. Als die Standplätze der Schützen verteilt waren, begann sich die inzwischen nahezu vier Mal so starke Gruppe aus Jägern und Treibern langsam in Richtung auf den jeweiligen Standort aufzulösen. Diejenigen Geladenen, die vor Ort bereits gewartet hatten, verstärkten so die Kernmannschaft um Michel und den Onkel. Gisa konnte beobachten, dass mehrere Teilnehmer Beschwerden in den Beinen hatten. Echt blöd' bei der Kälte im Freien auf ein gehetztes unschuldiges Tier zu harren, dachte sie. Menschen sind schon komische Wesen. Ihre Augen fielen auf Michels Onkel, der dabei war die Blutzirkulation in seinen Beinen in Gang zu bringen. Wie ein Ball, der mehr und mehr die Luft verliert, sprang der Alte immer wieder und immer weniger in die Höhe. Und noch einmal, feuerte Gisa ihn in Gedanken an. Nein! Komm schon! Was, geht nicht mehr! Jetzt hat er endgültig Saugnäpfe an den Füßen, stellte sie zufrieden fest. Fasziniert beobachtete sie, dass der Onkel weiter wie wild mit der Flinte in der Gegend herumfuchtelte, obwohl eigentlich bei jeder Anstrengung nur noch die Kleidung nach oben rutschte. Das ist es, dachte sie. Man muss etwas mit dem Gewehr machen. Eine Lehrstunde in ihrem Jägerkurs fiel ihr ein. Es ging um Rohrkrepierer, erinnerte sie sich. Fremdkörper,

Erde und dergleichen können beim Schuss Rohre platzen lassen, hatte der Ausbilder doziert. Ob das wahr ist? Sie zweifelte auch jetzt noch. Und doch! Vage Vorstellungen lebten in ihr auf. Sie sah blutende Hände, zerrissene Kleidung, ein blutverschmiertes Gesicht, das die Züge von Hochwürden trug und seine angstvoll geweiteten Augen. Genug, um diesem Hubertus-Jünger ein für alle Mal die Lust an der Freude zu vergällen und, was ihr noch wichtiger schien, seine vorgesetzte Kirchenbehörde zum Verbot eines derart gefährlichen Hobbies zu veranlassen.

Als der Pfarrer losmarschierte, hängte Gisa sich wie eine Klette an ihr potentielles Opfer. Wo Michel hinging, was er tat, war ihr total egal. In ihrem Gehirn existierte nur mehr die Absicht: Wenn..., dann hast du ihn... Das wäre der Grundstein für deinen Kampf.

Hochwürden merkte von alledem nichts. Sorglos trabte er neben ihr her. Gisa spürte, dass es seinem Ego offensichtlich schmeichelte, dass sie nur Augen und Ohren für ihn hatte. Wie ein Herz und eine Seele zogen sie leise plaudernd ihrem Ziel zu. Michel, der sich in letzter Sekunde doch noch angehängt hatte, kam sich wie ein Mauerblümchen vor. Er fühlte sich beschämt und beiseitegeschoben. Dennoch zögerte er reinen Tisch zu machen. Ihm verursachte vor allem der Gedanke an die gemeinsame Rückkehr nach München Kopfschmerzen. Er schenkte der Landschaft keinen Blick. Auch Gisa registrierte sie bei ihrem Bemühen den Pfarrer zu fesseln kaum. Lediglich auf den Geistlichen traf das Sprichwort zu: Wes' das Herz voll ist, dem läuft der Mund über. „Sehen sie den weißen Nebel, wie er den nahen Waldrand in ein geheimnisvolles Dunkel hüllt", sagte er. „Ja", stimmte Gisa sofort zu. Dabei war der Nebel eine graue Suppe und bis zum Waldrand, vor dem

Aufstellung genommen werden sollte, war es mindestens noch ein Kilometer. Und was für einer! – Ein Feldweg, der stellenweise mit Wackersteinen ausgebessert war, die in einer trüben Wassersuppe lagen und daher glitschig waren. Diesen riesigen Pfützen war nur schwer auszuweichen, da sich links und rechts des Wegs Erdschollen auftürmten. Bereits nach wenigen Metern waren Gisas Stiefel durch die anhaftenden Klumpen schwer wie Blei. Trotzdem verfolgte sie weiter beharrlich ihr Ziel.

In einem Moment, in welchem sie Muse für einen kurzen Rundblick fand, bemerkte sie, dass sich die Treiber an einer Weggabel nach links davonmachten. Aha, dachte sie. Sie umgehen das vor uns liegende Feldgehölz und rücken auf ein Hornsignal geräuschvoll mittendurch. Die Leute sind nicht zu beneiden. Während von den hohen Fichten der Nebel auf sie herabnässt, werden ihnen die wasserglänzenden Zweige des Holunders in die 'Gesichter schlagen und die Dornen der Brombeerstauden werden sich an ihren Hosenbeinen festhaken. Ganz zu schweigen von den Schonungen, bei denen nur mit viel Kraft ein Durchkommen möglich ist. Doch sie werden durchmüssen. Denn die Jagd gilt auch Meister Reinecke, der, steckte er nicht gerade im Bau, ganz bestimmt eine der Dickungen angenommen hat.

Gisas Herz lobte die Natur. Herrlich, sagte sie sich, wie Lebewesen mit einfachsten Mitteln für sich und ihre Sicherheit sorgen. Alles wäre wohl bestellt, wäre der Mensch nicht in einer solchen Überzahl. Wo bleibt da noch Platz für die anderen. Insgesamt gesehen muss also der gute, tierliebe Mensch den rein egoistisch denkenden Mitbewohner dieses Planeten auf den rechten Weg geleiten, dozierte sie für sich, während Hochwürden sie gerade auf das blasse Blau der vielen Herbstzeitlosen hinwies, welche die nassen Wiesen verschönten. Gisa wechselte das Tempo. Mit kurzen, schnellen Sätzen sprang sie in ihrer Entschlossenheit von Stein zu Stein, so dass ihr ihr Unterhalter kaum folgen konnte und völlig außer Atem, nach der üblen Strecke erst einmal im Vortrag innehalten musste, um sich zu erholen. Gisa bemerkte es nicht. Sie hatte ein neues Schlagwort gewonnen. Ja, so wirst du es nennen, bekräftigte sie ihren Einfall: Kampf des tierlieben Menschen gegen mitleidlose Egoisten um das Recht auf Leben aller höherentwickelten Kreatur. Sie fühlte sich bereits als Sieger. Zufrieden arbeitete sie weiter an ihrer Philosophie. Man muss, sagte sie sich, zunächst den eigenen Standpunkt überdeutlich klarmachen und sei es mit Tierbefreiungsaktionen und dergleichen, bevor man letztlich dann doch Kompromisse eingehen wird. Michel fiel ihr ein.

Michel, den brauchst du nicht, der kann das nicht, stellte sie fest. Sie fand es daher überflüssig sich nach ihm umzusehen. Michel kehrt früher oder später voll zur Tradition seiner Familie zurück. Er steht dir nur noch im Wege, dachte sie. Befreit wandte sie sich wieder ihrem Gesprächspartner zu. Doch ihre Ohren wollten nicht mehr hören. Sie fühlte, dass auch er kein Mensch mehr war, für den sich dieser Einsatz gelohnt hätte. Ach so, fiel ihr gerade noch, bevor sie sich aus dem Staub machen wollte, ein, du willst ihn ja düpieren, willst ihn unmöglich machen. Und! Sie hörte in sich hinein. Geht er dabei vor die Hunde! Auch in Ordnung! Wer deiner Sache nicht nützt, soll ihr auch nicht mehr schaden können.

Noch hatte sich, außer, dass ein Gedankengebilde geschaffen worden war, nichts ereignet. Gisa allerdings glaubte fest an die Macht der Gedanken. Miteinemmale aber spürte sie ein leichtes Unbehagen. Seit Stunden schon trägst du nunmehr leicht und schwer zugleich unter der Last deiner Gefühle und deiner neuen Erkenntnis, konstatierte sie. Alles in dir drängt und nichts, nichts ist wirklich geschehen. Du bist zu vorsichtig. Ein unbeherrschterer Charakter hätte längst eine Aktion begonnen. Nein, du bist nicht zu vorsichtig, gab sie sich selbst die Antwort. Vorsicht um die eigene Person ist immer angebracht. Deine Chance kommt noch heute, redete sie sich gebetsmühlenartig ein.

Hochwürden schwitzte. Ein ums andere Mal fuhr er sich mit einem überdimensionalen Taschentuch über das Gesicht. Der Redestrom versiegte immer öfter. Gisa bekam die wohltuende Stille der nässegesättigten Landschaft gar nicht mit. In ihr war von einer Sekunde zur anderen eine weitere Idee gereift. „Geben sie mir ihr Gewehr! Ich werde es tragen", erbot sie sich im freundlichsten Umgangston. „Fräulein Gisa, ich bitte sie. Die Flinte ist doch keinerlei Beschwer für mich." Gisa gab nicht nach. „Ich tue es gern, ganz bestimmt", warb sie mit samtener Stimme. „Meinem Vater durfte ich auf seinen Pirschgängen auch immer das Gewehr tragen!" Gisa fühlte, dass sein eitler Widerstand erlahmte. Habe ich dich, dachte sie. Das ging ja schneller als erwartet.

Die kleine Auseinandersetzung hatte Zeit gekostet. Unversehens hatte Michel aufgeschlossen. „Herr Pfarrer, Herr Pfarrer, ich nehme das Gewehr", presste er noch etwas außer Atem heraus. Er hat es mitbekommen, dachte Gisa. Sie hatte ein ungutes Gefühl in der Magengegend. Der Widerstand von Hochwürden wurde schwächer. „Nein, ich möchte nicht, dass…", wehrte er entschieden ruhiger ab. „Papperlapapp", fiel ihm Michel ins Wort. Gisa witterte ihre Chance. „Nein, ich war die Erste, nicht wahr Hochwürden", reklamierte sie. „Und dann dieses schöne Exemplar", setzte sie noch eins drauf. Der Pfarrer gab innerlich erleichtert nach. Du hast gewonnen, jubelte es in Gisa. Nun kann die Sache weitergehen. Michel schüttelte den Kopf über ihren ihm unverständliche Eigensinn. Hochwürden aber schritt erleichtert und zügig weiter, sodass Gisa, belastet mit beiden Schießprügeln, Mühe bekam ihm zu folgen. Jetzt war sie es, die strauchelte und taumelte. Michel ließ sich wieder zurückfallen, um kein zweites Mal in die Lage zu kommen, seine Hilfe anbieten zu müssen. Gisa und er hatten sich entfremdet, ohne dass es ihm derart deutlich wie ihr aufgefallen war. Er dachte und handelte nur noch aus dem augenblicklichen Geschehen heraus und ohne Bindung zu ihrer Beider Vergangenheit. Von nun an beobachtete er sie etwas genauer. Schau, schau, dachte er. Sie balanciert mit der geknickten Flinte wie ein Seiltänzer mit seiner Stange. Da! Beinahe wäre sie gestürzt. Er zwang sich keinen schnellen Schritt nach vorne zu machen. Das war auch nicht nötig. Gisa hatte sich bereits wieder aufgerappelt. Was Michel übersah, war die Art wie sie zum Gleichgewicht zurückfand. Gisa hatte den Doppellauf der Flinte tief in die feuchte, schwarze Erde gebohrt. Hoffentlich ist jetzt genügend Dreck in den Läufen, dachte sie. Jetzt musst du nur noch auf eine günstige Gelegenheit warten, um deren äußeres unauffällig reinigen zu können. Michel fiel auch nicht auf, dass ihr Gang miteinemmale stabiler geworden war. Er versank erneut in seine Gleichgültigkeit. Da Hochwürden weiter schwieg und ihr immer noch den Rücken zukehrte, fand Gisa die Gelegenheit passend, die Außenreinigung durchzuführen. Es gelang ohne Aufsehen. Sie freute sich diebisch und schloss nunmehr erneut zu Hochwürden auf.

Man war angekommen. Und wie bei jeder neuen Situation wurden die Teilnehmer wiederum gesprächiger. Nur Gisa tat sich schwer mit dem Reden. Dein Plan, den du im Herzen trägst, ist immer noch nicht ausgereift, grübelte sie. Dir muss etwas einfallen. Aber du musst auch unauffällig bleiben. Also beteilige dich endlich aktiv an den Gesprächen und gackere nicht nur abgehackte Antworten.

Sie hatte eben begonnen das Gehirn mit einer neuen Aufgabe zu martern. Doch was geschah! Auf ein Zeichen, von dem niemand sagen konnte, wer es gegeben hatte, liefen Alle auseinander. Einzig Hochwürden stand noch da und streckte seine Hände aus. Gisa gab ihm die Flinte. Sein „danke" war im Grunde ebenso überflüssig, wie ihr „bitte". Oder doch nicht? Gisa fand, nein. Es ermöglicht dir anzuknüpfen, dachte sie. „Man hat uns nach links geschickt", nahm sie den Faden auf. „Ja", erwiderte er. Man schickt mich Rechten nach links!" „Ich dachte schon, sie sagen Gerechten!" Der Pfarrer verhielt kurz seinen Schritt und blickte sie an. Jetzt hat er dich zum ersten Mal, wie ein denkender Mensch angesehen, stellte sie überrascht fest. Dieser Blick eben, voll Interesse und zugleich staunend, beweist, dass du an seinen Prinzipien gerüttelt hast. Der Mann hat tatsächlich Format. Das Geschehene begann ihr für einen kurzen Moment leid zu tun. Nein, sagte sie sich, es ist ja eigentlich noch gar nichts geschehen. „Verzeihung!" Die Bitte war aus ihrer Seele gekommen. „Was ich ihnen mitteilen wollte", hörte sie sich sagen, „das Gewehr..." Sorgenvoll blickte er sie an. Seine Sachlichkeit war wie weggeblasen. Er zeigte allzu menschlich Schwäche. „Was bitte, ist mit ihm?", erkundigte er sich mit einer Stimme, die erneut seine Sehnsucht nach menschlichem Kontakt verriet. Sofort hatte sich Gisa wieder in der Gewalt. Ihre Ziele leuchteten vor ihrem inneren

Auge. Doch, da war noch etwas Anderes. Ihr Verstand arbeitete plötzlich in die entgegengesetzte Richtung. Er hat Format bewiesen, dachte sie zum wiederholten Mal. Kehrt er im nächsten Moment auf dieser Basis zur Sachlichkeit zurück, dann durchschaut er dich. Im Übrigen kannst du überhaupt nicht sicher sein, dass ein verdrecktes Rohr zu mehr als einer vergleichsweise geringfügigen Verletzung führt. Was dann? Irgendwann wird er sich fragen, gab sie sich sogleich die Antwort, dass du dabei wohl deine Hände im Spiel gehabt hast. Sag die Wahrheit, sag sie wenigsten teilweise, hier und jetzt! „Ich bin mit den Läufen am Boden aufgestoßen", hörte sie sich im selben Moment rufen. „Ach Gisa", konterte er mit derselben Sachlichkeit, die sie bereits zum Umdenken gezwungen hatte, „gut, dass du mir das sagst. Weißt du! Es war im Kriegseinsatz an der Front. Ich war noch ein blutjunger Student. Wir lagen mitten im Dreck und da habe ich gesehen, wie einem von uns der Lauf um die Ohren geflogen ist. Schrecklich! Ich werde die Bilder nie mehr in meinem Leben los. Danke!"

Gisa war froh, nur froh. Du hast eine wichtige Lehre erhalten, gestand sie sich mit einem Gefühl der Dankbarkeit. Doch die überstandene Versuchung ließ sie lange nicht los. Sie dachte darüber nach, als links und rechts die Flinten munter zu knallen begannen. Sie schoss nicht. Für die ansehnliche Strecke, die am Ende der Jagd ausgelegt werden konnte, waren die Anderen verantwortlich. Du hast etwas Wichtigeres wie eine Trophäe erlangt, begrub sie die für sie schrecklichste bisherige Versuchung fürs erste in ihrem Inneren. Eine Versuchung die letztlich aus dem Frust über eine persönliche Enttäuschung entstanden war und die kulminiert hatte. Dich interessieren Tiere und deren Wohl in einem vernünftigen Maße, fasste sie zusammen. Gisa, du kannst stolz auf dich sein.

6. Kapitel

Zur selben Zeit reifte an einem entfernten Ort ein anderes Schicksal heran.

Herfried Benz, von seinen Bekannten und früheren Freunden Herf und von seiner Frau Elli Papa gerufen, musste an diesem Tag nicht zur Arbeit. Das geschah in jüngster Zeit immer wieder. „Morgen habe ich frei!", pflegte er es anzukündigen. Elli hatte sich beinahe schon daran gewöhnt. „Da kannst du ausschlafen. Prima!", war ihr stereotyper Kommentar und am Nachmittag fährst du dann mit mir zum Einkaufen." Mit dieser Bitte hatte sie noch nie Glück bei ihm gehabt. „Du weißt, ich kann nicht", war seine regelmäßige Ausrede. "Die ganze Woche über bin ich eingespannt. Die Arbeitskollegen gehen mir auf die Nerven und dann soll ich in meiner sauer verdienten Freizeit erneut unter Menschen. Das kannst du nicht von mir verlangen, Elli. Ich bring' es einfach nicht."

Dieses Mal wollte Elli hart sein. Sie stand in seinem Rücken und hatte ihre Fäuste auf die Sessellehne geballt. "Einmal wenigstens, ein einziges Mal!", flehte sie und sah ihn mit ihrem müden, zerfurchten Gesicht liebevoll an. „Papa! Du hast doch wirklich viel Urlaub in letzter Zeit, auch wenn es nur einzelne Tage sind. Da könntest du deinem Herzen doch einen Stoß geben. Mir zuliebe! Weißt du noch, wie wir jung waren..." Herf, wand sich ein wenig in seinem Sessel. Unsicher blickte er in Richtung Fenster, dessen Gardinenbahnen dem Tageslicht einen milchigen Schimmer gaben. Dann hatte er sich wieder gefasst. „Nein! Und nochmals, nein", entschied er. „Elli, du meinst wohl, die geben einem kleinen Mann den Urlaub umsonst. Elli, da täuscht du dich gewaltig. Gerade die mickrigen Angestellten, wie ich einer bin, bekommen, verdammt noch mal, nichts geschenkt." Elli hatte wässrige Augen bekommen. „Aber es geht uns doch gut", versuchte sie einzuwenden. „Deine Firma gibt dir ein Urlaubsgeld und Weihnachten hast du noch immer ein halbes Gehalt bekommen." Sie sah, dass er dazwischenreden wollte. „Lass mich", durchkreuzte sie scharf seine Absicht. „Wir haben ein Häuschen am Bahndamm!" „Genau das ist es", presste er heraus. Elli gab seinem Hilfeschrei nicht nach. „Nein", entschied sie. „Das kann nicht sein. Es war doch dein Wunsch an diesem Ort zu bauen, oder etwa nicht?" Herf blieb die Antwort schuldig. Düster starrte er auf seine fahrigen Hände. „Jawohl", fuhr sie nach der kleinen Pause fort. „Ich habe mir das eigene Haus gewünscht, als ich dachte, dass wir es uns nunmehr leisten können. Ich habe es mir sogar in den Kopf gesetzt, zu bauen. Doch du warst es, der den Bauplatz ausgesucht hat." „Er war gerade noch erschwinglich", rechtfertigte sich Herf mit müder Stimme. „Das ist nicht fair von dir", wandte sie bitter ein. „Ich habe damals vorgeschlagen, noch ein halbes, ja ein volles Jahr mit dem Bauen zu warten! Dann hätten wir uns einen anderen Platz leisten können." Herfs Gedanken flüchteten sich ins Irgendwo. „Hörst du mir überhaupt zu?", begehrte Elli auf. Sie trat etwas zur Seite, um sein Gesicht zu sehen. „Nein, das tust du nicht", resümierte sie, während sie weiter zu ihm hinabsah. „Jetzt sage ich es zum zweiten Mal", sagte sie um einen Ton schärfer. „Es war deine Rede, dass die nahe Zugstation ein Vorteil sei, den man nicht unterschätzen dürfe. Ich habe das seinerzeit eingesehen und es hat sich nunmehr seit zehn Jahren auch bewährt. Du bist immer gut zur Arbeit gekommen, sommers und vor allem winters." Elli schwieg. Gleichmäßig tickte die

Standuhr in der Ecke. Durch Herfs Gestalt ging ein kurzes Zittern. Er sprang auf, wandte sich aber keineswegs seiner Frau zu. „Aber ich kann nicht schlafen", schrie er. Seine Gestalt bebte „Keine Nacht kann ich durchschlafen und das geht so, seit einem Jahr oder werden es demnächst zwei? Ich bin fertig." Elli schwieg. Was aus seiner Seele hervorgebrochen war stimmte. Mit zusammengekniffenen Lippen, wartete sie darauf, dass er sich wieder beruhigen würde. So wie jedes Mal, dachte sie. Es ist ja nicht sein erster Gefühlsausbruch und er hat es noch immer geschafft. Herf tat ihr leid, sein Kummer war der ihre und tat weh. Was war es in Wirklichkeit, was ihn in letzter Zeit nicht mehr zur Ruhe kommen ließ? Zuvor hatte es mit dem Schlafen doch auch geklappt. Du hast immer noch keine Erklärung dafür gefunden, dachte sie. Gedankenverloren trat sie an die Kommode. Ihre Augen fielen auf das Hochzeitsbild, das hinter der Glasscheibe steckte. Wir waren ein schönes Paar, dachte sie und so glücklich! In unseren Träumen gehörte uns die Welt, obwohl oder gerade weil wir kein Geld hatten sie zu kaufen. Jetzt geht es uns finanziell gut, weil Papa sich zum Werkmeister hochgearbeitet hat und mit einem Mal hat er Probleme. Mein Gott, ich verstehe das nicht. Wir sind beide fünfundvierzig und eigentlich im besten Alter. Liegt es vielleicht daran? Elli hielt unwillkürlich den Atem an. Es könnte sein; es wäre eine Erklärung. Gedankenverloren zog sie die Schublade. Der Besteckkasten leuchtete ihr knallrot entgegen. Zu anderer Stunde hätte sie nicht widerstehen können und hätte den Deckel gehoben, um einen Blick auf ihren Silberschatz, wie sie ihn nannte, zu werfen. Stattdessen schob sie die Schublade ebenso mechanisch wieder zu. Hat Papa dir anfangs nicht immer wieder gesagt, dass, seit er den Posten des Werkmeisters hat, der Kontakt zu den Kollegen spärlicher geworden ist und dass Freundschaften im Sand verlaufen würden. Belastet ihn das mehr, als er zuzugeben bereit ist? Oder sind es die eigenen Kinder, die ihm plötzlich fehlen? Daran mochte Elli nicht denken. Sie lastete schon seit langem das Ausbleiben des Nachwuchses sich selbst an. Mit Herf hatte sie darüber aber nie gesprochen. Für sie war es eines der Themen, die auch bei der Goldenen Hochzeit noch keines sein dürfen.

Herf war stehengeblieben. Mit ausdrucksloser Miene lief er nunmehr vor die Haustür, wie er es immer tat, wenn sein Gefäß wieder einmal übergelaufen war. Es war ihr ganz recht. Sie beschloss, das Problem einmal mehr in ihre Seele zurückzuschieben. Dort ist eine Menge Platz, dachte sie. Denk daran, wieviel Raum Kinder und ihre Sorgen dort beanspruchen würden. Das mit Papa wird sich in absehbarer Zeit schon richten.

Doch das mit dem Versenken war nicht so einfach. Schwer stützte sie beide Ellenbogen auf die Platte und dachte nach. Ob du deinen Widerstand gegen sein kleines Anliegen nicht doch endlich aufgibst? Altes Mädchen, sei gescheit. Lass ihn doch endlich seine Schmiedewerkstatt, die er sich wünscht im Gartenhäuschen einrichten. Was hast du eigentlich davon, wenn er in seinem Griesgram allabendlich um dich ist? Ist es da nicht besser, du lässt ihn nach eigenem Gusto an seinem Amboss werkeln? Wenn er anschließend aus dem Garten zurückkommt, ist er vielleicht ein Anderer. Gleich morgen Abend sprichst du das Thema an. Elli war glücklich eine mögliche Lösung angedacht zu haben. Ein schmiedeeisernes Gartentor täte dem Grundstück ganz gut, schloss sie die Geschichte für diesen Tag ab.

Dass die Umsetzung nicht lange auf sich warten ließ, zeigte wie sehr Herf sich nach einer solchen Oase gesehnt hatte. Bald schon arbeitete er begeistert Abend für Abend in seinem Reich, letzteres auch mit einer gewissen Heimlichkeit. Er sprach nicht darüber, aber das Ergebnis konnte sich bereits nach kurzer Zeit sehen lassen. Du könntest direkt eifersüchtig werden, urteilte Elli, würde das Ganze sozusagen nicht einem guten Zweck, dem Schlaf dienen. Das neue schmiedeeiserne Gartentor konnte sich aber auch wirklich sehen lassen. Es war nicht filigran, wenn Schmiedekunst überhaupt filigran sein kann. Es war auch nicht klobig. In seiner Art entsprach es Herfs Charakter: Es war durch und durch solide. Der Schlaf allerdings, das Ziel sozusagen, stellte sich nicht ein. Einen kleinen Vorteil hatte die Sache allerdings: Herf war in seiner Freizeit aufgeräumt und Elli blieb, wie sie es seit Jahren gewohnt war, Alleinherrscherin in ihrem Reich. Nicht einmal die häufigen Urlaube warfen mehr Probleme auf. Wenigstens keine großen! An so einem Morgen blieb man etwas länger im Bett, auch wenn die Verliebtheit der Anfangsjahre längst passé war. Die zusätzliche Stunde Nachtruhe gab Herf ein wenig von der Frische der Jugendjahre zurück. Zu einem sexuellen Erlebnis reichte es allerdings nie. Kaum war Herf erholt genug für den Tag, sprang er von der Liegestatt und verschwand nach kurzer Morgentoilette in seine Oase. Elli hatte sich damit abgefunden. Sie war Realistin und fühlte sich deswegen nur ein klitzekleines bisschen vernachlässigt.

Doch der fehlende Schlaf blieb für Elli weiterhin das Thema. Es war Morgen und Herf hatte sich anscheinend die ganze Nacht herumgewälzt, hatte die Hände mal so mal anders an den Körper gelegt und versucht ruhig zu sein. Irgendwann bist du eingeschlafen, dachte sie, während sie Wasser in die

Kaffeemaschine goss. Ein Blick auf die Küchenuhr zeigte ihr, dass es kurz nach acht war. Wo er jetzt wohl ist, fragte sie sich unwillkürlich. Natürlich auf dem Weg zur Telefonzelle am aufgelassenen Bahnhof! Letzteres war in ihren Augen so sicher, wie das Amen in der Kirche. Aber warum geht er immer noch zur Telefonzelle? Längst hätte er sich ein Handy kaufen können, alle Welt hat eins. Nein, dein Herf marschiert aus dem Haus zum Telefon. Sie erinnerte sich noch gut, wie er gepoltert hatte, als der Geld- gegen einen Kartenautomaten ausgetauscht worden war.

Nach ein paar Tagen hatte er sich allerdings wieder beruhigt und seither trug er immer mindestens zwei geladene Telefonkarten in seiner Brieftasche. Die zweite diente als Reserve für den Fall, dass das Guthaben der ersten mitten im Gespräch aufgebraucht sein sollte. Ja die Sorge um das Geschehen an den Arbeitsplätzen ließ ihn selbst an freien Tagen nicht los. Er hatte es ihr vor gar nicht allzu langer Zeit einmal erklärt: „Weißt du, es läuft vielleicht nicht ohne mich", hatte er geheimnisvoll angedeutet. „Echt! Mehr will ich dazu nicht sagen." „Aber stell dir folgenden Fall vor: Mein Stellvertreter, der Hans, wäre aus Krankheitsgründen ebenfalls zu Hause geblieben! Dann könnte ich immer noch... Du verstehst!" Seine Begründung, hat dir eingeleuchtet, dachte Elli. Doch, gib es zu! Ein schaler Geschmack ist geblieben. Irgendwie hast du gespürt und spürst es auch heute wieder, dass da mehr dahinterstecken muss.

Erneut fiel ihr das Handy ein. Sie musste lachen. Ja, wenn es nur das wäre. Aber er hat sich in all den Jahren auch dagegen gewehrt einen normalen Telefonanschluss installieren zu lassen. Er hat sich immer aufs Neue stur gestellt. Er will anrufen, aber nicht angerufen werden. Wir haben wahrscheinlich das einzige Haus in der Gemeinde, in welches keine Fernsprechleitung führt. Groll kroch in ihr hoch. So geht es nicht weiter, dachte sie. So langsam kommst du, aber auch er, in ein Alter, wo gesundheitlich jeden Tag etwas Anderes sein kann. Vor allem bei ihm! Wenn er vom Telefonieren zurückkommt, wirst du ihn dir allen Ernstes vorknöpfen. Das Wasser hatte zu sprudeln begonnen. „Na also", entschlüpfte es ihr. Er kann kommen. Genießerisch zog sie den aufsteigenden Kaffeeduft in ihre Lunge. Sie trat ans Küchenfenster. Ihr liebster Platz! Die Telefonzelle lag auf der gegenüberliegenden Seite, etwa dreißig, vierzig Meter in Richtung Dorfmitte. Sie sah, dass sie besetzt war. Er ist es, wusste sie. Sie kannte ihn, mehr noch, sie ahnte jede seiner Bewegungen voraus. Sie wusste um die Art, wie er umständlich in seiner Brieftasche kramte, um dann bedächtig die Karte in die Hand zu nehmen und gegen das Licht zu halten, bevor er sie in den Schlitz steckte. Er ist weiter, er spricht bereits, oder immer noch! Ja, was nun, fragte sie sich unwillkürlich. Das Geschehen begann sie zu faszinieren. Was ist das, stellte sie verwundert fest. Er hat völlig unerwartet den Hörer auf die Gabel geknallt. Beinahe fluchtartig sah sie ihn das Häuschen verlassen. Der Schreck fuhr ihr in die Glieder. Was ist los, fragte sie sich. Läuft im Betrieb etwas schief? Verwundert konstatierte sie, dass sich sein hastiger Schritt schnell beruhigte. Nun geht er sehr nachdenklich, nein schleppend, dachte sie. Ein ungutes Gefühl gab ihr die Gewissheit, dass irgendetwas nicht in Ordnung sein konnte. Ein letzter Blick auf die Kaffeemaschine, dann zog sie sich eilig ins Wohnzimmer zurück. So weit ist es gekommen, dachte sie. Du willst dich nicht dem Verdacht aussetzen spioniert zu haben. Ungeduldig erwartete sie, dass die Türe aufging.

7.Kapitel

Es war einiges nicht im Lot. „Ich habe mit der Personalstelle telefoniert", bekannte Herf. Sein abweisendes Gesicht ließ Elli wie in einem Buch lesen. Es musste etwas Unerfreuliches gewesen sein. „Betty war am Telefon! Mit ihr spreche ich eigentlich am liebsten. Wir kennen uns doch schon so lange." „Und, was war los", erkundigte sich Elli besorgt.

„Herf, du machst mir Sorgen, hat Betty gesagt. Deine tageweisen Erkrankungen…", verriet er sich. Er stockte. Elly war einen Moment sprachlos. Das also waren und sind die Urlaubstage, durchzuckte es sie. Herf wiederum versuchte seinen inneren Druck zu überspielen, indem er seiner Stimme einen ironischen Ton beilegte. Es gelang nur schlecht. „Und sonst hat sie nichts von sich gegeben", bohrte Elli. „Eigentlich nicht!"

„Was heißt ‚eigentlich nicht?' Papa, wir müssen ein ernstes Wort miteinander reden und zwar hier und jetzt. Komm setz dich!" Elli drängte Herf in den Sessel. Sie selbst setzte sich auf die Armlehne. Herf zuckte zur Seite. „Was hast du? Ist es dir unangenehm, wenn ich dir nahekomme?", begehrte Elli spontan auf. „Nein!", presste Herf hervor und deutete dabei ein Zusammenrücken an. Elli beobachtete sein Gesicht von der Seite. Es wirkte versteinert. Näher kannst du wohl nicht, dachte sie wehmütig. „Also, was ist los?", nahm sie den Faden wieder auf. „Mein Knie, habe ich ihr gesagt. Es lässt mir keine Ruhe. Ich kann kaum stehen. Jede Bewegung bereitet mir Schmerzen", berichtete Herf schleppend.

„Und, was hat sie gemeint? Hat sie dir die Mogelei abgekauft?"

„Herf, ein Mann wie du gibt nicht auf, hat sie mitfühlend gemeint und hat hinzugefügt: Das mit den Krankmeldungen geht schon in Ordnung, jetzt wo ich den Hintergrund kenne."

„Papa, nichts geht in Ordnung. Du hast mich mit deinen Urlaubstagen belogen. Doch Schwamm drüber", versuchte Elli das Kapitel abzuschließen. „Ob es nun stimmt, oder nicht! Hauptsache die Ausrede hat ihren Zweck erfüllt." „Ja, schon", murmelte Herf leise, während er seinen Kopf in die auf die Armlehne gestützte Hand legte. „Aber es ist halt nicht so", bekannte er nach einigem Zögern. "Du weißt, dass ich eine ehrliche Haut bin. Es geht mir einfach gegen den Strich, wenn ich schwindeln muss." Herf seufzte. Ihr Mitleid zwang Elli ihm über das schüttere Haar zu streichen. Herf ließ es bereitwillig geschehen. „Weißt du", plauderte er weiter. Er sah Elli von der Seite an. Sein Auge tauchte für einen kurzen Moment in die ihren. „Mir fehlt einfach der verdammte Schlaf", gestand er. „Ich bin manches Mal nicht in der Lage einen Arbeitstag durchzustehen. Ich bewundere Leute, die das können. Denk zum Beispiel an die Doku-Soap, die wir gestern im Fernsehen gesehen haben. Zwanzig Stunden und mehr waren die Ärzte ununterbrochen im Dienst. Das hätte ich selbst als Junger nicht fertiggebracht." Herf schwieg für einen Moment. „Nein, das könnte ich nicht", bekräftigte er schließlich. „Wem solch eine Anstrengung nicht schadet, der ist aus einem anderen Holz geschnitzt. Ein Mensch, der dazu in der Lage ist, muss sich seines Körpers - ich meine das Herz und so - absolut sicher sein." Elli spürte, dass Herf kurz davorstand, sein Geheimnis zu lüften. „Absolut sicher", wiederholte Herf. Auf seiner Stirn bilden sich Schweißtropfen, stellte Elli verwundert fest. Was, um Gottes Willen, kommt jetzt noch?!
Unwillkürlich verließ ihre Hand sein Schädeldach. Sie bemerkte es nicht einmal. Herf gab sich einen Ruck. „Es ist mein Fehler, dass ich zu viel in mich hineinhöre", bekannte er. „Ich habe es versucht, aber ich kann es nun einmal nicht

ändern. Wie sollte ich auch, wo ich die Fehlfunktionen, die Herzrhythmusstörungen, die innere Beklemmung und sonst noch einiges beinahe im Minutentakt spüre." Herf hatte den Kopf gedreht und sah Elli nunmehr voll an. Seine traurigen Augen sogen sich an ihrem Gesicht fest. Elli war weit davon entfernt, ihn in diesem entscheidenden Moment zu unterbrechen. Du musst ganz Ohr sein, befahl sie sich. „Wieso plagt mich mein Körper ununterbrochen?", klagte Herf. „War das immer so? Ich habe mich zurückerinnert und bin auf unsere ersten gemeinsamen Jahre gekommen. Damals war noch alles in Ordnung. Losgegangen ist es eigentlich erst, als nach dem Hausbau die eintönige Regelmäßigkeit mich empfindlich für mich selbst gemacht hat. Dann kam auch noch meine neue Stellung als Werkmeister." Herf schwieg für einen Moment. „Ich will nicht sagen, dass mich die neue Aufgabe überfordert hat", versuchte er seinen wahren Gedanken zu vertuschen. „Aber ich war doch irgendwie schon angeknackst. Und du warst doch so zufrieden!"

Elli bemerkte, dass in Herfs Augen die Unsicherheit irrlichterte. Wie kannst du ihm helfen, fragte sie sich verzweifelt. Sie wusste keinen Rat. Ihr schien es, als habe ihr Mann seine belastende Beweiskette bereits unumstößlich in seinem Gehirn. Nach ihrer Meinung lautete deren Anfang: Ich bin Herf. Ich will es gut machen. Die Folge aber ist: Papa schleppt sich über den Tag und liegt in der Nacht wach, dachte sie. Dabei haben sie ihn von der Werkbank geholt, weil sie von seiner Leistung überzeugt waren. Und nun seine Worte, die du so oder ähnlich schon mehrmals gehört hast, beziehungsweise, jetzt wo er am Reden ist, noch hören wirst und deren Wesen auch dein Leben ausmacht: Schuld sind die vorbeidonnernden Züge, vor allem die Güterzüge, die mich keinen Schlaf finden lassen. Kaum ist der eine durch, warte ich ruhelos auf den nächsten. Auch wenn es nie anders war! - Früher war ich jung und ein junger Mensch hat bessere Nerven als ein betagter. Kein Wunder also, wenn ich mich am Tag wie gerädert fühle. Und habe ich nicht irgendwo gelesen... Nein, es war im Fernsehen, wo sie gesagt haben, dass Schlafentzug bei Menschen solche Herzrhythmusstörungen auslösen kann, wie ich sie habe. Ich sollte zum Arzt gehen! Ach was! Wegen so etwas suche ich doch keinen Doktor auf. Er würde mir eh nur Schlaftabletten verschreiben, die mit der Dauer der Behandlung eine immer geringere Wirkung hätten. Ich lasse mich doch nicht süchtig machen. Schlaftabletten könnte ich mir zur Not auch ohne Rezept kaufen. Nein, die Züge machen mich krank und wenn es auch bedauerlich ist, mache ich mich durch immer stärkere Medikamente nicht noch kränker. Ich habe Elly eben am Telefon nicht groß belogen. An solchen ‚Urlaubstagen' fühlte ich mich wirklich schlecht, viel schlechter als wenn mich nur mein Knie geplagt hätte. Aber ich konnte Betty nun doch wirklich nicht sagen, dass es der fehlende Schlaf ist. Was wäre gekommen? Herf, hätte sie gesagt. Lass dir vom Arzt Tabletten geben. Schlechtes Allgemeinbefinden ist eben in den Augen der meisten Menschen keine Krankheit, ein schmerzendes Knie schon!

Herf hatte währenddessen still mitgedacht. Das Ganze, die Projektion seiner Gedanken in ihr Gehirn, war eine Erscheinung, wie sie bei eng miteinander verbundenen Menschen des Öfteren vorkommt. Die Sache mit dem Allgemeinbefinden strich Herf allerdings sofort wieder aus ihren und aus seinen Argumenten, mit denen er Elli im nächsten Moment überraschen wollte. Und auch alles Weitere das ihm sekundenschnell dazu einfiel, so zum Beispiel: Verlogene Welt, in der man nicht einfach, auch wenn es so ist, sagen kann, ich bin mies beieinander, ich bleibe zuhause, sondern wo verlangt wird und wo man nur dann als ganzer Kerl gilt, wenn das Knie entzündet ist, die Knochen gebrochen sind oder die Mandeln eitern. Deine Mandeln sind nur gerötet, aber du fühlst dich trotzdem nervös. Ja, heute Mittag, da wird es dir blendend gehen und am frühen Abend auch; nach dem Zubettgehen aber, beginnt die alte Leier. Heute machst du es anders! Du schläfst! Die Woche hat nur noch drei Tage. Die stehst du durch so oder so!"

Herf begann erneut zu resignieren. Sein Optimismus schwand, wie er gekommen war. „Ach was", sagte er nachdenklich zu seiner Frau. „Das ganze Reden bringt nichts." Er stand auf. „Heute Nacht versuche ich zu schlafen. Hoffentlich gelingt es mir. Elli, du kannst so oder so versichert sein, dass ich die restliche Woche durchstehe und die nächste auch. Ja und dann sehen wir weiter." Herf schnupperte demonstrativ. „Herrlich, wie der Kaffee duftet. Du bist doch meine Beste, Elli. Danke!", beschloss er demonstrativ die Aussprache.

Elli war ratlos. Was sollst du machen, fragte sie sich. Sie spürte tief im Inneren, dass eine solche Stunde so schnell nicht wiederkommen würde. Zwecklos! Resignierend hob sie die Schultern und folgte ihm an den Kaffeetisch. Herf blieb von einem Moment zum anderen allein mit seinen Gedanken, welche zugegebenermaßen ein klein wenig optimistischer waren. Die Tasse Kaffee wird dir guttun, dachte er. So früh am Morgen schadet sie nicht und sie verschlimmert auch nicht deine Rhythmusstörungen. Es wird alles gut. Heute noch! Morgen bist du um diese Zeit bereits wieder in der Arbeit. Du wirst diesen Tag auch nicht vertrödeln. Im Gegenteil! Du wirst das Gitter fertigschweißen. Und du bist froh, dass dich dabei niemand über Telefon oder Handy erreichen und kontrollieren kann. Das ist, was du brauchst. Du benötigst keinen Anrufbeantworter und keine Voice-Box. Beides würde nur deine Neugierde aktivieren und den Versuch die innere

Ausgeglichenheit zu erreichen von vorneherein zunichtemachen. Na also! – Und morgen bist du in der Firma und alles ist vergessen. Elli! Ach, Elli! Was du ihr gesagt und was sie erahnt hat, ist genug. Mehr bringst du einfach nicht über deine Lippen. Das ist auch gut so. Schließlich hat sie ihr ganzes Leben auf dich bauen können. Willst du das zerstören? Nein! Los, alter Junge! Es wird schon werden, es ist noch immer geworden.

„Gehen wir in die Küche! Der Kaffee ist fertig." Ellis Aufforderung unterbrach wohltuend seine Grübelei. Innerlich gelöst folgte er ihr. Er ertappte sich sogar bei dem Gedanken sie nach langer Zeit wieder einmal in den Hintern zu kneifen. Sie wird überrascht quietschen, dachte er. Aus unerfindlichen Gründen ließ er es und trottete schweigsam hinter ihr her.

Sie stellte seine halb gefüllte dampfende Tasse auf den Tisch. Voll! Das wollte er nicht. Bedächtig griff er nach dem Zuckerstreuer, während sie dem Kühlschrank eine Dose Milch entnahm. „Es ist kein Zucker da", stellte er missbilligend fest. Wortlos griff Elli nach der Streubüchse. Er achtete kaum darauf und bedankte sich auch nicht, als sie das gefüllte Gefäß zurückgab.

Elli hatte sich zu ihm gesetzt und schlürfte genießerisch das aromatische Getränk. Ihre mütterliche Nähe war ihm erneut unbehaglich. Wortlos angelte er sich vom anderen Ende des Tisches die zusammengefaltete Tageszeitung, schlug sie willkürlich auf und schob sie als Schutzschild vor sein Gesicht. Dabei wurde ihm bewusst, dass er so tun müsse, als würde er lesen. Rasch blätterte er auf die vorletzte Seite und kämpfte sich von dort aus durch den Blätterwald. Die Lektüre begann ihn allmählich zu interessieren. Er verweilte bei den Notizen aus den Landkreisen und interessierte sich anschließend ausführlich für den Sportteil mit den Ergebnissen vom Wochenende. Einer Eingebung folgend blätterte er zurück zu den Todesanzeigen. Scheu überflog er sie. Als sein suchendes Auge nichts mehr entdeckte, war er froh, dass es an diesem Wochenende einen im Vergleich zu ihm wesentlich Jüngeren aber keinen Gleichaltrigen erwischt hatte. Die beiden wirklich hochbetagten Dahingeschiedenen nötigten ihm lediglich ein Achselzucken ab. Als er endlich auf Seite zwei angekommen war, sogen sich seine Augen am Druck fest. Doch von den vielen Informationen behielt sein Gehirn fast keine. Wäre es ihm aufgefallen, hätte er es gewiss seiner Müdigkeit zugeschrieben.

Sein gewohntes Tun wirkte einschläfernd auf Elli und das obwohl in all seinen Handlungen eine innere Unruhe steckte. Zwar blieben sein Oberkörper, die Arme und der Kopf beinahe starr in ihrer jeweiligen Stellung, doch die Füße scharrten ständig den Boden, kreuzten und streckten sich in steter Regelmäßigkeit, während die Hände, wie ein von einem unmerklichen Lüftchen bewegtes Espenlaub, zitterten. Die Zeit schlich dahin. Die Szene schien kein Ende nehmen zu wollen. Elli schreckte aus ihrem Dämmerzustand hoch. Herf hatte die Zeitung zusammengefaltet.

„Ich gehe jetzt nach hinten", verkündete er entschlossen. Noch bevor das letzte Wort gesprochen war, hatte er sich erhoben und setzte sich, gleich einer Dampfwalze nach dem Einlegen des Vorwärtsganges, ruckartig in Bewegung. Die Idylle war zu Ende. Beide gingen ihre eigenen Wege, ohne nachzudenken warum das so war. Ehealltag! Vertrautes Nebeneinanderher-Leben! Sie waren verschlossen geworden. Wo waren seine musischen Anlagen geblieben? Sie schlummerten gleich Herpesviren tief im Inneren. Und da es keinen Anlass, keine neue Liebe gab, blühten sie auch nicht auf. Oh Gott! Was hatte er in der Rosenzeit ihrer Beziehung nicht alles geschrieben! Briefe; Zettel, auf denen er Gedanken festhielt; Gedichte, die sich auf ‚dich' in der übernächsten Zeile mit ‚ich' reimten. Er hatte Initialen in die Rinden von gut ein Dutzend Bäumen geschnitten und was der Dinge mehr sind.

Aus Herf dem musisch kreativen Menschen war inzwischen die vom Leben geprägte funktionierende Maschine geworden, die sich am wohlsten inmitten anderer Werkzeuge fühlte. So verbrachte er Stunde um Stunde in seiner Werkstatt Hier lebte er die Zeit vor der ersten Begegnung mit Elli, aber auch jene vor seiner Bestellung zum Vorgesetzten aus. Er bearbeitete das Eisen, bog und verformte es, brachte es in gleißender Hitze zum Schmelzen und ergötzte sich an den entstandenen Formen.

Auch im Moment begann er freudig zu Handwerken. Doch es wollte nicht gelingen. Er grübelte. Zäh formten sich Gedankenbruchstücke. Das Gehirn arbeitete ohne Plan. Bleiern versagten die Hände ihren Dienst. Du bist am Ende, schoss es ihm in den Sinn. Der Gedanke traf den Nerv. Das kleine Pflänzchen Optimismus, das er nach dem Telefonat in Ellis Gegenwart aufgebaut hatte, verwelkte, noch ehe es die Chance hatte sich an den ersten, schwachen Lichtstrahlen zu laben. Du bist am Ende! Ganz einfach am Ende!
Am ganzen Körper zitternd, suchte er nach dem nächstliegenden Grund für seine Misere. Er fand ihn, noch immer keiner kühlen Erwägung fähig, in seiner Schlaflosigkeit. Sie war es. Die Wut über seine Ohnmacht ballte sich in ihm zu einem überdimensionalen Kloß. Empört drosch er, ein, zweimal mit dem Hammer auf die Werkbank. Es half nichts. Hilflos steuerte er in den nächsten Gefühlsausbruch. Er hörte

in der Ferne ein Rauschen, welches in oft erlebter Rhythmik allmählich zum Stakkato anschwoll und im Moment der direktesten Konfrontation dem Atem den Zugang und dem Herz den Schlag verwehrte. „Taratata, taratata, taratata..." Der Zug war vorbeigefahren. Einer von dutzenden, welche täglich auf dieser Strecke verkehrten. Nur der Neuling und der seelisch und körperlich Kranke registrierte sie überhaupt noch. Herf registrierte sie nicht nur, er hasste sie, jeden Einzelnen von ihnen. Der Hass hatte sich tief ins seine Seele gefressen, Nacht für Nacht ein wenig mehr. Während er erleichtert den Einen in der Ferne entschwinden hörte und gerade begann sich auf den baldigen Schlaf zu freuen, graute ihm bereits vor dem Nächsten. Hoffentlich bin ich eingenickt, bevor er kommt, war die Initialzündung für die nächste Wachrunde. Es war eine Zwangsvorstellung, die Herf den Schweiß aus allen Poren trieb. Sein Hass darüber war abgrundtief und erstreckte sich gegen die Bahnstrecke sowie gegen alles was auf ihr, tausende Tonnen schwer, dahindonnerte.

Herf war ein massiger, schwerfälliger Mann, der eine gefundene Wahrheit einer zu findenden vorzog. Hier war der Gegner. Du hast ihn erkannt, dachte er. Du wirst ihn niederwalzen, um für den Augenblick, die Stunde und, wenn es hochkam, für Tage Ruhe zu finden. Genau wie Gisa hatte er einen Entschluss gefasst. Bei ihm, wie bei ihr, bedeutete es den nächsten Schritt und der hieß: Handeln!

Herf sah sich entschlossen, aber auch ernüchtert in der Werkstatt um. Seine Blicke streiften massives Schmiedewerkzeug: Hämmer, Zangen, blanke Griffe! Der Anblick gab ihm Kraft. Ja! Mit ihrer Hilfe wirst du es packen, tönte eine innere Stimme. Wann? Heute! Ja, noch heute

Abend. Du wirst den Gegner vor deiner Haustür bezwingen. Du wirst dir Ruhe verschaffen. Wer kann es dir wehren? Herf befühlte abschätzend seine Oberarmmuskeln. Sieh doch nur diese geballte Energie, die noch immer in deinen Armen steckt, räumte er letzte Bedenken zur Seite. Zusammen mit den Werkzeugen, dem Hammer, dem Eisen werden sie eine ungeheure Kraft entfalten. Ist die Hand erst zum Schlag erhoben, hält sie niemand mehr auf.

Herf, das Sinnbild des aufrechten Mannes, hatte den wohl größten Schritt in seinem bisherigen Leben getan; einen Schritt, dem, wie er instinktiv erkannte, nur im Deckmantel der Nacht ein weiterer folgen konnte. Elli blieb zum ersten Mal in all den Ehejahren dabei außen vor. Herf dachte nicht im Geringsten daran, sie auch nur andeutungsweise einzuweihen. Verbissen machte er sich auf der Stelle daran seinem Plan Gestalt einzuhauchen. Es half ihm, nicht über seinen Entschluss nachdenken zu müssen. Genau wie Gisa tappte er zunächst im Nebel. Im Gegensatz zu ihr, allerdings zunächst ausschließlich bildlich. Du müsstest, überlegte er, wesentlich konkreter als Gisa. Doch auch er stieß, genau wie sie, im nämlichen Moment bereits wieder an seine Grenzen. Entschlossen gab er sich einen Ruck und sprach aus, was für sein geradliniges Wesen als einziges in Frage kam: „Lass einen Zug entgleisen!" Erschrocken sah er sich in der Werkstatt um. Die Werkzeuge hingen und lagen noch in derselben Ordnung an ihren Plätzen. Nichts schien geschehen und doch war ihm, als würde die Materie plötzlich ihrem Einsatz entgegenfiebern. Dort, die metallisch glänzende raue Eisenstange, die so wunderbar in der Hand zu liegen pflegte! Ihm war, als raunte sie ihm zu: Nimm mich, setz mich mit der Spitze auf ein Widerlager und ich werde dir eine tonnenschwere Last aus den Angeln heben. Herf erschrak. Für einen Moment wurde seine Brust eng. Um Gottes willen! Nein, schoss es ihm in den Sinn und trieb ihm den Schweiß auf den Rücken und die Arme. Du darfst nicht in diese Richtung weiterdenken. Noch ist nichts geschehen! Du kannst noch immer zurück. Er suchte nach dem Ausweg und verdrängte dabei das Gedachte. Entschlossen ging er zum Amboss und begann zu hämmern. Der Takt misslang. Die Schläge waren ein ständiges unkoordiniertes Wechselspiel zwischen schnell und langsam, sanft und kräftig. Entnervt gab er nach einiger Zeit den Hammer aus der Hand und begann stattdessen planlos Eisenstücke zu feilen, anzubohren, zusammenzufügen. Das Werk gedieh, ohne dass Herf zunächst wusste, was es am Ende darstellen würde. Da! Das ist doch! Mein Gott, du hältst eine im Nichts endende Schienenabzweigung in deinen Händen, stellte er schließlich erschrocken fest. Wäre die Biegung der Abzweigung ein klein wenig flacher, dann könnte sie taugen... Erschrocken schleuderte Herf das Modell von sich. Doch seine Augen orteten genau die Stelle an der es zu liegen kam. Du musst an die frische Luft, befahl ihm sein Inneres. Ja, schaff dir Freiheit! Geh nach draußen! Aufgewühlt, von Vorwürfen, jedoch keineswegs von Zweifeln gepeinigt, schlurfte er ins Freie. Ohne, dass er es ihnen befohlen hätte, schlugen seine Füße den Weg über den Bahnkörper in den Wald ein. Gedankenschwer folgte er dem schmalen Wanderpfad, den sie schließlich gefunden hatten. Der letzte Kampf, dessen Ausgang, anders als bei Gisa bereits feststand, war lang und er trug wesentlich dazu bei, dass Herfs Denken sich am Ende völlig mechanisch dem Ziel unterordnete.

Würde auch ihm das Schicksal hold sein und den ersten Versuch genauso elegant vereiteln, wie das bei Gisa geschehen war. In welcher Lage, befand sich Gisa zum nämlichen Zeitpunkt überhaupt?

8.Kapitel

Die Jagd war vorbei. Sie hatte nichts Neues mehr gebracht. Es war lediglich der Ballast vergangener Zeiten aufgewärmt worden und das überwiegend von Männern, die im Berufsleben Zahlen jonglierten und denen das i-Phone die geruhsame Langeweile stahl. Es hatte das Verblasen der Strecke, das Jagdgericht und das Schüsseltreiben gegeben. Erfolgsmenschen, die im Alltag streng darauf achteten, dass ihnen nach siebzehn Uhr kein Bissen mehr über die Lippen kam, hatten bei letzterem gefressen und sich vollgesoffen. Einen Moment hatte Gisa gebangt, dass der Vorfall mit der gestopften Büchse beim Jagdgericht zur Sprache käme und dass sie dabei biederen Spott einstreichen würde. Doch nichts war geschehen. Dabei hätte sie im Grunde genommen nichts gegen eine derartige Abhandlung der Geschichte gehabt. Nur was Spott erntet, wird als harmlos angesehen und nicht weiter hinterfragt, dachte sie.

Ihre Beziehung zu Michel hatte sich zwischenzeitlich versachlicht. Sie waren gemeinsam nach München zurückgekehrt, hatten gemeinsam die Wohnung betreten. Aber allein die Art wie das geschehen war, hatte Bände gesprochen. Höflich hatte er ihr den Vortritt gelassen. Das lässig selbstverständliche und dabei doch liebevolle Benehmen war seither wie weggeblasen. Die Nacht nach der Rückkehr war die nüchternste, die Gisa in ihrem Leben verbracht hatte. Kein Leberfleck an seinem Körper war ihr unbekannt und doch nahm sie nunmehr plötzlich Anstoß an jedem einzelnen. Hi, staunte sie und ärgerte sich. Er müsste wirklich einmal zum Hautarzt gehen. Der über dem linken Schlüsselbein stört wirklich und jener oberhalb des Bauchnabels nicht minder. Das kann doch nicht wahr sein, dass dieser Bruder Sorglos sich deswegen keine Gedanken macht. Und sein Geruch! Nicht auszuhalten! Dabei hatte sie in glücklichen Stunden nicht genug davon einsaugen können. Nun konnte sie ihn nicht mehr riechen. Ja es störte sie sogar, dass sie die gemeinsame sanitäre Anlage benutzen musste. Geborgen in ihrem Morgenmantel schlich sie, als er zu schnarchen angefangen hatte, auf leisen Sohlen an den bewussten Ort und schloss ab. Am nächsten Tag war sie lange vor ihm wach. Sie duschte und frisierte sich so früh am Morgen, dass sie sicher sein konnte, er würde sie dabei nicht überraschen. Nur deshalb brachte sie es fertig, die Tür zum Bad nicht zu versperren. Danach setzte sie sich fertig angekleidet auf die Couch und starrte gelangweilt auf den fleckigen Teppichboden. Soll er ihn doch säubern lassen, dachte sie. Gisa hatte einen Schlussstrich gezogen.

„Ich suche mir eine neue Bleibe", war der erste Satz, den sie ihm entgegenschleuderte. Unter verquollenen Lidern hervor, sah er sie für einen Moment verständnislos an. „Äh, so!", murmelte er. Irritiert wanderten seine Blicke zur Seite. Er blieb stehen. Seine hängenden Schultern, sein nach vorne gebeugter Kopf hätte zu anderer Zeit auf der Stelle ihre mütterlichen Instinkte geweckt. Nicht in diesem Moment! „Ich meine, sollten wir nicht in Ruhe darüber reden", warf er ein. „Da gibt es nichts zu reden", schnitt sie seinen Hilfeschrei ab und erhob sich. „Ich gehe jetzt zum nächsten Kiosk, kaufe mir eine

Zeitung und besorg mir auf diesem Weg noch heute eine Bleibe. Meine Sachen lasse ich einstweilen noch hier. Sie stören dich hoffentlich nicht. Ich werde sie so schnell wie möglich abholen kommen." Ohne ihn eines weiteren Blickes zu würden ging sie in den Flur, öffnete den Schuhschrank, zog sich ihre bequemen Lederstiefel an und verließ ohne sich noch einmal umzusehen die Wohnung. Komischerweise war es nicht das Zuschlagen der Haustür, das in ihrem Gedächtnis festsaß. Es war das quietschende Knarren der Schrankklappe, das in ihren Ohren nachhallte als sie bereits ein gutes Stück Gehweg hinter sich gebracht hatte. War sie bis dahin die Sonnenstraße hinaufgestürmt, begann sie nunmehr zu schlendern. Was willst du eigentlich, hinterfragte sie dabei ein zweites Mal den Sinn ihres Tuns. Willst du wirklich eine eigene Bude oder wäre es nicht besser, vor diesem Schritt zu Hause vorbeizuschauen. Das bringt dir nichts, begrub sie diesen Ausweg. Damit war der entscheidende Schritt endgültig vollzogen. Jetzt erst fand sie Muse die Umgebung in sich aufzunehmen. Doch seltsam, es waren nicht die blankgeputzten messingumrahmten Schaufensterflächen die ihre Blicke anzogen. Es war der Schmutz, der sich am Übergang vom Trottoir zum Gebäudesockel anzusammeln pflegt, dieses Konglomerat aus abgetrockneter Hundepisse und verdunstetem Speiseeis, der sie als erstes beschäftigte. So beschissen ist deine Stadt, wenn man sie genau betrachtet, kam ihr in den Sinn. Für einen Moment sehnte sie sich zurück aufs Land. Gerade noch rechtzeitig fing ein extravaganter Modellrock ihre Gedanken ein. Man trägt wieder kurz, durchfuhr es sie, während sie an sich hinuntersah. Wie aufregend! Hier dein knöchellanger Mantel und darunter ein fast nichts von einem Rock! Wenn du damit ins Kaffee gehst, den Mantel öffnest und die Beine übereinanderschlägst! Hallo, Männer, wo sei ihr? So etwas kann euch doch nicht kalt lassen. Michel war entfernter, denn je.

Gisa fühlte sich seltsam frei, aber auch innerlich gefestigt. Konsum, Konsumzwang, gelenktes Interesse, Verführung, meldete sich ihr kritischer Verstand zurück. Verdammt, du suchst eine Bleibe, also musst du etwas tun. Ein Rock mehr oder weniger ersetzt dir nicht die Unterkunft für die nächste Nacht. Ja, gebot sie sich. Bis heute Abend musst du es geschafft haben. Entschlossen lief sie weiter. Doch die Sonnenstraße war lang. Gravuren in Messingtafeln kündeten von Rechtsanwälten, Vermögensberatern und auch von einem Verlag. Adressen, bei denen es schwer war, den verschämt liegenden Eingang im Winkel neben den weitgeöffneten Eingangspforten der Kaufhallen zu finden. Gisas Verhältnis zu ihrer Umgebung, ja zu sich selbst, wurde erneut kritisch. Du warst verbohrt, dachte sie. Das kann doch nicht wahr sein, dass das mit dem verstopften Büchsenlauf dein Plan war. Was, wenn er aufgegangen wäre? Du stündest allein da. In den Fängen eines kritischen, menschenerfahrenen Staatsanwaltes, den weder dein Minirock noch der sorgsam geöffnete Spalt deiner Bluse groß beeindruckt hätten. Sicher, du hast ein Recht für die Sache der Tiere zu kämpfen. Doch gibt dir das gleichzeitig den Freibrief, dafür jedes Mittel einzusetzen? Erschrocken beantwortete sich Gisa die letzte, drängendste Frage nicht. Ihr Geist suchte stattdessen nach einer Fluchtmöglichkeit. Das Gebaren einiger Spatzen, die sich geschäftig ihr Futter: Brotkrümel, einen Schokoladensplitter, ein Stück Waffel, im Rinnstein zusammensuchten, gab ihr die zündende Idee. Du bist allein, du brauchst Partner, überlegte sie. Schließ dich Anderen an. Geh auf Menschen zu, die dasselbe Ziel vor Augen haben. Das Recht auf Leben für Mensch und Tier! Gibt es eine bessere Möglichkeit es zu verwirklichen, als wenn eine starke Einheit es auf ihr Panier schreibt? Nein, gibt es nicht, entschied sie und atmete befreit auf. Das einfachste der Welt! Du trittst einer Partei bei, du engagierst dich in ihr. Du wirst Gehör finden und mit so einem mächtigen Apparat im Rücken, wird es dir gelingen, dein Ziel zu verwirklichen. Gisa, so läuft es! So wird, so muss es gehen! Dankbar erinnerte sie sich an ihre Zeit als Schulsprecherin. Was dir in diesem wilden Haufen Heranwachsender gelungen ist: Führung zu übernehmen, wird dir letzten Endes auch in einer vielschichtigen Partei gelingen, fundierte sie ihr Vertrauen auf die eigene Stärke.

Mit der einen Sorge schien auch die andere überwunden. Nichts ist auf der Jagd geschehen, redete sie sich ein. Sie war an einer Auslage stehen geblieben. Interessiert betrachtete sie die Smartphones der jüngsten Generation. Viel mattes Silber, viel schwarz, aber auch das krasse bunte Gegenteil, stellte sie fest. So hat jede Zeit ihre Farben. Welch ein Gegensatz! Die antiquierten Holzfarbtöne im Schloss von Michels Onkel passen so gar nicht zum Heute. Selbst wenn ein Raum modern eingerichtet sein sollte! Na, und! Eine Fliege macht noch keinen Sommer. Gisa schüttelte befreit die Schultern, als hätte sie eine schwere Last endgültig abgeworfen. Sie ging weiter mit dem Gefühl sich für die Zukunft entschieden zu haben. Ihre Gedanken kreisten erneut um die Partei. Schwarz, Rot, Dunkelrot, Gelb, Grün, Grau; Links, Mitte, Rechts, rechter Rand! Für welche Farbe sollst du dich entscheiden? Wo bist du mit deiner Idee am besten aufgehoben? Je unbedeutender der Haufen, desto revolutionärer die Sprüche. Allen Menschen alles recht machen! Das geht wohl nicht. Einem kleinen Haufen

Unzufriedener das Gefühl der Wichtigkeit zu geben, schon eher. Ihr war mit einem Mal klar, dass die Sache nicht so ganz einfach war. Was willst du mit einer einzigen Idee unter vielen, überlegt sie, während sie mit der Fußspitze eine Zigarettenkippe zur Seite schippte. Partei hin, Partei her! Du könntest ja schließlich auch einem großen Tierschutzverein beitreten und dort als Teil einer mächtigen Lobby agieren. Was hättest du gewonnen?! Vor jede Stimmabgabe hat die Gesellschaft im allgemeinen den Mitgliedsbeitrag gesetzt. Ist es nicht so, überlegte sie, dass der Einzelne im Grunde genommen nur dazu da ist irgendetwas mitzufinanzieren, das andere über seinen Kopf hinweg beschlossen haben. Gisa dachte an ihren schmalen Geldbeutel. Sein Inhalt reicht wirklich nur für einen Studentenobolus an eine Partei, mokierte sie sich. Ihr Blick fiel auf ein Plakat, das sich um eine zierliche runde Säule schmiegte, die ganz allein einen mehrstöckigen Überbau zu tragen schien. Rote, kantige Schriftzeichen sprangen sie an. Mit den Augen tastend umrundete sie das Plakat. „Die Arbeiterpartei", stand da markig zu lesen. Und klein darunter: „lädt kommenden Dienstag um zwanzig Uhr alle Mitglieder und Interessierten zu ihrer monatlichen Versammlung in den Süßbräu". Gisa versuchte sich die Adresse des Lokals einzuprägen. „Neu-Giesing, bei den Sportplätzen", wiederholte sie mehrmals. Da gehst du hin, dachte sie, froh darüber, dass die gerade geborene Idee, nicht schon im nächsten Moment den Bach hinuntergeschwommen war. Wieso gerade Arbeiterpartei, fragte sie sich unwillkürlich. Sei ehrlich zu dir selbst. – Arbeiter, ist im Grunde genommen etwas ausgesprochen Nichtssagendes. Arbeiter sind alle. Jeder Mensch tut irgendetwas. Er arbeitet für sich, für andere, gegen Lohn, vielleicht auch unentgeltlich! Macht das den Arbeiter aus? Hätte sie Herf gekannt, hätte sie sich vielleicht eine Antwort geben können. Aber auch nur vielleicht! Die Entlohnung nach einem Arbeitertarif macht noch lange keinen Menschen aus. Nein, entschied sie. Kommenden Dienstag! Da gehst du einfach hin und dann siehst du klarer. Sie spürte das Pflaster und die gleichgerichteten Fugen unter ihren Schuhsohlen. Gisa, schalt sie sich. Denk jetzt endlich daran, warum du ausgezogen bist! Die Wohnung findest du am schnellsten dann, wenn du im Anzeigenteil einer Zeitung blätterst, denn einen Computer samt Internetanschluss hast du nun einmal im Moment nicht bei dir. Den hat Michel und, in Drei-Teufels-Namen, du wirst ihm nicht deswegen erneut um den Bart gehen. Der bunt plakatierte hölzerne Zeitungsstand vor dem großen Platz am Ende der Allee mit seiner schmalen Auslage, auf der ineinandergeschoben die vielfältigsten Tageszeitungen lagen, kam ihr gerade recht.

Entschlossen und daher mit einem Blick für alles und nichts zugleich, blieb sie mit hängenden Schultern stehen, um das Ganze zu belauern. „Bitte!", drang eine angenehme, männliche Stimme an ihr Ohr. „Ach so", stotterte sie verlegen. „Eine Zeitung, mit Wohnungsangeboten, bitte! Und…" Beinahe wäre ihr herausgerutscht: …die Arbeiterpartei! Verwirrt darüber, dass sich Verdrängtes beinahe selbst geoutet hätte, senkte sie die Augen. Nichts geschah! Sie registrierte es im ersten Moment gar nicht. Verblüfft wartete sie zu, während sie gleichzeitig begann aus den Augenwinkeln zu beobachten. Sie registrierte keine Bewegung. Nichts, rein gar nichts wurde ihr gereicht. Zornig blickte sie auf. „Das gibt's doch nicht, das darf doch nicht wahr sein", stieß sie überrascht hervor. „Du hier!" „Wusstest du das nicht?", lautete die abgeklärte Gegenfrage.

„Nein!" Gisa verschlug es die Sprache. Vor ihrem inneren Auge lief in Sekundenschnelle ein Film ab. Kein Zweifel! Du stehst vor Heinz, deiner ersten großen Liebe, durchzuckte es sie. Komisch! Nach all den Jahren bist du immer noch befangen, vermochte sie zu denken. Und du bist so erschrocken wie damals! Sie versuchte sich zu erinnern. Wann, war ‚damals'?

Du warst Vierzehn, nein Fünfzehn. Es war ein Sonntagnachmittag, mitten im Frühling. Spürst du noch, wie der eisige Hauch des Kirchengewölbes, das du eben durch das Portal verlässt, einer linden, aromatischen Luft weicht. Dein Gesicht reckt sich befreit der Sonne entgegen. Du schließt die Augen. Mit trunkenen Schritten tappst du in das Vergnügen, das dir ein sorgloser Nachmittag bieten wird. Ein leichter Wind umschmeichelt dein Haar. Du öffnest genießerisch dein Inneres und dein Blick versinkt in zwei tiefgründig glänzenden Sternen. Dir ist, als ob vier Augen, nein zwei Körper zu einer schicksalhaften Einheit zusammenflössen. Du bist entsetzt, gefangen, du liebst. Und all das gleichzeitig! Wie ein gestelltes Wild versuchst du dich in den folgenden Jahren aus diesem engmaschigen Netz zu befreien. Es gelingt dir nicht. Bei Tag und bei Nacht sind seine Augen, ist die Idee von ihm, in dir. Du bist hypnotisiert, bist verwirrt, du läufst davon indem du die Aussprache meidest. Damit aber hast du dem einzigen Mittel entsagt, das in der Lage gewesen wäre, diesen Bann aus illusionärer Abhängigkeit zu brechen. Damals wusstest du noch nicht, dass sich durch den täglichen Gebrauch, den täglichen Umgang, alles abnützt? Dass aus dem Vergötterten ein mehr oder weniger brauchbarer Partner wird? Wärst du so verfahren, hätte dies deinem Selbstbewusstsein verdammt gutgetan. Aber so! Mit jedem deiner vielen Bekannten hast du mehr gesprochen; jeden Anderen kanntest du im Grunde genommen besser wie Heinz und doch hast du gerade ihn deine ganze Gymnasialzeit hindurch aus tiefstem Herzen als einen wesentlichen Teil deines Ichs empfunden. Sogar nach so langer

Zeit, gestand sich Gisa erschrocken ein, macht dich sein Anblick unsicher.

Forsch versuchte sie die Beklemmung zu überwinden. „Eine Zeitung, irgendeine, ganz egal welche", verlangte sie mit heißerer Stimme. Nichts passierte! Gelassen stand er vor ihr. Er war so nah. Doch seine Erscheinung wirkte über das trennende Fensterbrett hinweg wie eine sympathische Theaterfigur. Bist du es, oder bist du es am Ende nicht, wollte sie ihn anbrüllen, und: So hilf mir doch! Doch ihre Lippen waren diesbezüglich verschlossen. „Irgendein Boulevardblatt", hörte sie sich sagen. Sie spürte, wie sich sein Verhalten änderte, wie er, der Pflicht Tribut zollend, zur Geschäftigkeit zurückfand.

„Ich kann dir nichts anbieten, was in Bezug auf eine Wohnung Sinn machen würde", stellte er achselzuckend fest, während er gleichzeitig einen kleinen Schritt zurücktrat und damit seinen Oberkörper ein wenig aus dem Licht nahm. „Sicher die Zeitungen sind voll. Doch jetzt, Stunden nach ihrem Erscheinen, ist alles weg, was an Zimmern gut und preiswert war. Ich fürchte, ich muss dich enttäuschen. Wieso suchst du eigentlich eine Wohnung? Du lebst, wie ich erfahren habe, doch schon seit längerer Zeit in dieser Stadt." „Woher weißt du", wollte sie neugierig wissen.

Gisa spürte, dass ein wenig Selbstsicherheit zurückgekehrt war. Kann es sein, fragte sie sich, ja ist es nicht sogar sicher, dass du ihm noch immer etwas bedeutest? Nie im Leben wäre ihr die Idee gekommen, dass sie ihm seinerzeit gleichgültig geblieben hätte sein können. Fragend forschte sie in seinem Gesicht. „Ja, nun", gestand er. „So groß ist unsere Heimat auch wieder nicht..." Er stockte. „Ach was!", gestand er, während ein strahlendes Lächeln sein Gesicht schönte. „Ich will dir nichts vormachen. Es freut mich ganz einfach, dich zu sehen."

Gisa bemerkte wie seine offene Rechte auf sie zukam. Gleich wirst du die deine in die seine legen, durchzuckte es sie. Ach, wie schön hätte es sein können! Gisa spürte den sicheren und doch weichen Druck seiner Handfläche in der ihren. Wie wohltuend ist es, so begrüßt zu werden, schwärmte es in ihrem Inneren. Sie schmolz dahin. „Du suchst eine Bleibe!", hörte sie seine Stimme, welche sie umgab und gleichzeitig einwickelte. Sie nahm Töne auf, die aus seinem Mund und gleichzeitig aus der Vergangenheit kamen. „Okay, warte noch fünf Minuten! Dann werde ich hier abgelöst und wir gehen zusammen. Einverstanden?" „Prima!", gestand sie. Der Gedanke an die Partei war ausradiert. Sie hätte nicht einmal sagen können, ob es ihn jemals gegeben hatte. Heinz füllte sie aus, genau wie damals!

Heinz bediente und machte gleichzeitig alles für die Ablösung zurecht. Gisa fand Muse, die Umgebung auf sich wirken zu lassen. Dies geschah aus dem sicheren Bewusstsein heraus, nicht mehr allein zu sein. Gleichwohl ließ sie der große graue Platz mit seinem winterlich vermummten Brunnen frösteln und zwang sie, näher an den Kiosk heranzurücken. Ein Schwarm Möwen, weiß, steril, trippelte geschäftig hin und her. Die Tiere gaben spitze, fordernde Schreie von sich. Warum weichen sie nicht dem Winter aus, fragte sie sich unwillkürlich. Es drängte sie, die Bande aufzuscheuchen, ihr das Startsignal zum Flug nach Süden und damit in die Weite der Landschaft zu geben. Lasst doch die Stadt den Menschen, grollte es in ihr. Ihr seht doch, wie wir uns drängen. Wollt ihr da dazwischen? Es könnte leicht sein, dass ihr dabei unter die Räder kommt. Gisa schämte sich des Gedachten. Recht auf Leben für Mensch und Tier, das beinhaltet doch auch das Recht sich frei zu bewegen. „Recht

auf Leben! Was ist das eigentlich?", sprach sie ihren
Gedankengang aus.

Seine Augen suchten verwundert ihr Gesicht, während seine
Hände mit dem Spültuch ein Bierglas trocken rieben. „Recht
auf Leben", wiederholte er in sich gekehrt. „Recht auf Leben,
ist mehr als das Recht zu leben." Er hob das Glas prüfend
gegen das Licht. „Ein Recht auf etwas zu haben, das bedeutet
nicht nur Ursprünglichkeit! Das beinhaltet auch die
Anerkennung des Ganzen durch einen Dritten, sowie dessen
dienende Mithilfe bei der Ausübung." Heinz wandte sich,
nachdem er das blitzblanke Glas vorsichtig auf ein Tablett zu
Anderen gestellt hatte, mit gleicher Sorgfalt Gisa zu.
„Interessiert dich das wirklich?", erkundigte er sich. „J'ein",
wich sie aus und senkte ihre Augen. Die fürsorgende
Sachlichkeit in seinem Blick hatte sie überrascht und zugleich
geschlagen. „Ich möchte dich einladen", hörte sie ihn sagen.
Langsam hob sich ihr Blick. Da waren sie wieder die zwei
innig warmen, tiefgründigen Augensterne. Die Zeit schien seit
damals stehen geblieben zu sein. „Wohin?", presste sie heraus,
nur um etwas zu sagen. Denn eigentlich schien alles klar. Was
die Einladung auch beinhaltete, sie würde ihr folgen. „Hast du
Zeit?", fragte er zurück. Seine Lippen zuckten sinnlich.
Erwartungsvoll forschte er in ihren Augen. Gisa versuchte die
Aufgabe ihres Egos hinauszuzögern. „Eigentlich nicht", wandte
sie leise ein. „Die Wohnung, vielmehr die Tatsache, dass ich
keine habe, macht mir schwer zu schaffen." „Das geht schon in
Ordnung", versuchte er sie zu beruhigen. Er wies durch
Anheben des Kinnes auf den großen Platz. „Da kommt mein
Kollege. Einen Moment noch! Dann gehen wir auf Suche."
„Aber, du warst doch der Meinung, dass es heute dafür zu spät
sei", plauderte sie munter drauf los."

„Nicht für mich! Ich erkläre es dir anschließend. Einen Moment!" Gisa wartete ungeduldig bis die Geschäfte übergeben waren. Beziehungen! Sollte es wirklich so sein, dass nur derjenige etwas im Leben erreichte, welcher Vitamin B hatte. Fuhr Heinz auf dieser Schiene? Für einen Moment fühlte sie seine Glorie schwinden. Du brauchst Klarheit, wehrte sie sich gegen den Grauschleier, der über seine Gestalt gekommen war. Störrisch sah sie zu, wie er den Kiosk durch die Seitentüre verließ und auf sie zusteuerte. Ihre Arme waren nicht mehr fähig sich auszubreiten, um ihn zu empfangen. Der Schleier schwand nicht. Sachlich visitierte sie ihn. Heinz trug den hellen Parka lässig geöffnet. Er hatte eine gefaltete Zeitung unter seinen Arm geklemmt. Das ist nicht mehr der schüchtern, verträumte Dorfjüngling von ehedem, schoss es ihr durch den Sinn, während sich der Nebel über seiner Gestalt ein wenig lichtete. Der ist teils Intellektueller, teils Unternehmer. Ihre Neugierde war geweckt. „Gehen wir!", forderte er sie auf. Der Ton in seiner Stimme schien die Vertrautheit von zehn Ehejahren wiederzugeben. Ganz selbstverständlich hakte sie sich bei ihm unter. Sein Geruch gab ihr Geborgenheit. Mutig sah sie auf den Weg vor sich.

Als sie bei der Fußgängerampel ankamen, hatte diese soeben auf Rot geschaltet. Sie blieben aneinandergeschmiegt stehen. „Ich glaube wir finden eine Wohnung", gurrte sie. Durch seine Gestalt ging ein kleiner Ruck. „Ich kenne bei dem Verlag dort drüben einen Redakteur." Hallo, überlegte sie. Am Rande dieses Platzes soll ein Verlag sein. Ein solcher ist dir dort noch nie aufgefallen. Ihre Augen suchten das Terrain ab. Tatsächlich! Sie sah das protzige Schild, das verkündete, dass an diesem Ort, wohl schon seit undenklichen Zeiten, die Neuesten Nachrichten verbrochen wurden. „Willst du dort hineingehen?", schnurrte sie zufrieden und ängstlich zugleich. Es war die Angst alleingelassen zu werden. „Natürlich", stellte er verwundert fest. „Oder glaubst du, die kommen von alleine heraus!" Die Belehrung verletzte sie. Sie schwieg verwirrt. Das soll der Mensch sein, fragte sie sich unwillkürlich, der dir Antwort auf deine Fragen geben kann? Nein, entschied sie und eroberte sich damit ein wenig klaren Verstand zurück. Heinz wird dir behilflich sein können, aber er wird dich nicht zu lenken vermögen. Abschätzend sah sie ihm nach, wie er im Hof der Druckerei verschwand. Sie merkte, dass seine rechte Schulter leicht nach unten fiel, wohingegen die linke hochgezogen war. Aha, dachte sie, das Rückgrat! Auch sein Gesäß könnte kräftiger sein. Oder ist es nur die schlecht sitzende Hose? Dass Männer ihr Hinterteil nie im Spiegel betrachten! Gisa schüttelte unwillkürlich den Kopf. Heinz winkte ihr kurz zu, ehe er in der Türe der Druckerei verschwand. Sie lächelte entspannt zurück. Sie war sich sicher, dass das Wohnungsproblem nunmehr gelöst war.

Instinktiv ahnte sie, dass ein Mann, um einer Frau zu imponieren, nur Sachen unternimmt, deren Erfolg von vorneherein garantiert ist. Du wirst deshalb, allein schon aus Dankbarkeit, seiner Einladung Folge leisten, entschied sie. Nur aus Dankbarkeit? Gisa wollte nicht weiter über dieses Thema nachdenken. Eine glücksfarbige Katze war aufgetaucht. Das Tier stolzierte mit hochgestrecktem Schwanz quer über den Hof. Es brachte Gisa einen neuen Gedanken. Ist das, sind das die Kreaturen, denen du helfen willst und musst, durchzuckte es ihr Inneres. Dieser Stolz, dieses Selbstbewusstsein! Genießerisch sah sie dem Tier nach, wie es elegant unter ein parkendes Auto kroch, um dort Siesta zu machen. Au, fein, dachte sie. Wieso können wir Menschen das nicht, wo wir angeblich doch das Maß aller Dinge darstellen. Mitten am Tag relaxed und selbstbewusst über einen gepflasterten, von Beton eingesäumten Hof spazieren, ganz so, als wären wir am Ziel all unserer Wünsche. Wir benötigen immer das Besondere: den Wald, wenn wir in den Häuserschluchten weilen und die Stadt, wenn es uns aufs Land verschlagen hat. Was hat sich unser Herrgott nur gedacht, als er uns so entstehen hat lassen? Gisa schüttelte erneut den Kopf. Der Strom ihrer Gedanken hatte sie mitgerissen. Sie versuchte endgültig zum Kern vorzudringen. Welches ist das Dogma, fragte sie sich. Der einzig wahre und wichtige Lehrsatz! Ist es die Aussage: Bewusst leben? Nein! Bewusst miteinander leben? Schon eher, aber noch immer nicht ganz. Bewusst miteinander und mit der im Moment vorhandenen Umwelt leben? Ein wenig besser! Bewusst miteinander, mit der Umwelt und mit Gott leben? Gisa fühlte, dass sie in diesem Moment an ihre Grenzen gestoßen war. Sie wusste nicht weiter. Ihre Gedanken glitten nach kurzem Zögern in ein Nebengebiet ab, welches ihr besonders revolutionär vorkam und damit Erneuerung und Verbesserung versprach. Die Substanz ist da, dachte sie. Sie existiert spätestens seit Adam und Eva. Aus ihr und den bislang nicht geforderten und daher auch nicht eingesetzten Ressourcen muss der neue Mensch geformt werden. Planvoll zerstören, um zielbewusst neu aufbauen zu können, heißt der Schlüssel zu einem besseren Miteinander und zur Einheit mit dem Sein. Mit dem Enthusiasmus, zu dem nur die Jugend fähig ist, gab sie sich den Startschuss. Es muss doch möglich sein, dass sich im Milliardenmeer genügend Gleichgesinnte finden, überlegte sie. Sie begann mit der Suche in ihrer unmittelbaren Umgebung. Heinz? Nein! Er ist aus einem anderen Holz, ist mehr wirtschaftlich orientiert! Aber vielleicht jemand aus seinem Bekanntenkreis? Der oder die große Unbekannte! Gisa musste unwillkürlich lachen. Ein Wurm bist du, nichts als ein Wurm, der sich verzweifelt unter einer Plastikfolie hervorwinden will.

In diesem Moment und damit gerade rechtzeitig, stürmte Heinz aus dem Haus. Halbwegs mit sich versöhnt, verfolgte sie, wie er einen druckfrischen Abzug des nächsttägigen Wohnungsmarktes in die Luft hob. Sie konnte es nicht wissen, doch die Ahnung vom Inhalt dessen, was Heinz vor sich hertrug, war so präsent, dass sie Stein und Bein darauf hätte schwören können. Er kam mit weitausgreifenden Schritten auf sie zu. Seine Geschäftigkeit steckte sie an. „Lass sehen!", bat sie, als er noch ein gutes Stück von ihr entfernt war. „Gleich", vertröstete er. Sein Atem ging stoßweise, seine Hände zitterten. Gisa deutete das was sie sah richtig. Mehr Stolz als Anstrengung, urteilte sie schonungslos. „Appartement oder Wohnung, möbliert oder nicht?", erkundigte er sich, kaum dass er vor ihr stand, wobei er die ineinandergelegten Doppelseiten spielerisch zu wenden begann. „Das Beste wäre ein Appartement", dachte sie laut. „So zwischen drei- und vierhundert Euro ist das äußerste, was ich mir leisten kann."

Seine Blicke glitten die Spalten auf und nieder. Und sooft er, nach endlosem Suchen und Gemurmel am Ende einer Seite ankam, fetzte er dieselbe verächtlich nach links. Nichts, dachte Gisa. Er findet nichts. Sie war echt überrascht, als er ganz am Schluss das Fazit zog. „Also", sagte er und blätterte zielsicher zurück. „Da hätten wir auf dieser Seite etwas in deiner Größenordnung. Heinz begann mit einem fordernden Ton in der Stimme zu lesen: „Gediegenes Appartement, mit Balkon, Nasszelle, zentral gelegen, vierhundertachtzig Euro einschließlich Nebenkosten." Gisa stoppte ihn ärgerlich. „Bin ich eine Millionärin", schimpfte sie. „Und dann, was heißt gediegen! Das bedeutet doch nur, dass das Mobiliar durch den langen Gebrauch Patina angesetzt hat. Und die Nasszelle wird ein fensterloses Loch sein." Heinz ließ in seinem Eifer nicht nach. „Dann vielleicht das hier", schlug er vor. „Wohn-Schlafzimmer, eigener Balkon, Kochnische, direkt neben dem Nord-Bad gelegen, sofort beziehbar, von Privat, Tel. 907061, 210 Euro." „Sonst ist nichts?", erkundigte sich Gisa. „Direkt neben dem Nord-Bad heißt doch, dass ich mich in der Küche im Ausguss wasche und wenn ich duschen oder baden will, im Morgenmantel über die Straße ins Nord-Bad laufen muss." Heinz überflog erneut die Seiten. „Nein, sonst ist nichts", entschied er schließlich. „Also, wenn du heute noch eine Wohnung brauchst, dann würde ich vorschlagen, wir rufen an." Er zückte sein Smartphone und begann die Vorwahl einzutippen.

Durch welchen Zufall Menschen doch zusammenkommen, ging es Gisa durch den Kopf. Du suchst eine Bleibe und gerade in jenem Haus ist eine frei. Wer werden deine Nachbarn sein? Du trittst in eine Beziehung zu Menschen, die du ansonsten auf der Straße wahrscheinlich überhaupt nicht registrieren würdest. Heinz hatte gewählt. Gisa hörte leise das Freizeichen. Gespannt lauschte sie. „Ja", meldete sich Heinz. „Es ist wegen der Wohnung? Ich bin für eine Kollegin auf der Suche nach einer." Heinz lauschte eine kleine Weile, welche Gisa unendlich lang vorkam. „Ist gut", sagte er schließlich und beendete das Gespräch. „Also", verkündete er zufrieden. „Wir können auf der Stelle vorbeikommen. In dem Haus wohnen im Übrigen drei Parteien. Alles ältere Personen, wie die Vermieterin betont hat. Und es soll eine große Harmonie dort herrschen. Was meinst du, fahren wir hin?" „Fahren wir", bestätigte Gisa. Heinz wandte sich eilig in Richtung U-Bahnstation. Gisa hatte Mühe ihm zu folgen. „Nun renn doch nicht so", maulte sie schließlich. „Man kann ja gar keinen klaren Gedanken mehr fassen. Dabei gingen ihr die zukünftigen Nachbarn nicht aus dem Kopf. Heinz reduzierte sein Tempo. Ältere Semester, dachte sie. Nun, das muss nicht unbedingt ein Nachteil sein. Sie sah vor ihrem geistigen Auge einen dickbauchigen Herrn in Pantoffeln, der hinter der Wohnungstür lauerte bis sie auf dem Treppenabsatz angelangt war, der die Türe aufriss und dabei so tat, als wolle er nur schnell zum Hauspostkasten. Sie musste unwillkürlich schmunzeln. Du wirst nicht der Hahn, nein, du wirst die Henne im Korb sein, dachte sie, wirst bequem dein Nest aufsuchen, während dir die Herren der Schöpfung die Lasten nach oben tragen. Die Wohnung nimmst du, entschloss sie sich. „Warum schmunzelst du?", erkundigte sich Heinz. „Ach, nichts! Ich dachte nur eben, mit wem mich das Schicksal demnächst zusammenführen wird." Sie stockte einen Augenblick. „Wo wohnst eigentlich du?"

„Du wirst es nicht für möglich halten, ich lebe in einer Wohngemeinschaft." Gisa war perplex. Es passte so gar nicht zu seinem Auftreten. Eine Junggesellenbude oder ein Wohnheim hätte viel besser zu ihm gepasst. Heinz spürte ihr Befremden. „Ich wollte dich sowieso einladen", stellte er klar. „Vorhin habe ich es ja bereits angedeutet." „Jetzt fehlt nur noch, dass er dir die Mitgliedschaft anbietet", überlegte Gisa. „Dann lässt du ihn auf der Stelle stehen". Sie fand es undenkbar, dass sie in ihrem Leben ihre Intimsphäre jemals mit mehr als einem Mann teilen würde.

Heinz schielte auf sie herab. Er bemerkte, dass sie ihren Gedanken nachhing. Dezent schritt er neben ihr her und, indem er das Tempo vorgab, dirigierte er sie geschickt auf die breite Treppe zu, die zur U-Bahnstation hinabführte. Gisas Gedankenstakkato endete an der obersten Stufe. Treppen waren ihre Spezialität. Leichtfüßig lief sie nach unten, so dass er Mühe hatte ihr zu folgen. „Die Stimme der Vermieterin hat so blechern geklungen", stellte Heinz ein wenig außer Atem fest, als es ihm in den Gewölben endlich gelungen war gleichzuziehen. „Dein Phone hat wahrscheinlich eine schlechte Tonqualität", stellte Gisa trocken fest. „Außerdem will ich die Frau ja nicht unbedingt lieben lernen. Ich will nur in ihrem Haus wohnen." Sie lächelte ihn verschmitzt von der Seite an. „Also, wo ist es? Sag schon!", drängte sie. Sie gab ihm einen kleinen Schups in die Seite. „Du kannst mir glauben, an der Stimme erkennt man den Menschen", gab Heinz zu bedenken. „Ich glaub dir ja. Aber nun spuk endlich aus, in welcher Straße die Wohnung liegt." Aus der U-Bahnröhre tönte ein leises Summen, welches sich rasch verstärkte. „Da kommt eine", machte Gisa ihren Begleiter aufmerksam. „Und es ist die richtige", stellte dieser voll Genugtuung fest.

Die Bremsen der gedrungen wirkenden Zuggarnitur quietschten. Der Zug kam auf den Meter genau zum Stehen. Leute purzelten aus den sich öffnenden Wagen. Die Wartenden konnten es gar nicht erwarten hineinzukommen. Es war ein Geschiebe und Gedränge. Heinz ließ Gisa den Vortritt. Gisa schmiegte sich zwischen den Stehenden hindurch und klammerte sich schließlich an einer der Haltestangen der Plattform fest. Heinz war dich bei ihr. Zu dicht, wie sie meinte. Doch sie konnte nichts dagegen tun, denn der Wagon war ziemlich voll. Er versuchte ihr in die Augen zu sehen. Es war ihr unangenehm. Sie wich aus, indem sie seine Brust fixierte und dabei vor sich hinstarrte. Was ist mit dir, fragte sie sich unwillkürlich. Wo ist der Anfangskick geblieben!? Warst du nicht der Überzeugung, du hättest den Mann deiner Träume wiedergefunden? Gisa verstand sich selbst nicht mehr. Ja, er ist dir sympathisch. Ja, du hast ihn geliebt. Ja, eben noch schien das Feuer neu entfacht zu sein. Und nun! Vielleicht hatte Papa doch recht, als er dich einmal wegen einer deiner Launen eine komische Nudel genannt hat, mit der er nicht verheiratet sein möchte. Vielleicht trifft Michel die geringere Schuld. Im Grunde genommen wusstest du doch in allen Facetten, mit wem du da zusammen warst. Was also soll die Enttäuschung über den Wochenendaufenthalt und wie er gelaufen ist? Eine komische Nudel bist du. Jawohl! Und weshalb? Gisa rang nach einer Antwort. Das wird es sein, dachte sie schließlich. Du suchst schlicht und ergreifend, nach einem eigenen Weg und du hast ihn bisher noch nicht gefunden. Wenn es schon nicht das Zusammenleben mit einem Mann ist, was dann, fragte sie sich unwillkürlich. „Wir müssen bis zur Endhaltestelle fahren und dann noch ein kleines Stückchen laufen", unterbrach Heinz ihren Gedankengang. Ach so, fiel ihr ein. Du bist ja auf der Suche nach deiner neuen Bleibe. Während der Zug alle paar hundert Meter hielt und daraufhin jedes Mal ein großes Gedränge und Geschiebe einsetzte, versuchte sie sich auszumalen, was sie von ihrem neuen Domizil erwartete. Es gelang ihr nicht, diesbezüglich eine Vorstellung zu entwickeln. Im Grunde genommen erwartest du gar nichts, stellte sie daher lapidar fest, als sie das Bahngelände verlassen hatten und schweigsam an einem linkerhand von einem Fichtenwäldchen gesäumten Fußweg entlangliefen. Es ist ein anderer Wald als der, den du von zu Hause kennst und liebst, empfand sie. Das bisschen Natur sagte dir nichts. Es stört eigentlich nur. Und wie es aussieht! - Überall Abfälle: Zigarettenkippen, trübgewordene Plastikflaschen, Fetzen von Einwickelpapier. Wahrscheinlich gibt es keinen Quadratmeter, den die lieben Mitmenschen nicht mit Fäkalien überdüngt haben, dachte sie. Sie staunte, dass sie dieser Gedanke nicht anwiderte. Im Gegenteil! Irgendwo im Unterbewussten ruhte da die Idee, dass dieses Stück banaler Landschaft auch ihr auf dem Heimweg irgendwann Erleichterung verschaffen würde.

Optimistisch steuerte sie im Schlepptau von Heinz dem Ziel entgegen.

Die Wohnung, sofern man bei einem Dachzimmer mittlerer Größe, mit schrägen Wänden und mit einem als Kochnische ausgestalteten Einbauschrank, überhaupt von einer solchen sprechen konnte, war laut der Eigentümerin, die Zierde des Einfamilienhauses und wurde nur noch von dem handtuchgroßen Vorgarten übertroffen, der gerade genug Platz hergab, um gleich neben der Haustüre die schmutzigen Wander- und sonstigen Freizeitschuhe zu parken; eine Sache auf die Gisa mit aller Deutlichkeit hingewiesen wurde. Das kann ja heiter werden, dachte sie, ohne dabei in großartige Emotionen zu fallen. Am besten gefiel ihr der moderne Dunstabzug, welcher durch die schlicht gefliese Wandschräge direkt ins Freie zu führen schien.

Da wusste sie noch nicht, dass dieses Wunderwerk an moderner Küchentechnik Grund zu andauerndem Ärger geben sollte. Sobald es regnete, tropfte es am Abzugsrohr entlang seitlich am Herd vorbei und knallte die Sonne aufs Dach, schaffte das Gebläse, trotz voll dröhnender Drehzahl keinen befriedigenden Abzug. Gisa nahm die Wohnung, obwohl die resolute Mitvierzigerin es nicht versäumte darauf hinzuweisen, dass ihr Häuschen keinen allzu häufigen Besuch, gar noch von mit steter Regelmäßigkeit wechselnden Personen, vertrug.

„Wissen sie", sagte die Dame und blickte dabei Heinz abschätzend an, „hier vor den Toren der Stadt kennt jeder jeden und ich kann es mir als Witwe nicht leisten in Verruf zu geraten. Na, bravo, dachte Gisa. Eingebildet ist sie auch noch. Doch da war es schon zu spät, denn sie hatte den Mietvertrag bereits unterschrieben. Bei all ihren Eigenheiten war die Vermieterin in Bezug auf die Kaution wirklich großzügig.

„Kaution braucht es nicht", stellte sie lapidar fest. „Mir reicht, dass ihr Herr Vater, wie sie erwähnt haben, Tierarzt mit eigener Praxis ist. Auch ich stamme aus einer Tierarztfamilie." Wo sind denn dann die Haustiere, fragte sich Gisa überrascht, wurde aber auf der Stelle aufgeklärt. „Ich habe keinen Hund mehr", stellte die Vermieterin, eine Frau Huber, mit leicht weinerlichem Unterton fest: „Erst ist unser lieber Bello gestorben und kurz darauf mein Mann. Ich glaube nunmehr wirklich, dass stimmt, was in unserer Familie stehende Redensart war: Ein Hund weist meist einem aus seiner Herrschaft den Weg ins Jenseits. Und da ich nunmehr allein bin, habe ich nicht den Mut den Wahrheitsgehalt ein zweites Mal auszuprobieren. Aber selbst, wenn es nicht stimmen sollte, was hat so ein Tier, egal ob Hund oder Katze, noch vom Leben, wenn sein Frauchen vor ihm gehen muss". Mit Letzterem hat sie mehr als Recht, dachte Gisa. Zum ersten Mal verspürte sie dabei so etwas wie Verbundenheit mit ihrer nunmehrigen Hausgenossin.

Gisa zog nach einer Nacht auf dem Fußboden bereits am nächsten Tag endgültig ein. Heinz half ihr dabei, worüber sie sehr froh war. Gemeinsam standen sie mit bloßen Füßen auf dem Bett und schraubten die Haltestangen für den Wandteppich an die Schräge. Zusammen malten sie die Wohnung aus und installierten neue Deckenbeleuchtungen in Küche und dem kleinen Bad, mit der Duschkabine neben der Wanne. Mehr war nicht! Als alles an Ort und Stelle und die Wohnung aufgeräumt war, ging Heinz todmüde seines Weges. Als er sich mit einem Winken verabschiedete, ließ er offen, ob und wann er wiederkommen würde. Auch Gisa empfand kein Verlangen ihn danach zu fragen. Selbst Michel würde sie so schnell nicht wiedersehen. Als sie auszog war er verreist.

Wohin, interessierte sie nicht. Er wird halt zuhause sein, dachte sie völlig emotionslos und ohne jede Neugierde. Sie hinterließ ihm einen Zettel. „Alles Gute, auf Wiedersehn!", hatte sie ohne jeden Hintergedanken geschrieben. Dabei war ihr überhaupt nicht bewusstgeworden, dass die beiden letzten Worte durchaus als Einladung gedeutet werden konnten.

Als alles an seinem Platz war, eilte sie zur Uni und belegte, leicht verspätet, für das beginnende Semester auch noch Soziologie und Psychologie nach. Zwei Fächer, von denen sie fand, dass sie gut miteinander und mit Tiermedizin harmonieren würden. Jetzt da es Michel nicht mehr gab, wollte sie sich demnächst so richtig in das Wesen und Verhalten von Mensch und Tier hineinknien.

9.Kapitel

Anders Herf! Es war ihm unmöglich umzudenken, einen einmal gefassten Entschluss auf die Waage zu stellen. Er konnte das einmal Angedachte lediglich weiterführen. Er tat es im Allgemeinen zäh und verbissen. Sein Gedankenstrom war dem Eisen vergleichbar, das gleißend und zäh aus der Schmelze floss und aufgrund seiner Masse der Rinne folgte, die ihm vorgegeben war. Ein ausbrechen war unmöglich.

Die Idee wog in seiner Brust Tonnen und bohrte sich allein schon aufgrund ihres Gewichtes tief und tiefer. Sein Blick suchte immer aufs Neue die eindrucksvollen rotleuchtenden Ziffern des Weckers. Seit zwei Stunden lag er nun wach. Stöhnend wälzte er seinen Körper in die Rückenlage. Er zog die Füße an, sodass seine Knie die Decke hoch aufwölbten. Sein Körper presste das Laken. Schmerzhaft grub sich eine Falte in die Nierengegend. Herf stemmte den Leib hoch und versuchte sie mit der linken Hand zu glätten. Du bist auch nicht mehr der wendigste, dachte er und ließ sich erschöpft zurückfallen. Er lauschte in die Nacht hinaus. Nichts! In der Ferne heulte ein Hund, langgezogen und sehnsüchtig. „Uah!", versuchte Herf gähnend die Laute nachzuahmen. Sie werden einen begraben, kam ihm in den Sinn. Ein Kindheitserlebnis stand vor seinen Augen: Nachbars Hund hatte geheult, als sein Herr erkrankte. Jede Nacht! Die Alten hatten sich bedeutsam angesehen, ihr Ahnen aber vor den Kindern verschwiegen. Erst beim Beerdigungsschmaus ließen sie ihr Wissen heraus. Ich habe es gewusst, hieß es da allenthalben, der Hund hat geheult, weil er den Tod im Haus gespürt hat. Tiere sehen eben tiefer wie Menschen.

Ob dieser Hund auch, überlegte Herf und lauschte erneut in die Nacht. Das Geheul war verstummt. Die Stille lastete schwer auf seinem Gemüt. Ein kühler Hauch begann die Gardinen zu bewegen. Das Lüftchen strich um seine Nase. Du musst das Fenster schließen, sonst kannst du nicht schlafen, dachte er. Mach es zu! Er brachte es nicht fertig aufzustehen. Immer wenn er einen Anlauf unternahm, fiel ihm auf, wie müde er war. Bleib liegen und schon schläfst du, glitt die Idee durch seinen Sinn und weckte ihn aufs Neue. Herf spürte, dass sein linkes Bein eingeschlafen war. „Verdammt", fluchte er leise, um Elli nicht zu wecken. Er begann die Wade zu massieren. Rau strichen die Haare an seinen Fingerkuppen entlang. Die Gedanken begannen zu purzeln: Streck es aus! – Wie verdammt kalt das Fußende ist. Wetten, du kannst wieder nicht schlafen. Dabei sind es doch nur zwei Tage bis zum

Wochenende. Fruchtet jetzt etwa der Gedanke an die Freizeit auch nicht mehr? Los, streck dich aus! Versuch dich zu entspannen! Du schwitzt ja. Wie spät ist es eigentlich? Gott sei Dank! Seit deinem letzten Blick auf den Wecker sind erst ein paar Minuten vergangen. Ein paar Minuten weniger Schlaf! Bis zum Morgen bleiben dir fünf Stunden. Fünf Stunden! Das müsste reichen. Du musst nur jetzt gleich einschlafen. Was macht eigentlich Elli? Herf fühlte mit seiner Hand nach ihrer Decke. Behutsam grapschte er darunter. Ihre Haut fühlte sich wohlig weich und warm an. Elli maunzte im Schlaf. Erschrocken zog Herf seinen Arm zurück. Das kannst du doch nicht machen, schalt er sich. Lass sie schlafen! Sie kann ja nichts dafür, dass du eine derartige Unruhe in dir trägst. Mit Mühe nahm er sich zurück. Die Anstrengung hielt ihn weiter in Atem. Wie kann man nur so unbeschwert schlafen, fragte er sich und gab sich gleich darauf die Antwort: Sie schläft wie eine Kuh; sie ist eine Kuh. Und du bist ein Ochse und ein großer noch dazu. Wie kommst du auf Kuh? Hast du jemals eine solche schlafen gesehen? Wohl nicht! Alles was du vorigen Sommer auf der Alm mitbekommen hast, waren liegende, wiederkäuende Tiere, die entspannt der Prozession der Wanderer zugesehen haben.

Elli knirschte im Schlaf mit den Zähnen. Das unangenehme Geräusch, erboste Herf erneut. Also doch eine Kuh, die mit den Kiefern mahlt, ärgerte er sich. Der Gedanke war ihm unangenehm. Jetzt schlaf endlich, befahl er sich. Einfach liegen, nichts Anderes tun wie liegen, befahl er sich. Kopf und Nacken sackten schwer in die Kissen. Vielleicht solltest du deine linke Hand an den Körper ziehen, überlegte er. Dann liegst du bequemer. Verdammt, jetzt hast du dich selbst aus der Ruhe gebracht. Du Esel! Elli seufzte und wälzte sich schlaftrunken auf den Rücken. Du hast sie gestoßen, schalt Herf sich. Du bist ein Unmensch. Du bringst es nicht fertig, deiner Partnerin Ruhe zu gönnen. Was war das vorhin mit deiner Hand? Die gleiche Sache, oder nicht? Herf blieb sich die Antwort schuldig.

„Herf, was ist?", erkundigte sich Elli mit belegter Stimme. „Dreh dich zur Seite und schlaf gut! Morgen ist auch noch ein Tag. Dann reden wir darüber." Herf lauschte. Ellis Atem ging gleichmäßig. Sie wird doch nicht wieder eingeschlafen sein, argwöhnte er. So schnell! Sie war es, wie er sehr bald an ihrem misstönigen Schnarchen feststellen konnte. Nein, seufzte er, wagte aber nicht sie erneut zu stören. Er wuchtete stattdessen seinen Körper in die Bauchlage. Und unten herum alles tot, stellte er bitter fest. Was sonst? Was erwartest du von einem Mann, der so müde und gleichzeitig so aufgezogen ist wie du. Seine Augen sehnten sich erneut nach dem Wecker. Willig gab er ihrem Verlangen nach. Nach dem Blick wusste er: Gleich kommt der nächste Zug. Steh auf und begegne ihm wie ein Mann, befahl er sich. Du kannst aufstehen. Dein Kreislauf ist stabil. Im Stehen dem Feind zu begegnen, macht allemal ein besseres Gefühl. Herf unternahm nicht einmal den Versuch hochzukommen. Er strich stattdessen erneut eine Falte an seinem Leintuch glatt. Danach lauschte er. Da der Zug! Nein es ist der Wind, der sich in den Fensterläden fängt, stellte er enttäuscht fest. Wenn der Zug vorbei ist, wirst du schlafen, sprach er sich Mut zu. Da, jetzt kommt er. Er wird leiser. Komisch, dass er beim Näherkommen leiser wird. Er fährt durch das Waldstück. Das dämpft den Schall. Oder ist es deshalb, weil du jetzt wissentlich hörst und das Gehörte gleichzeitig akzeptierst? Herf hatte sich halb im Bett aufgerichtet und starrte auf das Fenster, durch welches das fahle Mondlicht filigrane Ästchen abzeichnete. Wie das pfeift, dachte er. Tonnen von Stahl befinden sich im

Geschwindigkeitsrausch. Herf zog das Kopfkissen vor die Brust und barg sein Gesicht darin. Gleich wird es rattern, überlegte er. Da, jetzt! Nimm den Kissenzipfel aus dem Mund, befahl er sich. Schrei! Nein, besser nicht schreien! Nur Kinder schreien. Beiß hinein! Er tat es. Er hätte es auch getan, wenn er es sich nicht befohlen hätte. Gedanken und Ausführung waren eins. Herf war sich seiner Handlungen bewusst. Er spürte wie der Speichel den Stoff durchtränkte. Er drückte seine Zähne ganz fest aufeinander. Er begann zu fühlen, wie sich seine Kaumuskeln verkrampften. Steh auf und lauf davon, schoss es ihm durch den Sinn. Nein, du wirst nicht flüchten, meldete sich sein auf Haltung bedachter Verstand. Herf schob das Kissen nach unten und blickte illusionslos über dessen Rand in den aschgrauen Raum. Flüchten ist das letzte, was du tust, beschloss er. Du wirst schlafen, du musst schlafen! Morgen musst du deinen Mann stehen. Käme in diesem Moment die Morgenröte zum Fenster herein, du wärst topfit. Du würdest dich erheben, würdest dich brausen – nicht zu warm und nicht zu lang, denn dabei wird man müde - würdest dich ankleiden und zur Haltestation gehen. Du würdest beim Einsteigen, dem Waggon noch schnell einen neckischen Tritt verpassen und alles wäre okay für diesen Tag. Aber so! Du hast noch vierdreiviertel Stunden und es kommt noch der Güterzug. Er kommt - Herf starrte auf den Wecker - in genau zehn Minuten. Du könntest ihm entgegengehen, amüsierte er sich ein wenig, um sofort wieder ernst zu werden. Ja, tu das, ermunterte er sich ironisch. Steh auf und geh ihm entgegen! Schau ihn dir an und verfluch ihn, wenn er an dir vorbeidonnert! Du kannst ja bis dahin doch nicht einschlafen. Für diesen Tag werden dir vier Stunden traumloses Dahindämmern genügen müssen. Herf ließ sich in die Ruhelage zurückgleiten. Vier Stunden! Du glaubst doch selbst nicht, dass dir das genügt. Herf verzog das

Gesicht zu einem zynischen Schmunzeln. Du weißt, wie geschafft du sein wirst, dachte er. Aber die Kollegen, deine Untergebenen, dürfen dir wie immer nichts anmerken. Besser du gehst gar nicht zur Arbeit, überlegte er. Herf stöhnte. Oh, der verdammte Tag, schoss es durch seinen Sinn. Geh ihm entgegen, verfluch ihn! Er lässt dich ja doch keine Ruhe finden.

Und Herf stand auf. Auf dem Zifferblatt leuchtete rot und freundlich Null-Uhr-Dreißig und strahlte doch keine Wärme aus. Es war die Nacht von Mittwoch auf Donnerstag.
Gisa schlief zu diesem Zeitpunkt zum zweiten Mal und noch immer inmitten all der Kartons in ihrer neuen Bleibe. Langsam erstarb auf der Straße vor ihrem Schlafgemach der Verkehr. Nur hin und wieder summte ein Auto vor ihrem Fenster vorbei. Keines konnte ihr Traumland stören und mochten die Bremslichter noch so stark aufleuchten und der Motor beim Beschleunigen volle Drehzahl erreichen: Gisa schlief und all die großen, bewegenden Gedanken von gestern waren nur noch Spuk. Wütende Riesen mussten im Traum listigen Zwergen weichen. Nichts davon drang nach außen. Nur ein sanftes Lächeln umspielte ihren Mund, während sie im Schlaf entspannt die Hand unter ihrer Wange hervorzog und neben ihr Gesicht legte. Ein Bild der Zufriedenheit.

Nicht so Herf, welcher um die nämliche Zeit aus dem Haus schlich. Das rasch übergezogene Hemd, die Hose, alles an ihm fühlte sich fremd an. Trotz des Mantels, in dessen Ärmel seine zweite Hand erst außer Haus fuhr und der Eile, fröstelte ihn. Er dachte daran umzukehren, doch eine seltsame innere Kraft, die sich mit einer äußeren gepaart hatte, trieb ihn voran. Wütend strich er sich mit dem Handrücken über die verklebten Augen. Sein Rücken schmerzte und doch zog es ihn unwiderstehlich am Bahndamm entlang, dem Ungeheuer entgegen. Oh, wie er es verfluchen wollte, wenn es an ihm vorbeiratterte und kreischte. Krachend stapften seine Füße auf dem festgelegenen Schotter. Es ging voran, auch wenn er ein ums andere Mal strauchelte. Immer aufs Neue riss er sich hoch. Allmählich spürte er, wie ihm dieses auf und ab der Bewegung vertraut wurde. Nur weitergehen! Immer gehen! Wie schön ist es, wenn man so fit ist, dass man gehen und immer nur gehen kann. Und wie schön müsste es sein, bräuchtest du keinen Schlaf, konkretisierte sich der Gedanke in seinem Gehirn. Seine Hände griffen nach dem eisernen Band zu seinen Füßen. Er fühlte ein leichtes Vibrieren. Ja! Eisen ist Stärke und wer es zittern macht, muss gewaltig sein. Vielleicht gewaltiger als du selbst, hinterfragte Herf das Phänomen. Nein! Stärker als alle physische Kraft ist die psychische, ist dein mit Pfiffigkeit einhergehender Wille, verfestigte er seine Idee. Eine unverhoffte Abzweigung, an irgendeiner Stelle angebracht, wirft alles was stur und eingefahren dahineilt aus der Bahn, vorausgesetzt sie endet zeit- und raumsparend im Nichts. Herf lehnte sich keuchend an einen Mast der Oberleitung. Der samtene Eisenlack ließ seine rauen Handflächen abgleiten. Er musste fest klammern, um den Halt zu finden, den er suchte. Als ihm dies gelungen war, bohrten sich seine Augen in die Dunkelheit. Wo ist der Mond, fragte er sich unwillkürlich. Weg, verschwunden! Das Gestirn ist devot am Firmament hinabgeglitten. Es mag nicht Zeuge von dem sein, was du vorhast. Dabei ist es doch noch gar nicht soweit. Herf sah drei Lichtpunkte, hörte ein Brausen, das von Sekunde zu Sekunde mehr anschwoll. Ja, das war er! Drohend donnerte er an ihm vorbei. Der Fahrtwind schüttelte das Menschlein, das sich ihm fluchend entgegenstemmte. Herf spürte, dass der Kampf mit dem Giganten begonnen hatte. Wie mächtig dieser war und doch: Einmal, ein einziges Mal würde er, Herf, mächtiger sein, würde ihn besiegen und dann für eine ganze Zeit lang Ruhe vor ihm haben.

Herf kehrte ausgelaugt zurück. Erschöpft warf er sich ins Bett. Elli scheint nichts bemerkt zu haben, stellte er zufrieden fest. Trotzdem lauschte er noch mehrere Minuten bewegungslos ihrem gleichmäßigen Atem. Dann erst war er zufrieden. Es ist schon so, dachte er. Elli bekommt nie etwas mit. Er drehte sich zur Seite und versank nach kurzer gedankenloser Zeit in ein todähnliches etwas, aus dem es am Morgen kein Erwachen, sondern nur ein erschrecktes, von Abgeschlagenheit begleitetes Aufstehen gab.
Weitere Tage und Nächte, die allesamt den vergangenen glichen, schlossen sich an. Auf nächtliche Ausflüge verzichtete Herf allerdings. Er ließ sich treiben. Zu allem war er zu müde. In jener Nacht war der Überdruck in seinem Inneren mit dem Pfiff der Lock entwichen. Es dauerte seine Zeit, bis sich ein neuer aufbaute. Und so war die Ruhe trügerisch.

Die Einzige, die spürte das etwas in der Luft lag, war Betty. Herf erschien ihr verändert. Doch sie beruhigte sich. Was sagt das schon, dachte sie. Er hat ja seine Elli. Als dann die Tage dahingingen, ohne dass irgendein Ereignis eintrat, vergaß auch sie darüber nachzudenken.

10.Kapitel

An der Universität hatte das neue Semester begonnen. Morgen für Morgen verwandelte sich bis in den späten Vormittag hinein der Campus in ein Heerlager. Diejenigen, die in die Vorlesungen oder aus ihnen heraus eilten, kreuzten ihre Wege mit jenen, die in der guten Absicht gekommen waren ihren Wissenstand zu erhöhen, an Ort und Stelle aber einen Rückzieher gemacht hatten und an einem sonnigen Plätzchen die letzten wärmenden Strahlen der Herbstsonne genossen. Dann gab es auch noch die Erstsemester, die wie verlorene Lämmer hastig über den Hof irrten und an jeden, der zufällig des Wegs kam, irgendeine Orientierungsfrage richteten. Ihre suchenden Augen flehten: Helft uns! Wir sind neu hier. Und dann gab es da auch noch die Senioren, die leuchtenden Auges, die ausgediente Luxusledertasche fest unter den Arm gedrückt, zielsicher ihren Hörsaal betraten, ganz nach dem Motto: Ich Grufti zeige jetzt endlich, dass ich das, was ich in meiner Jugend nicht zuwege gebracht habe, nunmehr genauso spielerisch schaffe wie den Aufstieg zur Führungskraft in meinem ehemaligen Betrieb.

Auch Gisa spürte am ersten Tag leichtes Herzklopfen. Allerdings nicht wegen des Betriebes, der sie umgab, sondern weil sie sich sicher war, dass ihr Michel über den Weg laufen würde. Die veterinärmedizinische Fakultät war überschaubar. Da gab es kein Ausweichen. Sie sagte sich daher: Je eher du ihn triffst, desto eher kannst du zur Tagesordnung übergehen. Doch das für sie Beunruhigende trat ein. Die erste Woche war vergangen und sie war ihm noch immer nicht begegnet. Neugierig geworden, erkundigte sie sich Ende der zweiten Woche in der Studentenkanzlei nach ihm. Die Dame am PC sah sie groß über ihre Brille hinweg an und murmelte etwas vom Datenschutz und dass sie keine Auskunft geben könne Doch Gisa blieb hartnäckig und schließlich ließ sich ihre Gegenüber erweichen, als Gisa ihr Michels Studiennummer nannte. Flink gab die Dame die sechsstellige Zahl ein und beinahe sofort spukte der Computer am Bildschein sein

„rückwirkend exmatrikuliert zum Ende des vorhergegangenen Semesters" aus.

Gisa fand es irgendwie schade. Sie bedankte sich bei der Mitarbeiterin und tauchte enttäuscht in die anonyme Masse der Geschäftigen ein. Du wirst ihn also so schnell nicht mehr sehen, dachte sie. Mit ein wenig Wehmut erinnerte sie sich, dass er sich an diesem Ort wohl gefühlt hatte; so wohl, wie sich ein prüfungsgestresster Student eben fühlen kann. Sie fuhr sich mit der Hand über die Stirn. Es war als wolle sie die Vergangenheit wegwischen.

Der Alltag holte sie bald ein. Das Studium aktivierte nicht nur ihre grauen Zellen, es belebte ihren gesamten Organismus. Vorbei war das planlose blättern in hunderten, phrasengeschmückter Papierseiten. Das Leben forderte sie. Die Arbeit an den Vormittagen war naturwissenschaftlich exakt. Am Abend gönnte sie sich meist philosophisch verspielte Vorlesungen, bei denen ihr jedoch regelmäßig die Lider nach kurzer Zeit schwer wurden. Ansonsten aber stand sie mittendrin und fühlte sich aufgenommen und erfüllt. Das vor Wochen gesteckte revolutionäre Ziel: Freiheit für Mensch und Tier, war weit weg. Sie war ihm keinen Schritt nähergekommen. Weder lebte sie vegetarisch, noch strebte sie danach Gleichgesinnte zu finden. Auch Heinz hatte sie nicht besucht. Wozu auch? Die Stunden, in denen sie sich begegnet waren, hatten ihr genügt. Das Leben in einer Wohngemeinschaft lockte sie nicht. Gisa fand es witzlos, miterleben zu müssen, wie Menschen das Zusammenleben halb theoretisch, halb praktisch als Spiel mit Angriff und Abwehr betrieben. Ihr behagte das Alleinsein. Instinktiv fühlte sie, dass das Leben in einer Gruppe nur dann einen Sinn gab, wenn der Einzelne schwach war. Den Einzelnen durch die Gruppe vor dem Einzelnen zu schützen, die Probleme aber zunächst durch die Schaffung der Gemeinschaft entstehen zu lassen, fand sie absurd.

Gisa hatte ihren Kreis noch nicht gefunden. Jedoch wurde sie sich bei ihrer Freizeitlektüre schnell darüber klar, dass die Aufgabe, die in ihr schlummerte, aus eigener Kraft nicht zu lösen sein würde. Ein Artikel in einer Tierschutzzeitschrift rüttelte sie besonders auf. In ihm wurden die Mitglieder aktiviert online beim Bundestag für ein Sodomie-Verbot einzutreten. Sodomie! Das gab es also auch noch. Sie erinnerte sich an eine Begebenheit, die Hannes einmal geschildert hatte. Hannes war das Dorf-Faktotum ihrer Heimat. Er war alt und krank. Doch er brachte es fertig mit einem über eine Untiefe gelegten Brett einen steckengebliebenen Lastwagen flott zu bekommen. Die Kinder lauschten gerne seinen Geschichten, die er bei solchen Arbeiten erzählte. Atemlos nahmen sie seine Erlebnisse als Zirkusmitarbeiter in sich auf. Und wenn er gar von seinen Fahrten auf Frachtschiffen über die Meere berichtete und dabei den leeren Blick auf den Horizont richtete, dann kam die große Welt in das kleine verträumte Dorf und in die Herzen der Zuhörer. Dann wurde, zumindest für die Kinder, aus dem Faktotum der Prophet. Einmal jedoch waren seine Gedanken mit ihm durchgegangen. Er vergaß, wer ihm da lauschte und begann zu erzählen, wie sie eines Tages in einem Hafen im Roten Meer Schafe entladen hatten. „Ja und da haben wir gewettet, dass ein weibliches Schaf mehr Befriedigung erfährt wie eine orientalische Hure..." An dieser Stelle brach er seinerzeit erschrocken das Thema ab. Doch Gisa erinnerte sich immer noch genau, was sie sich gedacht hatte. Angewidert einerseits und fasziniert andererseits hatte sie gehofft, dass er vielleicht zum Thema zurückkehren und das Unaussprechliche aussprechen würde. Hannes hatte es nicht getan. Ja, er war ihr und den Anderen sogar einige Zeit aus dem Weg gegangen, hatte sich rargemacht und die Tage allein in seinem Kämmerchen über dem Stall des Anreiterhofs verbracht. Dieses und zwei weitere Erlebnisse wurden für Gisa richtungweisend. Sie begriff, was ‚einer Sache dienen' wirklich bedeutet: Nämlich das Abartige im Mitmenschen bekämpfen, zumindest aber es an die große Glocke hängen.

Es war Freitagnachmittag! Nicht irgendeiner! Nein! Den ganzen Tag hatte sich der Fallwind, von den Bergen herkommend, über die Landschaft gelegt und sie verzaubert. Auf den noch am Donnerstag nassen Gartenwegen holte man sich staubige Schuhe, die sich auch durch Wühlen in den zahllosen noch feuchten Laubhaufen nicht säubern ließen und die dabei hässliche Schlieren bekamen. Die Menschen stöhnten, litten unter Kopfweh und wussten nicht so recht, ob sie die Jacken ausziehen und über die Schultern hängen oder ob sie sie anbehalten sollten.
Die zweite Semesterwoche war vorbei, wenigstens beinahe. Denn Gisa war auf dem Weg durch den Park zur Abendvorlesung. Besser gesagt auf dem Umweg! Denn sie unternahm soeben einen Abstecher zum Marienplatz, um dort einen Eindruck vom frisch eröffneten Weihnachtsmarkt zu bekommen. In ihrem Körper verband sich sentimentale Nachdenklichkeit mit bleierner Wetterfühligkeit. Heraus kam die absolute Unlust irgendetwas Neues zu unternehmen. Sie ließ sich treiben. Inmitten des mächtigen Gevierts streckte eine mit hunderten von Lichtern behangene breitausladende Fichte ihre künstliche Spitze zu den zarten Wolkenschleiern des allmählich blasser werdenden Himmels empor. Glühwein duftete die Marktstraßen entlang. Doch eigentlich sehnten sich

die Menschen zu dieser Stunde noch mehr nach einem erfrischenden Eis. Das Geschäft mit der alkoholischen Verführung wollte nicht so recht in Gang kommen. Es lag mehr Jahrmarkt als Advent über der Ansammlung von mit Tannengrün geschmückten Buden. Gleichwohl schoben sich die Menschen durch die engen Gassen. Man sah ihnen an, dass sie nach der langen, anstrengenden Arbeitswoche Eindrücke sammeln wollten, von denen sie ihren Lieben zu Hause erzählen konnten. Häuserfassaden mit eindrucksvollen Reklametafeln und Spruchbändern umrahmten das Ganze. Aus irgendeiner Ecke ließ eine Drehorgel „Oh du fröhliche, oh du selige, gnadenvolle Weihnachtszeit" erklingen. Von den himmelragenden Backsteintürmen des Doms dröhnte gewichtig der Stundenschlag herüber. Eins, zwei, drei, vier, fünf zählte Gisa unwillkürlich mit. Siebzehn Uhr, stellte sie sachlich für sich fest. Dabei fiel ihr gar nicht auf, dass sie damit eine Verbindung von der Vergangenheit zur Gegenwart geknüpft hatte und sich nunmehr wieder in einer knallharten Zeit befand, die Sentimentalitäten nur dann pflegt, wenn sie für die Geschäfte gut sind.

Der Platz füllte sich mehr und mehr. Von allen Seiten strömten Menschen der Fichte zu, ganz so, als wollten sie an ihr empor dem Gedränge entkommen. Und richtig! Ein pfiffiger Kopf hatte einen wegweisenden Pfeil in die Senkrechte gedreht. Doch die Menge beachtete das Signal nicht. Sie wogte in zahlreichen Wirbeln ineinander und irgendwie brachte es der Einzelne fertig an irgendeiner Ecke des Platzes herauszukommen. Als Gisa das Kunststück schließlich ebenfalls absolviert hatte, war ihr das Herz schwer. Mit einemmale wollte sie bleiben; wollte wie all die anderen auch

Feierabend haben. Wie schön müsste es sein, dachte sie, bei einem Glas Wein vom Hochkaffee auf die Festlichkeit hinabzusehen. Das ist Leben. Und das sollst du eines vagen Zieles wegen aufgeben! Gisa blieb stehen. Die Verkäuferin deutete dies als Zeichen von Interesse an ihrem Christbaumschmuck. Beinahe spielerisch nahm sie eine ordentlich sortierte Schachtel roter Kugeln und hielt sie in die Höhe. Gisa war betroffen. Du willst ja gar nicht kaufen, durchzuckte es sie. Energisch verneinte sie mit dem Kopf. Die Verkäuferin wandte sich ruhig dem nächsten Kunden zu. Gisa ging langsam weiter.

Ob man nicht beides kann, nahm sie den Faden wieder auf. Natürlich! Ein Ziel zu verfolgen, schließt doch ‚das Vergnügen haben' nicht aus. Dunkel erinnerte sie sich an mehrere Biografien, in denen sie gelesen hatte, dass vor allem schöpferisch tätige Menschen: Maler, Schriftsteller, besonders exzessiv gelebt hatten. Ihre Augen wanderten erneut zum Hochkaffee empor.

An jedem Tisch eine Person, dachte sie. Komisch, die Menschen suchen die Nähe des Anderen und gehen dabei auf Fluchtdistanz. Gisa musste unwillkürlich schmunzeln. Eine feine Gattung Lebewesen sind wir, überlegte sie sich.

Die Vorstellung von den Gästen an den Tischen im Hochkaffee tat es ihr an. Jeder ist eifrig bemüht den Anderen auszukundschaften, ohne selbst ausgekundschaftet zu werden. Und alle haben sie Ideen. Sie denken revolutionär oder elitär, oder beides und sind dabei keineswegs auf dem Weg zu einer Entscheidung. So sind wir Menschen, überlegte sie. Nur du! Du musst aus einer Laus ein Haus machen und deine Idee zur fixen werden lassen. Gisa zog fröstelnd den Mantelkragen hoch. Du hast dir zu viel vorgenommen, durchzuckte es sie, während ein wenig Neid auf all die anderen, die leicht in den

Tag hineinlebten, in ihr hochkroch. Doch da war noch etwas Anderes. Ein Hauch von Röte überzog ihr Gesicht. Das was bei der Treibjagd geschehen und doch nicht geschehen war, machte sie unsicher. Hochwürden, tat ihr noch im Nachhinein leid. Er wäre fürwahr zum schäbigen Opfer geworden, schäbig in jeder Beziehung. Zum einen war er in seiner Unbedeutendheit das falsche Objekt, zum anderen wäre sein Ende viel zu abrupt gewesen. Das Geschehen hätte den Medien allerhöchstens Stoff für eine Meldung im Lokalteil geliefert. Gisa zog ihre Stirne kraus, während sie sich, nunmehr wieder etwas schneller, den Weg durch die Menge bahnte.

Eine Tat muss so sein, dass die Leute denken, dass sie automatisch die nächste im Gefolge hat, überlegte sie. Nur dann kann man auf das nötige Echo hoffen. Wodurch aber zeichnet sich eine derartige Tat aus? Die Antwort fiel ihr nicht leicht, bedeutete sie doch, dass sie sich mehr oder minder darauf festlegte. Man könnte Opfer aus einer Pelztierfarm befreien. Du weißt keine, dachte sie. Und außerdem wusste sie, dass das auf lange Sicht mehr schaden wie nützen könnte. Sie schauderte zurück. Tausend Nerze! Tiere, die nie zuvor selbständig in freier Wildbahn Beute gemacht hatten, entlassen in ein vergleichsweise begrenztes Gebiet! Das wäre für diese Kreaturen eine Katastrophe. Das aber willst du ganz und gar nicht, beendete sie dieses Gedankenspiel. Nein, entschied sie nach weiterem hin und her. Die Idee des Tierschutzes verträgt nichts Zerstörerisches. Sie verlangt nach Kreativität. Letzteres ist allerdings etwas positives und damit eine Sache, vor der sich Menschen nicht fürchten und deshalb so ohne weiteres auch nicht groß nachdenken.

Gisa hatte die Ecke gegenüber dem Rathaus erreicht. Ihr Blick fiel auf einen Bettler, der in einem olivgrünen Parka, zusammengesunken an einer Säule des Laubenganges saß. Vor ihm kauerte auf einer zusammengefalteten Decke ein mittelgroßer, schwarzbrauner Mischlingshund, der intensiv seine linke Vorderpfote beleckte. Bei näherem Hinsehen stellte Gisa fest, dass es da auf dem Boden auch noch einen für Spenden bereiten Hut gab und dass der auf den ersten Blick so erbärmlich gleichgültig ausschauende Mann die Vorbeigehenden interessiert unter den Augenbrauen heraus begutachtete. Er hat seinen Weg gefunden, dachte Gisa. Sie musste an sich halten. Sie wäre ihm sonst auf den Leim gegangen. Unwillkürlich wich sie durch einen der breiten Bögen auf die Straße aus. Der Deckung beraubt, zog sie fröstelnd den Mantelkragen enger.

Ein Gnadenhof! Das ist es, durchzuckte es sie. Ihr Herz jubelte. Doch was ist daran weltbewegendes, meldete sich auf der Stelle der Zweifel. Nichts, gestand sie sich ein. Zehn, zwanzig, hundert gerettete Tiere, mindern das weltweite Leid kaum. Und doch, ist es ein Schritt in die richtige Richtung. Und wenn du es gekonnt anstellst, dann vervielfacht sich die Zahl durch Nachahmer. Wenn alle Menschen, einander beistehen würden, gäbe es keine Armut mehr auf der Welt. Wenn alle Menschen die Tiere achteten und nicht mehr Fleisch gewännen, wie sie zum Überleben brauchen, würde sich das Leid der Tiere drastisch vermindern, spann sie ihre Idee weiter.

Wie die Straße sich in diesem Augenblick ihrem mehr nach innen gerichteten Blick zu einem Platz auftat, weiteten ihre Gedanken ihren Horizont. Eine Passage aus der Rede des Häuptlings Seattle, gehalten vor dem amerikanischen Präsidenten im Jahr achtzehnhundertfünfundfünfzig kam ihr in den Sinn. Der Häuptling verstand damals nicht, warum weiße Menschen Land von den Indianern kaufen wollten. Und so sagte er: „Das Ansinnen, unser Land zu kaufen, werden wir bedenken, und wenn wir uns entschließen anzunehmen, so nur

unter einer Bedingung. Der weiße Mann muss die Tiere des
Landes behandeln wie seine Brüder. Ich bin ein Wilder und
verstehe es nicht anders. Ich habe tausend verrottende Büffel
gesehen, vom weißen Mann zurückgelassen – erschossen aus
einem vorüberfahrenden Zug. Ich bin ein Wilder und kann
nicht verstehen, wie das qualmende Eisenpferd wichtiger sein
soll als der Büffel, den wir Indianer nur töten, um am Leben zu
bleiben. Was ist der Mensch ohne die Tiere? Wären alle Tiere
fort, so stürbe der Mensch an großer Einsamkeit des Geistes.
Was immer den Tieren geschieht, geschieht bald auch den
Menschen. Alle Dinge sind miteinander verbunden."

Gisa war stolz, dass sie diese Passage der Rede wortgenau im
Gedächtnis behalten hatte. Es war schließlich schon ein paar
Jahre her, dass sie diese Stelle in ihrem Leistungskurs Ethik vor
versammelter Klasse zum Besten gegeben und dafür viele
Punkte erhalten hatte. Leicht ist es zu fabulieren, aber schwer
das Gedachte in die Tat umzusetzen, fiel ihr ein. Scham kroch
in ihr in Erinnerung an den ersten ungestümen Schritt hoch,
den sie bei der Treibjagd getan hatte. Der arme Hochwürden!
Du hättest nichts damit erreicht, rein gar nichts, stellte sie fest.
Da ist ein Gnadenhof schon die bessere Idee. Obwohl, handelt
du allein, wirst du leicht zum Außenseiter, zum Stein des
Anstoßes. Jemand Mächtiger muss hinter dir stehen. Eine
bereits bestehende Tierschutzorganisation zum Beispiel. Wenn
du das Geld beisteuerst, werden sie nichts dagegen haben. Also
lerne, dann verdiene, um schließlich dienen zu können! Das ist
der Weg. Gisa pfiff durch die Zähne, was ein zufällig des
Wegs kommender Mitfünfziger offensichtlich auf sich bezog.
Abrupt drehte er ihr seine massige Gestalt zu. Ein lüsternes
Grinsen verzerrte sein breites Gesicht. Alter Esel, dachte Gisa

und ging angewidert weiter. Ein Grufti will sein Sperma an die Frau bringen! Nicht mit mir! Selbstbewusst querte sie die vielbegangene Straße. Rechterhand lag die Oper. Das Gebäude sah aus wie eine Kulisse zu einem antiken Stoff. Ein Musentempel, schoss es Gisa in den Sinn. Ein sorgfältig geklebtes Plakat verkündete von der Seitenwand, dass an diesem Abend Aida gegeben werde sollte. Der Eintritt kostete, wie sie sich mit einem schnellen Blick überzeugte, ab sechzig Euro aufwärts. Gisa fand es zu teuer. Achselzuckend lief sie weiter, wobei sie sich bewusst war, dass eine Menge Arbeitsplätze und damit eine Menge stolzes Selbstbewusstsein an diesem Haus hing. An diesem Ort agierten Menschen, die in der überwiegenden Zahl ihre Lebensaufgabe gefunden hatten. Menschen, quer durch die Generationen, arbeiteten und feilten daran anderen Menschen Abend für Abend ein paar schöne Stunden zu bereiten. Hier lebte unter dem Deckmantel geschriebener Worte der alternde Lüstling die Rolle seiner Generation und keiner stieß sich daran, dass ihn nach strengem Text die junge Naive dahinschmelzend gewähren ließ. Könige entstiegen ihren Gräbern, in die man sie vor Jahrtausenden gelegt hatte. Das ist nicht deine Welt, dachte Gisa. Zu viele, in wenige Stunden gepackte Gefühle! Pah, Gefühle! Gisa schnäuzte sich verächtlich durch die Hand. Gefühle! Sie sagen dir selten gegen wen du dich wenden, sondern meist nur für wen du einstehen sollst. Du neigst zum Gutmenschen. Daneben war es dein Irrtum, die Jagd als solche anzugreifen. Apropos Gräber, dachte Gisa. Der Tod gehört zum Leben und das erlegte Tier nützt mehr als das Verluderte. Sie verhielt ihren Schritt für einen Moment. „Interessant!", entfuhr es ihr.

Sie ging mit gesenktem Kopf weiter. Man darf töten, wenn man das zu Tötende als Wesen zweiter Wahl ansehen kann.

Sind Tiere Wesen zweiter Wahl? Gilt es lediglich das Letzte der Art am Leben zu halten? Erschöpft sich darin das Recht der Tiere auf Leben? Sie fühlte, dass es um etliches mehr sein musste. Jedoch das 'mehr' klar abzugrenzen, dazu fehlte ihr im Moment der Mut. Sie kannte die Arbeit am Kadaver, das planvolle Töten unter dem Zwang der Forschung und des Fortschritts. Sie sah an Drähte angeschlossene, gefühllos gemachte Lebewesen. Während sie sich daran erinnerte, verloren die Steinplatten unter ihren Fußsohlen ihre Konturen und wurden zu einer nahtlos grauen Masse. Wie zweitklassig mussten all diese Lebewesen sein, wenn man so mit ihnen umgehen durfte! Oder war es einfach nur das Recht des Stärkeren, das der Mensch lustvoll ausspielte? Der Mensch, der mit der linken Hand streichelte, während er mit der rechten tötete. Du warst mehr als einmal dabei, durchzuckte es sie. Seltsam! Es berührt dich und auch wieder nicht, wenigstens nicht so sehr, dass dir der Atem stocken würde. Sie spürte die schreckgespannten Sehnen unter dem Fell. Dann der Stich! Der kleine Körper erschlaffte. Das Wesen existierte nicht mehr, es vegetierte nur noch und war im Grunde genommen nur noch lebende Maschine.

Wie stark kann man sich als Hundebesitzer vor Augen halten, dass der vierbeinige Gefährte ein Wesen zweiter Klasse ist? Man muss es, immer und immer wieder, um Tiere derart behandeln zu dürfen. Gisa wurde flau im Magen! Nichts wissen davon, nichts damit zu tun haben! Das ging nicht mehr. Glückliche Kindheit, wo die Erwachsenen alle üblen Eindrücke von einem fernhielten. Jetzt blieb nur noch das ‚mehr wissen‘ oder anders gesagt ‚mehr Wissen‘ und die Notwendigkeit das Erlernte auch begreifen zu können, um daraus letztlich ein eigenes Weltbild zu formen. Gisa fühlte sich ein wenig gestärkt. Sie sah den Weg. Einmal wird auch deine Idee Gebrauchsanweisung werden, dachte sie. Sie glaubte daran.

Ein kleiner Laden zwang sie zum Stehenbleiben. Bücher zogen Gisa magisch an. Sie verstand nicht, wie ihr Soziologieprofessor Tage zuvor zum Besten geben konnte, dass nur eine Handvoll Schriften es wert sei gelesen zu werden. Eine der Genannten war die Nikomachische Ethik, die sich schmal und unscheinbar hinter dicken, nichtssagenden Abhandlungen im Schaufenster versteckte. So unscheinbar, dass Gisas Augen zur farbenfrohen Bavarica-Sparte schweiften. Als ihr Interesse wuchs, spielte ihr Handy nicht ganz überraschend die Heimatmelodie. Gisa nannte sie so, weil sie einen Anruf von zuhause signalisierte. Flink zog sie das Gerät aus ihrer Umhängetasche und betätigte den Empfangsknopf. „Hi, Mamma! Was gibt es?", erkundigte sie sich und lauschte. „Mamma! Mir geht es gut! Was willst du mir sagen?" Was sie bloß immer hat, ärgerte sich Gisa. Jeden Tag dasselbe Ritual um dieselbe Zeit. Eltern glauben wohl, dass man mit einem Anruf von wenigen Minuten die Kinder lückenlos kontrollieren kann. „Ach, Mamma!" Gisa lauschte zur Abwechslung auf das, was auf sie einstürmte. „Nein, Mamma! Nicht jetzt! Ich kann dir noch nicht sagen, was ich heute Abend noch alles anfange werde. Im Moment bin ich auf dem Weg zur Uni. Also sei nicht böse! Ich muss weiter! Tschau!"

Gisa atmete hörbar durch, als sie das Handy in die Tasche zurückschob. Ihr Blick schweifte zu den Büchern zurück. Bücher versprachen sorgenfreie, unterhaltsame Stunden, ohne das ständige Gefühl ausgehorcht oder von Liebe erdrückt zu werden. Du kannst dem Professor beim besten Willen nicht recht geben, kam ihr in den Sinn. Warum sollte es nicht richtig sein, mit einem spannenden Buch den Traum in den Tag hinein zu tragen. Der Traum nimmt den Sinn für die Realität. Dieser

Satz stand vor ihrem geistigen Auge, während sie sich leicht abwandte und dabei überlegte, ob sie weitergehen solle. Sie dachte zu Verweilen. Heutzutage kann kein Mensch der Wirklichkeit entfliehen, die ihn auf Schritt und Tritt über Handy, Rundfunk, Fernsehen oder Bücher verfolgt, überlegte sie. Sie riss sich los. Ihre Augen spähten nach der nächsten Kreuzung und ruhten für einen Augenblick abschätzend auf der Ampel. Wenn du ruhig startest, erreichst du locker die nächste Grünphase und kannst queren, stellte sie zufrieden fest. Kaum hatte sie das Rotlicht aus den Augen gelassen, fiel ihr eine schlanke Mitdreißigerin auf, deren knöchellanger Rock so gar nicht zur aktuellen Mode passte. Die Frau stand in der Dämmerung. Eine kleine Gestalt! Das Kopftuch verbarg zum Teil das schmale Gesicht und ließ lediglich die wohlgeformte Nase hervorstechen. Die Frau hatte eine Einkaufstasche neben sich platziert. Sie stand einfach da. Ruhig, beherrscht, zwei Exemplare einer religiösen Zeitschrift kündend erhoben! Gisa war beeindruckt. Sie kannte die Frau nicht, aber sie wusste sie einzuordnen. Zeugin Jehovas, dachte sie, während sich in ihr die Anerkennung noch stärker breitmachte. Gisa spürte, dass hier etwas erreicht wurde, etwas was andere Religionsgemeinschaften durch Prunkbauten weit schlechter ausdrückten, nämlich, dass dem Vorbeieilenden das Gefühl vermittelt wurde, seht es gibt uns. Wir sind da und wir sind wie wir sind. Ein wissender Blick begegnete in diesem Moment dem ihren. Einladend, freundlich! Doch Gisa nahm ihn nicht an. Trotz aller Achtung war ihr Ziel ein anderes. Eine warme Stelle am Herzen allerdings blieb. Die Frau machte es richtig. Sie lebte konsequent ihre Prinzipien. Das ist es, dachte Gisa. Wer den Glauben lebt, lebt so wie die Zeugin Jehovas und wer sich in der Tierrechtsbewegung engagiert... Ja, was macht denn der, fragte sie sich unwillkürlich. Musst du jetzt Veganerin werden und darfst zu Hause in den Ferien, niemals mehr eines der panierten Schnitzel verzehren, die Mamma so köstlich gelingen?

Die Ampel schaltete auf Grün. Gisa beachtete es nur insoweit, als sie zusammen mit den übrigen Passanten, die die Kreuzung queren wollten, loslief. Sie sah sich nur noch Brokkoli kauen. Spargelkohl, von dem sie wusste, dass er, wie andere Gemüse auch, den Blutgerinnungsfaktor erhöhte. Nein, entschied sie. So konsequent wirst du nicht sein, kannst du auch gar nicht. Du kannst doch nicht einfach das liebste Wesen, das du auf der Welt hast, vor den Kopf stoßen, indem du sein leckeres Essen verschmähst. Bum! Gisa hatte gerade noch die freie Hand schützend vor den Brustkorb stemmen können, sie wäre sonst mit dem Kopf gegen den Laternenmast geknallt. Verstohlen hielt sie Ausschau, ob irgendjemand ihre Tollpatschigkeit registriert hatte. Das schien nicht der Fall zu sein. Im Moment schien sie von Personen umgeben zu sein, die nur Augen für sich selbst hatten. Sie rieb sich das Handgelenk, während sie weiterging.

Was die Zeugin Jehovas machte, war der Weg in seiner konsequentesten Form. Aber war er auch der Überzeugendste, in der Wirkung auf die Mitmenschen? Gisa, verneinte es instinktiv, suchte aber sofort eine Begründung für dieses 'nein'. Eine innere Eingebung stellte sie diesbezüglich auf der Stelle zufrieden. Ja, so ist es, entschied sie. Ein Mensch mit Überzeugung, der schwächelt, kommt bei seiner Umgebung am besten an. Man muss allerdings bis zu dem Punkt konsequent sein, an dem angekommen, man die Mitmenschen mit seinem Handeln zum verständnislosen Kopfschütteln animiert. Von Millionen Schnitzel eines mehr oder weniger verzehrt, verschlechtert oder verbessert die Welt nicht und ist der

Tierrechtsbewegung weder abträglich noch zuträglich, solange es kein Aufsehen macht. Das ist es, dachte Gisa. Die Mitmenschen übersehen leicht Abweichungen von der selbstgesteckten Linie. Sie schätzen das Stete.

Ein kleiner Zeitschriftenstand erregte just in diesem Moment Gisas Aufmerksamkeit. Er stand dort seit Tagen, doch in der Vergangenheit war sie stets achtlos an der kleinen Gruppe Diskutierender vorbeigeeilt, die sich regelmäßig um ihn scharte. Dieses Mal blieb sie stehen. Sie wusste nicht 'warum'. Doch irgendwie empfand sie in ihrem Innersten, dass hier etwas geschah. Vielleicht nichts Weltbewegendes! Doch vor ihr stand eine Handvoll Typen, bekannte sich zu ihrer ‚Ware' und verkaufte sie. Gisa gesellte sich dazu. Abwartend und dabei lauschend begann sie in den Broschüren zu blättern. Sie hatte das Gefühl, dass nur dastehen und nichts tun, sie zu sehr geoutet hätte. Dennoch regte es sie auf, dass sie tat was sie tat. Ihre Neugierde blieb nicht verborgen. Unter ihren Augenbrauen hervor sah sie das leichte Erstaunen, das ihr Erscheinen auf die Gesichter der Anderen malte. Bist du eine von uns, wir kennen dich nicht, drückten ihre Mienen aus. Ihre Unterhaltung stockte. Einer der Typen, hoch aufgeschossen, langes blondes Haar, begutachtete sie einen Touch zu obszön. „Was ist? Willst du etwas kaufen", erkundigte er sich mit einer Stimme, die jegliche Romantik im Keim erstickte. „Nein!", stieß Gisa hervor. „Ich kam vorbei und da seid ihr mir eben aufgefallen."
Gisa erlebte in den Augenwinkeln, dass die Mitglieder der Gruppe, Männlein und auch ein Weiblein, durch Blickkontakte ein neues Gesprächsthema zu vereinbaren suchten. Die bisherige Sache ist ihnen in deiner Gegenwart offenbar zu heiß, dachte sie. Sie wissen offensichtlich mit dir nichts Rechtes

anzufangen und sind deshalb vorsichtig. Bei Heinz ein Kiosk und jetzt wieder, schoss es ihr durch den Kopf. In diesem Moment überwand der Blonde seine Bedenken. Er war offensichtlich bereit sie in den Kreis eintreten zu lassen. „Kennst du Hunger?", forschte er, wobei sich sein Blick unwillkürlich verfinsterte. Instinktiv hat er das Thema psychologisch geschickt gewählt, fand Gisa. Sie fühlte, dass ihr Gegenüber sich damit nichts vergeben hatte wollen. Vom Verkaufsgespräch bis zur Einladung ist noch jede Möglichkeit offen, erkannte sie. „Kennst ihn?", konterte sie geschickt. Sie spürte intuitiv, dass er im Begriff stand Phrasen zu dreschen. „Kennst du ihn wirklich oder hast du nur darüber gelesen", drängte sie weiter. „Ich jedenfalls kenne ihn nicht!" Damit hatte sie ihm bewusst die Möglichkeit genommen, geschickt zu kontern. „Nein", gestand er. Der Typ ist ehrlich, dachte Gisa. Sie fesselte ihn mit einem Sekunden dauernden Augenkontakt. Er konnte nicht weiterreden. „Wir alle kennen ihn nicht", gestand er in einem neuen Anlauf. „Wir alle kennen ihn nicht", wiederholte er mit seltsam belegter Stimme. „Aber du weißt doch auch, dass es ihn gibt."

Die Anderen hatten schweigend zugehört. Sie warteten zu, so dass Gisa gezwungen war fortzufahren. „Und, was tut ihr dagegen, ich meine gegen den Hunger in der Welt?", erkundigte sie sich. „Nichts Bedeutendes!", bekannte ihr Sparringspartner. „Wir stellen nur diese Broschüren aus." Mit zwei Fingern hatte er eines der Faltblättchen ergriffen und wedelte damit vor Gisas Augen. Trotz der Bewegung erkannte sie auf dem Blatt das knochige Gesicht einer Afrikanerin, die mit übergroßen schwarzen Augen ergeben vor sich hinsah. „Lass sehen!", bat sie. Die Hand kam zum Stillstand. Er reichte ihr das Blatt. Gisa vertiefte ihren Blick in den billigen

Bildabzug, ohne zu weiteren tiefschürfenden Gedanken fähig zu sein. „Welcher politischen Richtung gehört ihr an", sprudelte es aus ihr heraus. „Dazu bedarf es keiner politischen Richtung", war die prompte Antwort ihres Gegenübers. Gisa fiel zum ersten Mal so richtig auf wie blond dieser war. Nur ein klein wenig dein Typ, dachte sie, während sie so unauffällig wie möglich seinen seltsam spröden, gesprenkelten Handrücken begutachtete. Ob alle Nordmänner ehedem so ausgesehen haben, schoss es ihr in den Sinn. Aber seine Größe und die Figur sind in Ordnung, ergänzte sie noch schnell ihre Wertung, als sie erkannte, dass der eigentlich ganz sympathische Typ weitersprechen wollte. Sie schlug gekonnt die Augen auf und begann zu flirten. „Wenn es dich beruhigt, wir sind eingeschriebene Mitglieder einer demokratischen Partei, der SIA und zudem verfasste Studenten", ließ er sie wissen.

Der Satz war ihm sichtlich schwergefallen. Aha, dachte Gisa deine Künste zeigen Wirkung. Ziehst du ihn dir über den Tisch oder lässt du ihn laufen. „Bist du jetzt zufrieden?", kam sein in Gisas Augen völlig überflüssiger Nachsatz. Du lässt ihn sausen, noch bevor du mit ihm richtig angebandelt hast, beschloss sie spontan ihre Gefühle abzuschalten.

Sie hatte keinen Augenblick an Michel gedacht. Dieses Thema war abgehakt, ohne dass ihr dies bewusstwurde. „Ich möchte mitmachen!", formulierte sie spontan ihr vorderhand sachliches Begehren. Auf den Mienen der Umstehenden machte sich Betroffenheit breit. Gisa fühlte förmlich wie die Einzelnen einknickten. Keiner, der Wikinger vielleicht ausgenommen, schien bereit sie aufzunehmen. Hi, dachte sie, was ist das denn für ein Haufen. SIA, da steckt doch irgendetwas in Anlehnung an den Sozialismus dahinter. Hoffentlich nicht: Völker der Welt vereinigt euch! Sie hatte als Kind den Gesprächen der

Erwachsenen entnommen, dass dieser marxistische Slogan vor Zeiten wichtig genommen worden war. Alles, nur das nicht, wehrte sich etwas in ihr. „Was studierst du?", riss sie der Blonde aus ihren Gedanken. Gisa trat leicht verlegen von einem Fuß auf den anderen. Während sie mit ihrem Wissen um den Numerus clausus den Oberkörper etwas stärker aufrichtete, bekannte sie: „Veterinärmedizin! Ich werde Tierärztin", hörte sie sich ergänzen. Blödes Weib, jagte es durch ihren Kopf und ließ sie wieder ein wenig kleiner werden. Diese Klärung des Erklärten war nicht notwendig. Ein Metzger sagt, wenn er sich mit seiner Berufsbezeichnung vorstellt, doch auch nicht, dass er schlachtet. Du brauchst dir bei deiner Dusseligkeit überhaupt nichts darauf einbilden, dass du die passende Gesamtnote für den Studienplatz hattest.

Gisa trug ihren Frust nach außen. „Also was ist?", erkundigte sie sich deshalb etwas streng. „Kann ich oder kann ich nicht?" „Natürlich kannst du", beschwichtigte der Blonde, wobei seine stechenden Augen sie keinen Moment losließen. „Ab morgen kannst du in deiner Fakultät einen Laden aufmachen." „Sie gehört nicht der Partei an", versuchte einer der Umstehenden einen Einwand. Gisa musterte die Runde. Doch der Spielverderber blieb ihr verborgen. Alle sahen irgendwo und nirgendwo hin, wobei die Gesichter verbohrte Teilnahmslosigkeit ausstrahlten. Der Blonde schien gewarnt. „Willst du beitreten?", reagierte er spontan, unterstützt von einem kleinen Augenzwinkern. „Die Sachen kosten Geld. Wir können sie dir nur liefern, wenn du Mitglied bist."

Jetzt wird es ernst, dachte Gisa und trat unwillkürlich einen Schritt zurück. Eine innere Bereitschaft begann sie auszufüllen. Sie stieß sich überhaupt nicht daran, dass sich für sie eigentlich nur der Hauch einer Möglichkeit auftat, sich in eine neue Richtung zu entfalten. Begeistert griff sie nach dem DIN A4-

Formular, das ihr einer aus der Runde entgegenstreckte. Den Kugelschreiber reichte ihr ebenso spontan ein Anderer.

Ihre Aufnahme schien besiegelt. Sie trat an den Tisch und begann bedenkenlos mit dem Stift Geheimnis um Geheimnis ihrer Identität preiszugeben. Als die Unterschrift fällig war, zögerte Gisa ein wenig. Doch dann setzte sie schwungvoll den Vor- und Nachnamen unter das Papier. Sie fühlte sich gut, so als hätte sie soeben irgendeinen Verdienst erworben. Innerlich triumphierend gab sie das Formular zurück. „Was bedeutet eigentlich SIA?", erkundigte sie sich entspannt bei dem Blonden.

„Sozialistische Internationale Arbeiterpartei! Wir sind Teil einer jungen Bewegung, die alte Spuren verlassen will. Wir arbeiten hart um irgendwann in naher Zukunft den steckengebliebenen Regierungskarren aus dem Dreck ziehen zu können." Gisa fühlte mit einemmale Boden unter ihren Füßen. Arbeiterpartei! Entspricht das nicht dem Plakat an der Säule in der Sonnenstraße, das dir auffiel, fragte sie sich. Sind die Initiatoren etwa die gleichen? „Erich", stellte sich der Blonde vor. Gisa schluckte ihre Frage hinunter. Sie vergaß sie. „Gisa, wie auf der Beitrittserklärung", erklärte sie.

„Erich, wie weiland der Honni, der die DDR, sein sozialistisches Arbeiterschiff, auf den Strand laufen ließ", mokierte sich Erichs Nachbar, wobei er ersterem einen freundschaftlichen Knuff verpasste. Erich störte sich nicht weiter daran. „Ja!", dozierte er. „Wir machen es geschickter. Wir lassen niemand von außen in unser Tagesgeschäft hineinregieren, auch keinen großen Bruder, wie zu Honnis Zeiten die Sowjetunion einer war. Wir handeln von innen heraus. Insoweit ist unsere Zelle völlig unabhängig von der Zentrale. Gisa, du wirst es merken, wenn du erst unsere

Satzung liest. Wer nämlich von außen kommt, hat in der Regel eine andere Mentalität. Das führt bei vielen Fragen dazu, dass es besser ist, sie ihn erst gar nicht entscheiden zu lassen." Erich sah Gisa herausfordernd an. „Ja nun! Ob gut oder weniger gut", hörte sie sich rufen. „Egal! Ich mache mit. Und..." Sie verkniff sich weiterzusprechen. Nein, das passt nicht hierher, holte sie sich in die Realität zurück. Kein Mensch will jetzt wissen und würde verstehen, dass du eigene Ziele hast und die SIA nur die Plattform dazu sein soll. „Wir treffen uns planmäßig jeden Donnerstag im Süßbräu", unterbrach Erich das entstandene Schweigen. „Du kommst doch?" Also die Nämlichen wie auf dem Plakat in der Sonnenstraße, dachte Gisa.

„Woher bekomme ich Material für einen Verkaufsstand in der Tiermedizin?" Gisa hatte noch nicht ausgesprochen, da schob ihr ihre Geschlechtsgenossin, die unscheinbare Blondine, deren Haar in ungepflegten Strähnen über den Mantelkragen hing, einen Karton hin. „Da hast du!", sagte sie knapp. „Fürs erste wird es reichen und am Donnerstag kannst du dann mehr haben." „Danke!", beeilte sich Gisa zu erwidern.

Jetzt schaust du sauber aus, dachte sie. Jetzt kannst du das Zeug auch noch mit dir zur Uni schleppen. Musste das sein? Ja, es musste, beschwichtigte sie sich sogleich wieder. Es hat sich so ergeben. Ob schicksalshaft oder nicht, wird sich erweisen. Sie sah auf ihre Uhr. Verdammt, du bist spät dran, stieß es ihr heiß auf. Für die Vorlesung eigentlich zu spät! Und dann noch der Karton! Nein, beschloss sie spontan und klemmte sich den Karton unter den Arm. „Also dann bis Donnerstag und tschüss!", rief sie während sie sich auf dem Absatz umdrehte. "Ich muss weiter!"

Der Rückweg geriet ihr in Bezug auf ihre Umgebung wesentlich kontaktärmer als der Hinweg. SIA! Das Kürzel füllte sie voll und ganz aus. Gleich am Montag wirst du beginnen, hämmerte sie sich immer wieder ein. Es wurde eines der längsten Wochenenden ihres Lebens. Gisa fühlte sich stark, wusste aber mit diesem neuen Ich so recht noch nichts anzufangen. Sie hatte unentwegt das Gefühl durchdrehender Vorderräder bei angezogener Handbremse, die den Wagen ungeachtet der PS an Ort und Stelle hielt. Die Stunden schleppten sich dahin. Gisa kannte das Material in der Zwischenzeit in- und auswendig. Die ausgemergelten Gestalten auf den Plakaten waren ihr zu Schwestern und Brüdern geworden. Ja, aus deinem Inneren heraus wirst du die Idee zusammen mit den neuen Freunden eines Tages über die Grenze tragen, war sie überzeugt. Doch zunächst galt es die Themen der SIA im Land zu verbreiten und zu festigen. Die Hungerkampagne war vorderhand nur ein Schachzug, um mit diesem drastischen Thema als Gruppierung bekannt zu werden. Man müsste sie als Unterthema in eine Umweltkampagne einbetten, durchzuckte es Gisa. Ist die globale Erwärmung erst unumkehrbar, dann wachsen die Wüsten bis vor unsere Haustür. Dann wird es Völkerwanderungen von Millionen Hungernden geben. Dann... Sie wollte in dieser Richtung nicht weiterdenken. So muss man es machen, zog sie sich gedanklich auf ihren Ausgangspunkt zurück. Populäre Themen aufgreifen, sie sich zu nutzen machen, einen Namen und auch Ansehen bekommen und erst am Ende das eigentliche Ziel, den möglichst raschen radikalen Umbau der Konsum- und Lebensgrundsätze in den Vordergrund schieben. Dazu braucht es aber auch einer Gruppierung. Nun, die hast du jetzt, mündeten die wiederholten Betrachtungen immer wieder in den gleichen Kanal.

Doch sie blieb auch sonst nicht untätig. Sie bekannte sich für sich selbst solidarisch und fastete am Sonntag. Glücklich fühlte sie gegen Abend die beißende Leere in ihrem Magen. Das also ist Hunger, stellte sie zufrieden fest, um sich im selben Moment zu widerlegen. Das ist nicht Hunger. Es ist nur ein Symptom. Doch Symptome lassen sehr oft mit der Gewöhnung nach. Und Symptome kann man bekämpfen. Es gibt Ballaststoffe, ohne Nährwert, ohne alles was der Körper zum Leben braucht, die das Hungergefühl nehmen können. Man kann sie in jedem Drogeriemarkt kaufen.

Hunger in armen Ländern ist mehr! Er ist keine Laune, er ist ein gegebenes dem vielfachen Unrecht anhaftendes Krebsgeschwür. Für Waffen und Luxusgüter der Reichen ist immer Geld da, für Lebensmittel oft nicht. Ja, es ist Tatsache, schloss sie die Betrachtung ab, dass genug Lebensmittel erzeugt werden können, um die Bevölkerung der Erde satt zu kriegen. Im Moment jedenfalls noch! Was aber, wenn die Meere leergefischt sind und Futterpflanzen in großem Ausmaß als nachwachsende Rohstoffe Motoren füttern? Gisa brach ab und setzte sich an den Computer. Mit einem Klick holte sie ihn aus seinem Ruhedasein und ihre Gedanken auf eine andere Ebene. Es wurde ein langer, anonymer Abend im Internet, mit teils erfrischenden, teils langweiligen Chatpartnern. Gegen Mitternacht biss sie sich an einem fest. Der Typ verwendete als Synonym 'Freud und Leid'. Gegen Ein Uhr schickte sie ihm, nach intensivem Hin und Her, ein Foto von sich. Kein besonders aufreizendes, doch zurückkam eines mit einer Schleife um den Penis. Da gab sie auf und zog sich unter die Dusche zurück. Sie fühlte sich beschmutzt und konnte, als sie schließlich im Bett lag, gleich Herf – den sie weiterhin nicht kannte - lange nicht einschlafen.

11.Kapitel

Herf, dessen Weg zu gegebener Stunde schicksalshaft Gisas Bahn kreuzen sollte, sehnte dieses Wochenende genauso herbei, wie alle davorliegenden und wie jene, die noch folgen sollten. Man kann nicht sagen, dass er sich darauf freute. Ganz und gar nicht! Wenigstens teilte er es niemand mehr mit. Er war noch verschlossener geworden.

Elli hatte seinen nächtlichen Ausflug den Bahndamm entlang nicht mitbekommen. Er sprach auch nicht darüber. In ihrer bis dahin stets offenen und mitteilfreudigen Partnerschaft gab es von nun an ein Geheimnis. Eines der wenigen, doch immerhin! Und ein weiteres gesellte sich dazu. Der Alltag fiel ihm in der laufenden Woche schwer. Er verlangte von ihm das Letzte. Herf presste es aus sich heraus. Müde schlich er am Freitagabend nachhause. Dabei achtete er kein bisschen auf die beiden Züge, die ihn auf dem letzten Stück seines Weges überholten. Sein Gehirn war leer. Er konnte nicht denken. Schemenhaft tauchte Meter für Meter seines Wegs vor seinen Sohlen auf, wurde registriert und gleich wieder vergessen. Sein Gehirn blieb leer. Erschöpft setzte er sich zum Abendessen an den Tisch, löffelte mechanisch die Suppe und kaute lustlos dazu ein paar Bissen Brot. Danach tischte Elli Bouletten auf. In früheren, normalen Zeiten sein Lieblingsgericht! Erwartungsvoll beobachtete sie ihn vom Herd aus. Doch sein Nacken straffte sich kaum und die Bewegungen, mit denen er das Besteck handhabte, blieben fahrig. Elli krümmte sich wie unter einer schweren Last. Sie musste sich mit beiden Händen an der Arbeitsplatte abstützen. Sein Leiden hatte sie angesteckt. Herf blickte einen Moment hilfesuchend auf.

Die Gabel war beim Zerteilen eines Fleischbällchens schrill kratzend über das Porzellan geschrubbt. Was ihn eben gestört hatte, brachte ihm ein paar Sekunden lang die Aufmerksamkeit für die Umgebung zurück. Doch er schaffte es nicht, sich zu erholen. Im Gegenteil! Weitere innere Geräusche stürmten auf ihn ein und trieben seine Einbildungskraft in ein Labyrinth, aus dem es kein Entrinnen gab.

Dessen ungeachtet und so als wären zwei Wesen in seinem Inneren gefangen, ging ihm Ellis Anwesenheit von dem Moment an auf die Nerven, als sich zu ihm an den Tisch setzte und das Besteck in ihre Hände nahm. So oft ihr Messer in ein Fleischbällchen fuhr, erwartete er voll Panik, dass es auf den Tellerboden durchstoßen würde und dann... Elli tat ihm den verwünschten, aber auch irgendwie ersehnten Gefallen nicht. Dafür ließen ihm ihre Kaugeräusche den kalten Schweiß den Rücken hinablaufen. Dabei hätte niemand behaupten können, dass Elli unappetitlich aß. Trotzdem war Herf kurz davor zu explodieren. Verzweifelt und in großer Pein kämpfte er dagegen an. Er fühlte, wie ihm die Luft knapp wurde. Ein roter Schleier senkte sich über seine Augen. „Ich gehe einen Arbeitskollegen besuchen", würgte er in höchster Not heraus. „Ich habe es ihm versprochen. Es gibt da ein technisches Problem mit seiner Heizung. Meiner Meinung nach nichts Gravierendes! Wahrscheinlich muss ich die Rohre entlüften, aber das dauert. Er hat gesagt, ich kann immer vorbeikommen, je früher desto besser."

„Heute noch?" Elli war mehr als erstaunt. Sie fühlte wie Herf ihr entglitt. Zu gerne hätte sie gesagt: Bleib da! Doch sie spürte, dass er gehen würde, dass ihn sein Fluchtinstinkt dazu trieb. „Ja jetzt und ich bleibe wahrscheinlich bis in die Morgenstunden", durchbrach Herf das bange Schweigen. Seine

Stimme klang so entschieden, dass sie endgültig keinen Gedanken mehr an einen weiteren Widerspruch verwendete. Nach außen hin ruhig, erhob er sich und strebte der Tür zu. Elli fiel seine gesammelte nach innen gekehrte Physiognomie auf. Sie machte ihn selbst für jemand, der sich um ihn sorgte, nahezu unangreifbar. Ellis Mutterinstinkt, der einzige, der nahezu jede Verschlossenheit zu durchdringen vermochte, meldete sich. „Zieh, dir etwas über!", bettelte sie. Er blieb unbeeindruckt. „Ich nehme außer etwas Werkzeug nichts mit und ich ziehe mir auch nichts über", knurrte er gepresst. Jetzt geht er in seine Werkstatt und dann ist er weg, dachte Elli, als die Tür ins Schloss klickte. Sie erstarrte. Wohin, fragte sie sich unwillkürlich. Doch sie brachte weder den Mut noch die Kraft dazu auf, ihm ins Freie zu folgen. Innerlich leer machte sie sich an den Abwasch. Sie versuchte auf diese ihr eigene und erprobte Art die Situation zu bewältigen.

Herfs und Ellis Haus war das letzte in der Reihe. Dahinter und gegenüber war Wiese, dann kam beiderseits des Bahndammes der Wald. Als Herf die Werkstatt verließ, blieb er völlig unbeobachtet. Mit hastigen Schritten entfernte er sich von seiner Behausung in die der Siedlung entgegengesetzte Richtung. Schon nach weniger als hundert Metern, tauchte er in die völlige Dunkelheit ein.
Der letzte Rest Mattigkeit verflog. Ungeachtet dessen, bewegten sich seine Füße automatisch. Die Bewegungsabläufe drangen nicht bis in sein Gehirn vor. Ein Hochgefühl hatte sich seiner bemächtigt. Er fühlte sich frei. Seit langer Zeit, wieder einmal frei, jubelte sein Inneres. Seine Hände tasteten lustvoll nach dem schweren Schraubenschlüssel, den er an seiner Brust barg. Der Stahl fühlte sich kalt an. Herf genoss die Berührung. Seine Hand umklammerte das Werkzeug. Doch eigentlich

wusste er nicht, weshalb er letzteres, sowie den Schraubenzieher und eine Flachzange mitgenommen hatte. Wäre Elli nachgekommen, hätte er ihr alles zusammen sozusagen als Beweis des Wahrheitsgehalts seiner Behauptungen gezeigt. Im Moment konnte er sich keine andere Verwendung vorstellen und doch war er froh, solche 'Partner' bei sich zu haben. Mit dem Schlüssel wirst du es schaffen, dachte er. Ersterer ist nicht nur gut zum Schrauben, er taugt auch als Waffe. Mit ihm in der Tasche bist du sozusagen nicht allein. Herf normalisierte allmählich sein Tempo. Er rannte nicht mehr. Er schritt nur noch zügig voran. Sein Wegweiser war der Bahndamm.

Herf konnte nicht sagen, warum er der Strecke folgte. Vielleicht tat er es, weil sie geradlinig war. Sie war so strickt nach vorne gerichtet, wie er sich dies im Grunde seines Herzens von sich und seiner Lebensbahn wünschte. Oder folgte er dem Schienenstrang, weil er den Damm sein halbes Leben lang vor Augen gehabt hatte und dieser ihm deshalb gerade in schwierigen Stunden so eine Art Fingerzeig gewesen war.

Herf fühlte sich von Meter zu Meter freier. Er setzte Schritt vor Schritt, mal näher am dunklen Band zu seiner Linken mal etwas davon entfernt, ganz wie das Gelände es erforderte. Das Eisen trug er noch immer an seinem Herzen. Der handlichere Rest steckte in der Hosentasche. Ihm war wohl.

Ein Rauschen kam aus der Dunkelheit, schwach, stärker, brüllend! Herf wusste, was es bedeutete. Sein Herz schlug schneller, begann zu stolpern, ins Bauchfell schien ein Kloß eingewachsen zu sein. Eine Masse, schwärzer als die Nacht aus der sie kam, schoss auf ihn zu und verschwand mit „taratata, taratata, taratata", in der Dunkelheit. Herf ließ sich im entscheidenden Moment ins feuchte Gras fallen. War es die

Angst mitgerissen zu werden? Er hätte es nicht sagen können. Der Luftzug nahm ihm noch immer den Atem. Der Lärm hatte seinen Mund geöffnet. „Aus!", schrie er. Dann war es vorbei. Zwei rote Warnlichter wurden kleiner und kleiner und waren nicht mehr zu sehen. Er wand sich. Doch der lebenserhaltende Muskel und mit ihm sein ganzer Körper wollte sich nicht beruhigen. Herf spürte einen starken Drang zum Wasserlassen. Wenn du jetzt aufstehst, dachte er, dann hört es auf zu Schlagen. Dann wird dir schwarz vor Augen und du stirbst. Er wunderte sich, dass er angesichts dieser klaren Aussage nicht in Panik verfiel. Mit zitternden Fingern nestelte er seinen Hosenladen auf, wälzte seinen Körper zur Seite, nahm sein Glied zwischen die Finger und urinierte. Kurz darauf war die leere Blase wieder voll. Er musste erneut und wieder und wieder! Vor lauter Wasserlassen verflüchtigte sich allmählich der Eindruck, den die Herzbeschwerden auf sein Gehirn machten. Sein Puls wurde regelmäßiger. Er fühlte sich wohler. Der Anfall schien überstanden.

Herf bestand nicht mehr nur aus dem Körper. Müde und mit zittrigen Knien setzte er sich auf. Eine Mannslänge neben dir ist er vorbeigedonnert, erinnerte er sich. Zwei armdicke Eisenstränge haben ihn geleitet und in Schach gehalten. Herf erhob sich mühsam. Fasziniert verfolgte er den neuen Gedanken. Zwei Eisen! Unwillkürlich prüfte er mit der Hand seine Armstärke. Der Schlüssel, schoss es ihm durch den Kopf. Wo ist er? Wahrscheinlich am Boden! Er begann zu suchen. Der Schlüssel war groß und ließ sich daher leicht ertasten. Mechanisch hob Herf ihn auf und behielt ihn in der Hand. Zwei Eisenstränge jeder in etwa so dick wie dein Oberarm halten diese tausende Tonnen in der Bahn, schoss es ihm in den Sinn. Herf fühlte sich mächtig. Triumphierend stieß er den Schlüssel der Nacht entgegen. „Mein Arm ist ebenso gewaltig, weil ebenso dick!"', schrie er. Die Herzbeschwerden waren vergessen. Übermütig kniff Herf mit der freien Hand in den noch immer ausgestreckten Arm. Der Pullover dämpfte die Gewalt. Herf spürte nur einen wohltuenden Druck. So stark bist du, so unempfindlich, jubilierte es in ihm, während seine Füße, wiederum mechanisch, den Weg nach Oben auf den Bahndamm suchten. Er lauschte. Kein Laut war zu hören. Erloschen, verschluckt, vorbei! Genau wie die Herzbeschwerden! Herf ließ sich dankbar auf die Knie fallen. Er spürte die Glätte der durch den oftmaligen Gebrauch geschliffenen Schiene durch seine Hosenbeine. Liebevoll tätschelte er erstere mit seinen Handflächen. Dabei ließ er seine Finger immer wieder über den Rand des Bandes gleiten. Plötzlich fühlte er etwas raues Kantiges, etwas das nur wenige Zentimeter von der bis dahin ertasteten Stelle entfernt war. Er verhoffte kurz und setzte dann die Erkundung fort. Eine Schraube, stellte er fest. Er befingerte das glatte Holz, in das sie hineingetrieben war und hielt, wohl einer Gewohnheit folgend, den Schlüssel über den Schraubenkopf. Es war ein großer, schwerer Schlüssel. Er glitt über den Vierkantkopf, wurde eins mit ihm.

Zufall oder Vorherbestimmung? Wer von uns Irdischen vermag das zu sagen?! Herf zog an. Nichts geschah! Das gibt es doch nicht, durchzuckte es ihn. Wuchtig warf er seinen Körper mit voller Wucht nach hinten. Die Adern in seinen Armen und am Hals schwollen an. Nichts! Er legte sich ein weiteres Mal ins Zeug. Doch wiederum trotzte die Bindung ‚Eisen in Holz' seinen Anstrengungen. Erschöpft ließ er einen Moment davon ab. Herf horchte in sich hinein. Gibt es da irgendein Anzeichen, dass dein Herz erneut entgleisen könnte, überlegte er. Nein! Ja! Vorsichtig legte er den Schlüssel zur Seite und begann seinen Puls zu fühlen. Eins, zwei, drei, vier, zählte er in rascher aber nicht zu schneller Folge. Na also, dachte er. Du bist wieder wer. Du kannst dich auf deinen Körper verlassen. Befreit ausatmend, spürte er mit einemmale ein Zittern unter seinen Kniescheiben. Wie ein Strom ging es durch das Eisen, jagte heran! Herf schnellte sich behänd zur Seite, herunter vom Bahnkörper. Gerade noch rechtzeitig, ehe der Zug über die Stelle hinwegdonnerte.

Herf lag erneut keuchend im Graben. „Tuuut!" Das Signalhorn verriet ihm, dass der Lokführer ihn erst im Moment seines Abgangs gesehen hatte. Herf wartete bang auf das Kreischen der Bremsen Erleichtert stellte er fest, dass es ausblieb. Trotzdem würden sie nachschauen kommen, denn das Zugpersonal war sicher schon dabei per Funk Meldung an die Einsatzstation zu machen. Wo ist dein Schlüssel, schoss es ihm in den Sinn. Nervös kroch er auf Vieren auf den Damm zurück. Du musst ihn finden, spornte er sich zur Sorgfalt an, während er seinen Körper zwischen den Gleisen hin und herschob, dabei abwechselnd mit der einen und dann mit der anderen Hand tastete und sich die Fingerspitzen am Schotter wundscheuerte. Wo ist das verdammte Ding bloß, schimpfte er ein ums andere Mal.

„Verdammt!" Das Wort war ihm herausgerutscht, als sich unversehens sein siebter Sinn eingeschaltet hatte. Nicht noch einmal überrascht werden! Er lauschte bang in die Nacht hinein. Ja! Auf dem zweiten Gleis rauschte der Gegenzug heran. Dem Instinkt gehorchend, kroch Herf an den Fuß des Walles zurück. Dort angekommen, presste er sich eng an den Dammsockel. Licht aus Zugfenstern jagte, Schatten im Gefolge, über den Boden. Herf hatte Mut und behielt den Kopf oben. Das Wechselspiel von Licht und Schatten hatte ihn erreicht und trieb zehn, zwanzig Sekunden sein Spiel mit ihm. Er spürte die Schläge, die die Erde unter dem Damm aushalten musste und er erlebte wie sein Körper im gleichen Takt bebte. Der Schrei erstickte ihm in der Kehle. Erst als der Nachhall in seinen Ohren pfiff, stellte er fest, dass seine Augen als einziges Organ aufnahmebereit geblieben waren. Im enteilenden Licht erfassten sie den Schlüssel. Herf hob ihn auf und entfernte sich kurz darauf, wobei er erleichtert feststellte, dass sein Herz dieses Mal ruhig geblieben war.

Der von der Bahnleitstelle geschickte Suchtrupp kann kommen. Nichts wird an dich erinnern, freute sich Herf. Nicht einmal die Schraube wird einen Kratzer aufweisen. Dazu hat das Werkzeug viel zu gut gegriffen. Da dieser Ballast von ihm abfiel, spürte er miteinemmale, dass der Herzanfall doch nicht ganz ohne Nachwirkungen geblieben war. Herf fühlte sich matt und ausgelaugt. Er taumelte mehr, als dass er ging. Der Waldrand schien ihm Ewigkeiten entfernt. Nach Hause, stellte sich ihm die Frage. Nein, entschied er. Dazu ist es zu früh. Und dann deine Notlüge Elli gegenüber! Du willst einen Kollegen besuchen, hast du behauptet. Weil das so ist, kannst du unmöglich jetzt schon heimkehren. In ihm kroch Zorn hoch. Wütend stampfte er den Boden. Der letzte Rest der guten Laune war verflogen. Eine Schraube, lediglich daumenstark, hat dir getrotzt, ärgerte er sich. Im Zorn schleuderte er den Schraubenschlüssel weit in die Nacht hinaus. Tief im Inneren spürte er deutlich, dass er einen Beweis nötig hatte. Ein solches im Grunde genommen einfaches Ding darf dir in Zukunft keine Mühe mehr machen, dachte er. Herf nahm sich fest vor wiederzukommen. An gleicher, an anderer Stelle wirst du irgendwann beweisen, dass du der Stärkere bist, nahm er sich vor. Je weiter er auf dem ihm bekannten geradlinigen Forstweg Boden gewann, desto mehr festigte sich in ihm dieser Gedanke. „Wo gibt es das Eisen, das mir widersteht?", gellte er und lachte schrill in die Nacht hinaus. Doch der Wald dämpfte diesen Ausbruch. Sein einsamer Vorsatz blieb ungehört. Ihm aber diente der zufällige Pfiff einer Lokomotive, der von fern herüberdrang, als Bestätigung, dass die Welt da vor dem Wald auf ihn aufmerksam geworden war und sich sogar ein wenig vor dem unbekannten Rufer fürchtete. Du musst es tun! Gleich morgen musst du damit beginnen, nahm er sich vor. Ein dafür taugliches Werkzeug schmieden, muss dir doch ein leichtes sein. Herf verschwendete keinen Gedanken mehr an das nutzlose Ding, dessen er sich vorher entledigt hatte.

Als Herf sich gegen Mitternacht ins Bett fallen ließ, hatte er zum ersten Mal seit langem das Gefühl, auf der Stelle einschlafen zu können. Das erlittene Herzrasen hatte er unter dem Eindruck dessen was er schaffen wollte und was ihm bestimmt leicht von der Hand gehen würde, völlig verdrängt. Du hast eine Aufgabe und es ist erst Freitag, dachte er, als er es sich ohne Hast und innerem Zwang in den Kissen wohlig bequem machte. Du wirst sie behutsam angehen, war sein letzter bedeutsamer Gedanke. Dann sah er nur noch Schrauben vor sich. Hier eine und dort eine! Sie wurden immer kleiner, bis er schließlich sanft ins Reich der wirklichen und für die Alltagsbewältigung wichtigen Träume entschlummerte.

Elli fiel auf, dass in dieser Nacht etwas anders war. Oder täuscht du dich, fragte sie sich unwillkürlich als sie neben Herf aufwachte und angenehm berührt auf das leichte unaufdringliche Sägegeräusch seines Atems lauschte. Er hat sich verändert, jubelte es in ihrem Inneren. Oh Gott, lass es von Dauer sein! Von dieser neuen Sympathie getragen, sah sie mit einemmale ein, dass er die Werkstatt und die Arbeit dort notwendig zum Leben brauchte. Er wird dadurch doch nicht wieder jung werden, stellte sie neckisch fest, bevor der Tag sie erneut ins Reich der Träume entließ.

In der Folge gönnte Elli Herf uneingeschränkt seinen Feierabendwirkungskreis, auch wenn er an den Wochenenden nur zu flüchtig eingenommenen Mahlzeiten hervorkroch. Elli wäre weit weniger ruhig gewesen, hätte sie um seine wahren Beweggründe gewusst. Doch wer hinterfragt schon einen Wesenswandel beim Partner, wenn dieser dem Schein nach in die richtige, weil gewünschte Richtung führt? Elli tat es nicht. Bis zu diesem Moment war im Grunde genommen ja auch noch nichts Weltbewegendes geschehen. Die Arbeiten, die Herf in Gang gesetzt hatte, scheuten allerdings das Tageslicht. Denn ein halbes Wunderwerk an Tarnung und Technik sollte nur zu dem einen Zweck, Gleisverschraubungen schnell und reibungslos zu lösen, entstehen. Darüber gingen mehrere Wochenenden und zahlreiche Abendstunden hin.

Das Schicksal macht auf dieser Seite des Handelns erneut ein wenig Pause und zwar nur zu dem Zweck die Lebensläufe von Herf und Gisa im entscheidenden Moment zusammentreffen lassen zu können.

12.Kapitel

Gisa hatte sich vorgenommen, die Menschen vom Hungerelend auf der Welt zu überzeugen. Das tat sie auch. In der Uni trat sie nur noch mit einem Karton unter dem Arm auf. Sie war dort überall und zu jeder Tageszeit anzutreffen. Sie lehnte an verdreckten Heizungskörpern in Fensternischen und hatte ihr

Anschauungsmaterial auf dem Sims ausgebreitet. Lieber aber hatte sie die Aula. Dort war es so schön hoch und weit. Sie stellte den Karton vor ihre Füße, klemmte sich mehrere Broschüren zwischen die Finger und hielt sie den Vorbeieilenden vor die Nase. In der Aula identifizierte sie sich ein wenig mit Sophie Scholl, die an vergleichbarer Stelle mit lebensgefährlichen Flugblattaktionen gegen das Naziregime aufgestanden war. Gisa wäre niemals auf den Gedanken gekommen wäre, ähnlich großes wie ihr Vorbild leisten zu können. Allerdings wollte sie ihr eigenes Engagement auch nicht verniedlicht sehen. Es kostete sie nämlich einige Überwindung und damit Kraft, die ihr zum eigenen Vorwärtskommen nunmehr fehlte, um auf Jede und Jeden zuzugehen, egal ob Professor, Assistent oder Kommilitone/in. Bald schon kochte in der Fakultät der Unmut. Die Studenten/innen empörten sich über dieses neue, dem naturwissenschaftlichen Zweig bis dahin fremde Gehabe; die Lehrer fürchteten den Verlust an notwendiger Distanz zu den Studenten. Ohne dieses 'sich den Andern so weit wie möglich vom Leibe halten', hatten sie Angst noch angreifbarer zu werden. Kurz und gut! Gisa war unangenehm revolutionär und wurde daher nur noch die 'Rote Gisa' genannt. Man schnitt sie, ließ sie jedoch gewähren. Gisa verfolgte den eingeschlagenen Weg treu und tapfer. Manch einer hatte gehofft, dass sich das ganze nach ein, zwei Tagen wieder legen würde. Dem war nicht so. Gisas Vorrat an Prospekten, Aufklärungsschriften und Anschauungs-Material schien grenzenlos. Ende der zweiten Woche von Gisas Engagement war nicht nur jede Institutskanzlei, jeder Vorlesungsraum, die Flure und Treppen mit hungernden Gesichtern gepflastert, schlimmer, an bestimmten Örtchen gab es an den Haltevorrichtungen aufgespießte steife, matt glänzende Broschüren, statt der erwarteten weichen Papierrolle.

Ja es wäre nicht länger so weitergegangen, wäre der Nachschub des Anschauungsmaterials nicht von einem Tag auf den anderen von selbst ins Stocken geraten. Worüber man sich aber am meisten wunderte: Die Rote Gisa, an deren Vorhandensein man sich beinahe schon gewöhnt hatte, war und blieb ebenfalls verschwunden. In diesem Eckchen der Universität ging, nachdem irgendein anonymer Reinigungsdienst klar Schiff gemacht hatte, alles wieder seinen gewohnten Gang. Revolutionen sind immer zeitlich begrenzt, hätte manch einer denken können, hätte das Ganze nicht unter Naturwissenschaftlern stattgefunden, deren revolutionäre Erklärungen, wie jedermann weiß, meist von Dauer sind, sofern sie erst einmal den Gegenargumenten der Zu-spät-Gekommenen eine gewisse Weile getrotzt haben. Was war passiert?

Gisa hatte gekämpft, hatte mitten in den Feierabend hinein ihre neue Ausrichtung gelebt und hatte Anfeindung und Spott an sich abprallen lassen. Ja selbst in den Telefonaten mit ihrer Familie hatte sie jedes Mal versucht Überzeugungsarbeit zu leisten, war aberr immer abgeblitzt. Mamma hatte es einfach nicht zugelassen, dass von etwas anderem als: Hast du genug zum Essen, fühlst du dich wohl, geht es dir gut, hast du schon einen neuen Freund, geredet wurde. Letzteres stets mit dem Zusatz: Ich habe es seinerzeit nur nicht sagen wollen, aber dieser Michel war nichts für dich. In seiner antiquierten Familie hättest du dich niemals wohl gefühlt. Wer sind wir denn, dass man auf uns herabschauen darf?! Aber man konnte ja mit dir nicht darüber reden. Du warst einfach stur. Und jetzt bist du es wieder. Dass ich nicht lache! Hunger! Iss vernünftig und schon schaut die Welt anders aus. Aber ihr Jungen macht ja alles was in Richtung Schlankheit geht zu einer Ideologie. Hunger hat es auf der Welt immer gegeben und wird es immer geben. Daran wirst auch du nichts ändern! Also iss vernünftig, damit du nicht krank wirst. Versprich mir das!

Gisa gestand es sich nicht direkt ein, doch irgendwie setzte ihr seit jeher diese Ignoranz von Menschen, die sie liebte, am stärksten zu. Die sogenannten Gesinnungsgenossen verloren in Gisas Bewusstsein von Telefonat zu Telefonat ein kleines Stück an Bedeutung, bis sie sich plötzlich die Frage stellte: Was habe ich denn eigentlich an denen? Ein Auslöser dafür waren die sehr schnell als ätzend empfundenen Donnerstagstermine. Zu den ersten beiden Treffen war sie noch begeistert erschienen. Gisa war überwältigt von so viel Demokratiebewusstsein, die ihr an diesem Ort aufgetischt wurde. Die gepredigten hohen Ideale wurzelten in ihrer Seele. Deshalb machte es ihr auch nichts aus, dass die Treffen erst nach Mitternacht zu Ende gehen pflegten. Ab der dritten Zusammenkunft kehrte die Routine und damit der Tod jeder neuen Aktivität ein. Gisas Augen sahen klarer. Mit einemmale fand sie die zahlreichen Abstimmungen als bedrückend. Dass man darüber abstimmte, ob an diesem Abend gebuht werden durfte oder nicht, nervte sie bei dieser dritten Session besonders. Von den Rednern wurde eine Stunde lang eifrig das für und wider zerpflückt. Anschließend wurde ein Wahlausschuss nominiert. Die Aufregung war groß, der Schweiß floss. Gisa ertappte sich zudem bei dem Wunsch für den Vorsitz nominiert zu werden. Trotz ihrer jüngsten Verdienste meldete sich keine Lobby, die für sie stimmen wollte. Sie ging leer aus. Gisa fühlte sich übergangen. Aus Frust ließ sie sich von ihrem Tischnachbarn die Schnupftabakdose reichen. Hastig zog sie das Pulver in ihre

Nase. Es bekam ihr überhaupt nicht, richtete sie seelisch aber einigermaßen wieder auf. Schließlich etablierte sich der Ausschuss und wählte unmittelbar anschließend intern einen Vorsitzenden. Das hieß, dass alle Nichtmitglieder den Saal zu verlassen hatten.

Im Foyer wurde aus lauter Langeweile noch mehr dem Schnupftabak gefrönt. Doch da machte Gisa bereits nicht mehr mit. Im Stillen hatte sie nicht nur mit dem Schnupfen, sondern auch mit der gesamten Hungerkampagne abgeschlossen.

Endlich war es soweit und alle durften wieder auf ihre Plätze zurück. Ein paar zogen vor ihrer Rückkehr noch schnell eine Schachtel aus dem Schokoladenautomaten. Nachdem mittlerweile jeder sein Tagesquantum intus hatte, schnupfte niemand mehr im Saal. Alle warteten gespannt auf die Ansprache des neugewählten Vorsitzenden. Dieser ein Vierziger mit erheblichem Bauchumfang fand auf Anhieb den richtigen Ton, nachdem er sich zuvor noch artig als in jeder Richtung clean vorgestellt hatte. Er war dafür, dass sich in den restlichen Stunden, in denen man beisammensaß, jedermann soweit wie möglich mit seiner Lust auf weiteren Genuss von Alkohol und sonstigen Drogen zurückhielt, konnte sich aber auch gut vorstellen, noch einigen Schweißgeruch zu inhalieren. Nur in Bezug auf das Buhen war er konsequent dagegen.

Gisa spürte sofort: Dieser Mann ist ein Politprofi, der es ohne weiteres im Politikerleben weit bringen konnte, vorausgesetzt er wechselte in absehbarer Zeit zu einer angestammten politischen Gruppierung. Gisa hatte überhaupt keine Bedenken, dass letzteres nicht geschehen würde. Eine Äußerung von ihm blieb ihr lange im Gedächtnis haften. „Es ist doch so", hatte er gesagt, „dass der Mensch essen und genießen soll. Auch wer wenig zum Futtern hat, erlebt mit einer orientalischen Wasserpfeife schließlich doch noch Genuss pur. Ja was mach denn den Menschen aus, was unterscheidet ihn vom Vieh? Meines Erachtens ist es dieses 'sich für ein oder mehrere Dinge' entscheiden zu können, 'dieses Auswählen' und nicht auf einen Satz 'alles haben wollen.' Auch wer hungert, hat Würde." Ja verdammt, hatte Gisa gedacht, haben hungernde Tiere eigentlich keine Würde? Was faselt dieser Mensch da. Sie war aufgestanden und gegangen. Sie hatte nicht mehr miterlebt, dass im Saal lauter ‚vernünftige' Menschen waren, deren Abstimmungsergebnis über die erweiterte Frage: „Wir buhen und nehmen jede Art Drogen", nach einer weiteren halben Stunde schließlich vorlag und vom Vorsitzenden verkündet wurde. „Nein, fünf Stimmen! Ja, siebzehn Stimmen! Enthaltungen eine!" Auch die Zwischenrufe der Unterlegenen blieben Gisa erspart. Doch eine Woche später ging sie erneut hin, in der festen Absicht dieses Mal ihre Ansichten durchzusetzen.

Die Enttäuschung wurde erneut riesengroß. An diesem Abend fand eine Abstimmung darüber statt, ob für zukünftige Veranstaltungen ein Wickeltisch angeschafft werden sollte. Erneut wurde ein Wahlausschuss gebildet, worüber nach bewährtem Muster diskutiert, verworfen und genehmigt wurde. Die Unterlegenen gestanden ihre Niederlage erst spät ein und zwar zu einem Zeitpunkt als die ersten beiden Mütter bereits nervös auf ihre Uhren blickten. Nicht ohne Grund, denn letztere fürchteten, dass sie, sollte sich ihr Aufbruch noch weiter verzögern, die Babysitterinnen nicht mehr zu Hause antreffen würden. Der harte Kern, dessen Durchschnittsalter mit vorrückender Stunde immer jünger wurde, harrte aus. Nach so viel Vorgeplänkel wurde der Ton in der Versammlung zunächst bissiger und allmählich, nicht zuletzt wegen der geänderten Klientel, flapsiger.

Gisa begann die neue Stimmung zu behagen, als von einem echten Mitläufer, einem Menschen, der es bisher lediglich gewagt hatte zusammen mit der Mehrheit den Finger zu heben, der Antrag kam, man solle wegen der dampfenden Gruppe Mensch doch 'bitte schön!' für eine kleine Weile die Fenster öffnen. Wieder musste ein Ausschuss gebildet werden. Der Rest lief auch dieses Mal in Gisas Abwesenheit ab. Sie hatte inzwischen das nötige Insiderwissen und erkannte daher, dass an diesem Abend nichts Entscheidendes mehr laufen würde. Erichs Agenda würde weiter Bestand haben. An letzterer lag Gisa viel. Auch wenn sie in diesem Punkt ehrlich zu sich selbst gewesen wäre, hätte sie trotzdem nicht so ohne weiteres sagen können, ob sie achthaben wollte, dass Erich, der sie Wochen zuvor geworben hatte, unbeschadet davonkam oder ob ihr in der Tat nur die Unverfälschtheit seines Programms am Herzen lag? Wahrscheinlich war es beides. Erich fürs Herz und das Programm und seine Handhabung für den Augenschein!

Erichs Argumente überzeugten Gisa teils wider besseres Wissen jedes Mal aufs Neue. So pflegte er zum Beispiel des Öfteren zu betonen: „Unsere Versammlungen sind Demokratie in Vollendung." Oder: „Die Arbeit geschieht ähnlich wie im Parlament in den Ausschüssen. Diese Ausschüsse aber sind wir." Erich meinte damit eine kleine Gruppe von drei, vier Leuten. Währe Gisa ehrlich zu sich gewesen, dann hätte sie anhand der Ausschusslisten der vorangegangenen beiden Donnerstage den Wahrheitsgehalt von Erichs Aussage bestätigen müssen. Es war ihr jedenfalls bislang nicht gelungen, in diesen erlauchten Kreis aufgenommen zu werden. An ihr blieb an diesem weiteren Abend lediglich der undankbare Posten der Kassiererin und Schatzmeisterin hängen. Sie übernahm ihn ihm zu liebe. Ein kleines Strahlen aus seinen klaren Augen hatte genügt und sie war aufgestanden und hatte ihre Kandidatur angeboten. Außergewöhnlich schnell, nämlich zehn Minuten später, war sie in ihrem neuen Amt bestätigt und erhielt vom Vorgänger die entsprechenden Beitragsauflistungen, in denen, wie sie beim flüchtigen Durchblättern schnell feststellen konnte, weit mehr offene als erledigte Beitragsposten aufgezeichnet waren. Sauber, dachte sie. Dass du mit deiner gutmütigen Hilfsbereitschaft immer in den Dreck greifen musst!

In diesem Moment fiel ein erster kleiner Schatten auf Erichs Lichtgestalt. Und obwohl gerade wieder einmal Schnupf- und Alkoholverbot beschlossen war, leerte sie ihr halbvolles Bierglas in einem Zug. Das neu bestellte Mineralwasser rührte sie nicht an. Verschnupft verließ sie das Gebäude und setzte sich auf eine dreckige steinerne Treppenstufe. Sie zog mäßig kritisch eine Bilanz über ihr Verhältnis zu ihm. Erich ist der geeignete Vorsitzende dieses Ortsverbandes, urteilte sie. Er ist schlagfertig, formuliert präzise und hat vernünftige Sachideen. Alles Ätzende wie das Schnupf- und Alkoholverbot kommt nicht von ihm. Bier eine Droge! Lächerlich! Was ihm in entscheidenden Momenten allerdings fehlt, sind die nötigen Beziehungen, um seine Ansichten ganz Oben durchzusetzen. Er vernachlässigt total den Aufbau eines entsprechenden Geflechts, murrte es in ihrem Inneren. Aber das ist es gerade, was ihn sympathisch macht, meldete sich eine andere Stimme zu Wort. Die Partei ist nicht sein ein und alles. Die erste Stimme: Jeder Ortsvorsitzende, der Sachentscheidungen vorzieht und dabei persönliche Vorteile völlig außer Acht lässt, ist im Grunde genommen deplatziert und zwar in jedem politischen System. Erich kennt diese seine Schwäche, dachte Gisa und handelt trotz allem stur nach seinem Prinzip. Sie bewunderte ihn und vergaß dabei völlig das unangenehme Temperaturdefizit, das die Steine an ihrem Allerwertesten verursachten. Sie rechnete Erich hoch an, dass er in diesem Haufen von selbstgefälligen Ignoranten und reinen Mitläufern mit zäher Verbissenheit die materialaufwändige Hungerkampagne durchgesetzt hatte. Genießerisch sog sie die frische Abendluft in ihre Lunge. Ja, das war ein Erfolg, dachte sie. Ein erstes regionales Rundfunkprogramm hat bereits in der Zentrale angeklopft. Weitere werden folgen.

Bei der nächsten Zusammenkunft hatten sich die Bier-, Schnaps- und Schnupftabakverbote der vergangenen Wochen durchgesetzt. Nie zuvor war eine Versammlung derart dünn besucht gewesen. Nur der Vorstandstisch war vollzählig. Als der Stundenzeiger der in besseren früheren Zeiten verräucherten runden Wanduhr, von der keiner so recht wusste, ob sie am Stromnetz hing oder mit Batterie betrieben wurde, allmählich gegen die Neun wanderte, wurde Erich unruhig. Hallo, dachte Gisa. Sofern eine nach der Satzung beschlussfähige Mitgliederzahl zusammengekommen ist, werden wir vom Ortsvorstand heute leichtes Spiel haben, entscheidende Punkte durchzusetzen. Sie begann unter Zuhilfenahme ihres Zeigefingers zu zählen. „Achtzehn!", raunte sie Erich schließlich über den Tisch hinweg zu. „Das reicht", stellte er lapidar fest. Er schob mit der Zunge den Kaugummi in eine Mund Ecke und richtete seinen Oberkörper auf. „Verehrte Anwesende, liebe Parteigenossen! Kommen wir angesichts des spärlichen Besuchs, gleich zum wichtigsten Punkt unserer heutigen Tagesordnung!" Erich machte eine Kunstpause. „Die laufende Hungeraktion hat schon einiges an Geld verschlungen. Trotzdem frage ich, sollen wir jetzt, wo wir schon so weit sind endgültig die Segel streichen?" Erich sah ernst in die Runde und versuchte dabei möglichst viele Blickkontakte herzustellen, was ihm jedoch nur in jedem zweiten oder dritten Fall gelang. „Nein!", fuhr er unterstützt von sieben zustimmenden Augenpaaren fort. „Wir müssen neu starten. Und deshalb meine Bitte an unsere liebe Gisa für die kommende Woche etwas Geld locker zu machen! Wer ist dafür?", hängte Erich ohne Luft zu holen an. Zu den sieben Augenpaaren hoben sich ebenso viele Arme. Erichs Arm war der achte. „Beschlossen, wenn sich nicht genügend Nein-Stimmen erheben", stellte er lapidar fest. Erich blickte kurz in die Runde. „Ich sehe nur zwei. Es bleibt also dabei."

In Gisa brodelte es. „Moment!", sagte sie. „So schnell schießen die Preußen nicht! Die Kasse ist leer. Ich muss an dieser Stelle überhaupt feststellen, dass in unseren Versammlungen äußerst zügig beschlossen wird, wohingegen kaum jemand, dieses und jenes Mitglied vom Vorstand ausgenommen, bereits seinen Jahresbeitrag entrichtet hat." Es war nunmehr an Gisa ihrerseits möglichst vielen Mitgliedern in die Augen zu sehen. Doch der einzige Blickkontakt, den sie erhaschen konnte, war der mit Erich. Für einen langen Moment tauchten ihre Augenpaare ineinander. „Also meine Lieben", fuhr Gisa ein wenig verwirrt fort, „wenn ihr schon so schnell beschließt, dann sag mir bitte Einer, woher ich das nötige Geld nehmen soll? Schatzmeisterin ist ein schönes Wort. Doch wo kein Schatz, da ist es mit der Meisterschaft schnell vorbei." Erleichtert atmete Gisa aus. Das musste ganz einfach einmal gesagt werden, dachte sie. Im Saal herrschte betretenes Schweigen. Die Köpfe hatten sich gesenkt. „Und was machen wir nun?", hörte Gisa sich fragen. Erich reagierte als erster. „Wir machen für heute Schluss und besprechen das Ganze im Ortsvorstand, bevor wir diesbezüglich an die Parteizentrale faxen. Die Sitzung ist geschlossen."

Erich wandte sich an Gisa. „Gehen wir zu mir oder zu dir?", erkundigte er sich leise. „Weißt du bei mir mangelt es an der nötigen Sitzgelegenheit, da Gerhard mitkommen möchte." „Wir können zu mir gehen", willigte Gisa aus einem inneren Drang heraus ein.

Gisa betrat wie gewohnt ihr Domizil. Sie hängte ihren Mantel an einen Garderobehaken. Dann streifte sie, wechselseitig auf einem Bein balancierend, ihre Stiefel von den Füßen und ließ sie unbekümmert an den entsprechenden Stellen liegen. Sodann öffnete sie die Türe zum Wohn-Schlafraum und wies ihren beiden Begleitern den Weg zur Couch. Erich und Gerhard, der zweite Vorsitzende des Ortsvereines, sahen sich verstohlen um. Gisa bekümmerte das nicht weiter. „Moment!", sagte sie. „Ich muss nur noch schnell einiges erledigen." Sie ging zum Fenster und zog die Vorhänge zu. Anschließend begab sie sich an den Schreibtisch, welcher davorstand und weckte den Computer aus dem Standby-Zustand. „Hast du kein DSL?", erkundigte sich Erich als er bemerkte wie lange das Hochfahren dauerte. „Nein, ISDN!"

„Das sehe ich." Der Apparat war in der Zwischenzeit in die Gänge gekommen, so dass Gisa mit schlafwandlerischer Sicherheit das Mail-Programm anklicken und die entsprechenden Mitteilungen abholen konnte. Während ätzend langsam nacheinander vier angezeigte Mails heruntergeladen wurden, starrten die Gäste verstohlen in immer kürzeren Abständen auf das Display. „Kaffee?", erkundigte sich Gisa. Erich nickte. „Einen Moment! Ich möchte nur noch warten, was mir da alles in meine Wohnung flattert. In der Zwischenzeit wanderte der Balken, welcher den Ladevorgang der vierten Mail anzeigte, langsam in das letzte Drittel. „Das kene ich", urteilte Gerhard. „Wetten, dass das eine Spaß-Mail, von sagen wir einmal drei Megabyte ist! Wer hält dagegen?" Gisa ging auf das Angebot nicht ein. „So wird es wohl sein", stellte sie schlicht fest. Es folgte ein kleiner Moment gespannter Erwartung, dann war der Balken an seinem Ziel. Das Fenster schloss sich und gab erneut die Sicht auf die vier Absender frei. „Aha!", sagte Gisa und versetzte mit mehreren Klicks den Apparat zurück in die Standby-Schaltung. Und obwohl ihren beiden Gästen die entsprechenden Fragen auf der Zunge lagen, getraute sich weder Erich noch Gerhard das Thema Mail weiter zu vertiefen.

Gisa wandte sich mit einem strahlenden Lächeln ihren Gästen zu. „Jetzt mache ich Kaffee!", verkündete sie. „Unterhaltet euch derweil ein bisschen. Sie öffnete den Vorhang, der die Kochnische vom übrigen Bereich trennte und setzte den Kaffeeautomaten in Gang. Erich war ihr gefolgt. „Nobel", sagte er. „Ein Automat! Ja, da ist das Kaffeemachen einfach." „Ein Geschenk von meinen Eltern! Seit meiner Gymnasialzeit, als ich in den Ferien hin und wieder als Bedienung gearbeitet habe, habe ich mir solch ein Ding gewünscht. Und wie ..." - Gisa stockte. Sie hatte 'Michel und ich' sagen wollen, verschluckte die Worte aber - „...ich hier in der Stadt Fuß gefasst habe, haben meine Lieben sie mir spendiert." Gisa holte drei Steinguttassen aus einem der schmalen Wandschränke und begann sie per Knopfdruck nacheinander mit der feinduftenden Brühe zu füllen. „Komm, hilf mir servieren!", bat sie, nachdem die letzte gefüllt war. Erich kam der Aufforderung gern nach. Doch obwohl sich ihre Körper in der Enge des Raums mehrere Male berührte, fühlte Gisa nicht jenes herrliche prickelnde Verlangen, das sie aus dem Zusammensein mit Michel kannte. Da ist nur Sympathie, dachte sie. Na, ja, schloss sie das Kapitel fürs erste ab. Für ein kurzes Bettgeflüster könnte es allemal reichen. Nachdem auch die Sache mit der Milch und dem Zucker zur Zufriedenheit gelöst war und mehrere Teelichter und Kerzen brannten, setzte sie sich zu ihren Gästen. Die dampfende Schale hielt sie samt Untersatz als Schutz vor ihre Brust.

Das Gespräch kam erst in Gang, als mit einem genießerischen Schluck jeder ein wenig von der köstlichen Brühe genossen hatte. „Wirklich gut!", lobte Gerhard, was Erich mit einem Kopfnicken unterstützte. „Ja der Kaffee ist gut", setzte Gerhard seine Aussage fort. „Das Andere aber schmeckt mir schon längere Zeit nicht mehr." „Was?", erkundigte sich Erich leicht irritiert, während er, ohne um Erlaubnis zu bitten, eine Zigarette aus der Schachtel angelte. Gisa stand wortlos auf und griff ins Regal nach dem leeren Aschenbecher, einem Relikt aus früheren Zeiten. Sie stellte ihn vor Erich auf den Tisch. „Na, was wohl!", sagte letzterer. „Der Zustand unseres Ortsverbandes! Die Finanzen desolat! Und keine andere in dieser Millionenstadt agierende Partei greift uns an und hackt auf uns herum. Wisst ihr, was das bedeutet?" Gerhard sah fordernd auf Erich, der sich unangenehm berührt einräucherte. „Das bedeutet, dass man uns nicht ernst nimmt. Nicht ernst genommen werden aber heißt, bedeutungslos sein." Gerhard lehnte sich zurück und starrte auf die Tischplatte. Gisa fühlte, dass sie Erich beistehen musste. „Aber der Hungerfeldzug ist doch mehr als ordentlich gelaufen!", wandte sie ein. Für einen Moment blieb das gleichmäßige „klick, klack" der alten Stein-Uhr das einzige Geräusch im Raum. „Ist es so oder nicht?", begehrte Gisa trotzig auf. Erich sah versonnen in eine der Kerzenflammen, die sanft im Hauch von Gisas Atem züngelte. „Es ist so", stellte er fest. „Aber was wollen wir im Moment machen? Du Gisa weißt am besten, dass kein Geld in der Kasse ist. Du hast es uns deutlich genug gesagt." Gisa wagte erneut einen Vorstoß. „Wir haben doch Ideen", gab sie zu bedenken. Erich sah zu ihr herüber. Sein Antlitz wirkte im Licht-Schattengeplänkel der spärlichen Beleuchtung und im Zigarettenqualm um Jahre gealtert. Gisa fühlte sich erneut gedrängt, ihm beizustehen. Doch sie konnte den Grund dafür immer noch nicht richtig einordnen. Dass das so war, machte sie nervös. Ist es reines Mitgefühl oder Seelenverwandtschaft, fragte sie sich unwillkürlich. „Ideen!", wiederholte Erich sinnend. „Seit meiner Kindheit habe ich Ideen. Bin ich in meinem Leben nur dazu verdammt Ideen zu haben?!", brach es plötzlich mit Urgewalt aus ihm heraus. „Pah! Kein Mensch gibt einen Pfifferling für Ideen. Du musst sie erst an die Frau, an den Mann bringen." Erich nahm die Zigarette aus dem Mundwinkel und legte sie in den Aschenbecher. „Dieses Verkaufen aber, das könnt ihr mir glauben, ist die härteste Arbeit, die man sich vorstellen kann. Noch dazu, wenn über einem Ortsverein voller neuer Ideen eine unbewegliche Zentrale angesiedelt ist. Zunächst braucht es Glück, dann den oder die richtigen Partner. Sie alle wollen gebauchpinselt werden. Du musst um sie herumstreichen und du musst dich anbiedern. Oh, Gott! Wie mich das ganze ankotzt." Erichs Stimme versagte. Irritiert drückte Gerhard Erichs Zigarette aus und legte sie, geknickt wie sie war, auf den Rand des Aschers. „Und trotzdem muss man immer und immer wieder neu beginnen", schaltete er sich ein. „Wie soll ich mich ausdrücken? Ich bin nur ein Arbeiter, ein Graveur von Beruf. Wisst ihr, was unsereinem passiert, wenn er krank wird? Der Arbeitgeber erwartet, dass er schnellstmöglich entweder in die eine oder die andere Richtung die Kurve kratzt, damit wieder klare Verhältnisse gegeben sind. Entweder top oder hopp! Im letztgenannten Fall findest du dich irgendwann, jedoch eher als dir lieb ist, mit einer mickrigen Sozialleistung ins Heer jener Arbeitslosen entlassen, für die es kein Zurück in den Beruf mehr gibt." „Aber es gibt doch seit langem den Kündigungsschutz", wandte Gisa halb zustimmend, halb skeptisch Gerhards brutaler Darstellung der Zustände gegenüber ein. „Sicher gibt es das. Sie warten ja auch, bis du wieder im Betrieb bist. Und dann: Peng, bei nächster Gelegenheit! Ich will damit sagen, entweder man rappelt sich nie mehr hoch, oder man packt es sofort an! Wir sind hier, wir wissen wie unser Ortsverein dasteht, auf was warten wir also noch?" Gerhard hatte mit seiner Ausführung neuen Elan in Erichs Herz gepflanzt. „Hunger ist das eine", memorierte letzterer. Ja so ist es, dachte Gisa. „Recht auf Leben das Weitergehende", fügte sie schnell hinzu. Erich lehnte sich zurück und sah verträumt an die spärlich ausgeleuchtete Decke. „Ich habe da so meine Gedanken", sagte er leise, ohne auf Gisas Zusatz einzugehen. „Unterbrecht mich bitte nicht. Lasst mich ausreden, bevor ihr eure Einwände macht und ihr werdet sie machen. Also hört zu: Es gab schon einmal in diesem Land eine sozialistische Bewegung und wenig später gab es die NSDAP. Statt sozialistisch, wofür das S steht, wurde in diesem Namen Wert auf das ‚nationalsozialistische Deutsche' gelegt. Arbeiter, Bauern, Studenten und Sonstige wurden vereinnahmt und gleichgeschaltet. Bei uns gibt es, das wisst ihr, zahlreiche Menschen, denen dieses Gedankengut gelegen käme." Erich sprach schnell, so dass weder Gisa noch Gerhard Zeit hatten zu überlegen, welche Idee als nächstes kommen würde. „Die Verdrossenheit über Gebilde wie die EU oder ganz allgemein die Angst vor der totalen Globalisierung könnte man ausnutzen." Aha, dachte Gisa! Aber bitte keine menschenverachtenden Verfolgungen. Und wo bleibt das Weltumspannende Soziale, das Sozialistische? „Es ist doch so", argumentierte Erich zielgerichtet weiter, „dass gerade die Menschen, deren Intellekt lediglich nach einem bescheidenen aber gesicherten Auskommen trachtet, Angst vor diesen als bedrohlich, weil nicht greifbar, empfundenen Gebilden haben." Erichs nach innen gerichteter Blick war in der Zwischenzeit in die Horizontale gewandert. „Solche Menschen lechzen doch geradezu nach einer charismatischen Person, einem Führer, dem ‚Führer', der ihnen Sicherheit vermittelt, indem er Entscheidungen gegen die Richtung des als gefährlich empfundenen zwischenstaatlichen Establishments trifft und diese auch durchsetzt."

Gerhards Oberkörper versteifte sich. Resolut stellte er die Kaffeeschale, die er gerade zum Mund hatte führen wollen, auf den Untersatz. „Raus aus der EU!", unterbrach er sarkastisch Erichs Ausführungen. „Ich finde, dass das ein Weg wäre, der in bestimmten Maße zum Wahnsinn führt. Er würde die geballte Macht derer auf den Plan rufen, die dabei etwas zu verlieren haben und das sind nicht wenige und vor allem sind es die Mächtigen im Hintergrund: allen voran die Lobby der international agierenden Konzerne, hinter denen wiederum noch mächtigere Fonds und dergleichen stehen. Ich bin nur ein einfacher Arbeiter, was ich will ist eine einigermaßen funktionierende, staatlich getragene soziale Gerechtigkeit."

Gerhard hatte sich in Rage geredet. Erich musste ihn notgedrungen gewähren lassen. Innerlich ein wenig verschnupft, lehnte er sich zurück. Oha, dachte Gisa in eine kleine Pause hinein, während der, so sah es aus, Gerhard seinen kommenden Gedanken den letzten Schliff gab. Und du warst immer der Meinung, dass ein Mensch der von seiner Hände Arbeit lebt, eine völlig unkomplizierte Sicht der Dinge hat. Besser könnte dein Papa auch nicht gegenargumentieren. „Die

zwei Worte: Sozial und Arbeiter, das bin ich", fuhr Gerhard
fort. „Und weil einige Andere, vor allem die Oberbosse in der
Zentrale auch so denken, deshalb habe ich mich in der SIA
wiedergefunden. Erich, was du predigst ist eine Art kleine
Anarchie in den obersten Etagen des Staates, ein gefährliches
Ausloten der Grenzen unter dem Motto: Was lassen sich
Verbündete gerade noch gefallen? Anarchie ist grundsätzlich
die schlechteste, weil mit am meisten menschlichem Leid
bestückte, aber zugegebenermaßen auch effektivste Form des
zunächst Zurück- dann aber gewaltigen Vorwärtskommens.
Auch das hatten wir schon einmal und wir werden die Schande,
die unser Volk damals auf sich geladen hat, wohl niemals aus
der Welt schaffen können."
Gerhards Ton wurde freundlicher. „Nein, mein Lieber! In diese
Richtung brauchen wir, abgesehen davon, dass die Zentrale nie
mitzöge, gar nicht erst weiterzudenken. Anarchie, und sei sie
auch noch so begrenzt, könnte nur entstehen und bestehen,
wenn diese Art zu handeln dem Volk, uns allen, ein echtes
Anliegen wäre. Erich, letzteres glaubst du doch selbst nicht!
Nein, und wirklich nein!"
Gerhard trommelte mit den Knöcheln seiner rechten Hand auf
die Tischplatte. „Das wird so nicht geschehen. Dazu geht es
uns allen viel zu gut. Ich schlage vor, wir lassen das Thema,
das übrigens ganz und gar nicht Parteilinie ist. Erich, es tut mir
leid. Aber was du gesagt hast, ist reines Stammtischgeschwätz
bar jeder Chance auf Umsetzung." „So ähnlich!", hörte sich
Gisa sagen. „Gerhard hat in allem recht, was er gesagt hat.
Auch mein Gedankengut, das ich irgendwann an den Mann, die
Frau bringen will, setzt eine grundlegende Umorientierung der
Menschen voraus. Recht auf Leben für Mensch und Tier!
Beides auf schnellstem Weg in die Gehirne der Menschheit
einzuimpfen, wäre wohl nur unter der Diktatur katastrophaler

Umweltzustände möglich. Soll ich deshalb sagen, Leute prasst weiter so? Nein! Meines Erachtens ist das, was mir letztlich vorschwebt..." Fordernd blickte Gisa abwechselnd von einem zum anderen. „...dann begonnen, wenn möglichst viele Menschen dazu gebracht werden, zum Beispiel bewusst auf etwas Bestimmtes, zum Beispiel eine ununterbrochen gegebene Standby-Schaltung zu verzichten oder statt einer elektrischen Birne mit Glühfaden eine Gaslampe zu kaufen. Oder aber statt eines Rinderbratens eine energiesparend hergestellte köstliche Salatplatte zu verzehren oder, oder... Letzteres aber ist im Gange."

Gisa sah fordernd auf ihre Gäste. Deren Körperhaltung signalisierte wache Bereitschaft zuzuhören. „Anhand des wohlschmeckenden Fleischgerichtes will ich auch gleich die Schranken solcher Energieeinspar-Bestrebungen aufzeigen", fuhr sie daher fort. „Fünfzig Prozent des Rindernachwuchses sind kleine Stiere. Für die Milchproduktion sind sie wertlos. Man kann sie auch nicht einfach in die freie Natur entlassen. Also wird man sie zu einem Zeitpunkt schlachten, zu dem es wirtschaftlich am günstigsten ist, immer in der Hoffnung, dass das Fleisch nicht nur zu billigem Hundefutter verarbeitet werden kann. - Was also wollen wir tun? Machen wir mit unserem, beinahe hätte ich gesagt, dämlichen Ortsverband, der leider demnächst bankrott sein wird, so weiter wie bisher, oder lösen wir das Ganze bei nächster Gelegenheit auf und geben damit die Verantwortung an die Zentrale zurück." So das musste gesagt werden, dachte Gisa, während sie sich erwartungsvoll zurücklehnte. „Was bleibt ist", stellte Erich nach einer bangen Minute sarkastisch fest, „dass allein der schnöde Mammon Garant für den Erfolg ist. Doch wo ist unsere zahlende Lobby? Ich sehe weit und breit keine."

Er sprang auf, machte einige nervöse Schritte und ging dann bedächtig ans Fenster. Er schob die Gardinen beiseite und starrte in die Nacht hinaus. In diesem Augenblick fühlte und litt Gisa mit ihm. „Ich habe fürwahr in meinem bisherigen Leben originelle Ideen gehabt", begann er leise. „Was ist aus ihnen geworden? Ich will es euch sagen. Ich bin auf der ganzen Linie gescheitert, weil es stets an der nötigen Knete gemangelt hat. „Also, was dann?", fuhr ihn Gerhard an. „Willst du wirklich weitermachen oder mitsamt dem gesamten Ortsvorstand zurücktreten, was willst du?" „Ich bin, kurz bevor ich zu euch kam, einer Sektiererin über den Weg gelaufen", versuchte Gisa die Situation zu entschärfen. „Die Frau stand am Rande des Platzes und hat stumm, aber für jeden der vorbeiging sichtbar, ihre Zeitschrift präsentiert. Diese Leute machen das seit Jahrzehnten!" „Ja, das ist Ausdauer und diese wurde, über all die vielen Jahre hinweg, auch mit mäßigem Erfolg dekoriert", pflichtete Gerhard bei. Wie zur Bestätigung, griff er sich die Tasse und nahm einen stärkenden Schluck. „Auch ich kenne und bewundere diese Menschen!", meldete sich Erich ins Gespräch zurück. „In jenen unseligen Jahren der NSDAP-Herrschaft hat man sie zu hunderten in die berüchtigten Konzentrationslager gesteckt, weil es ihr Glaube einfach nicht zuließ Dienst an der Waffe zu verrichten. Dort sind sie in übergroßer Zahl elend zugrunde gegangen. Erich wandte sich halb zur Seite und blickte Zustimmung heischend in Richtung Tisch. Ich frage, sind das deswegen Heilige oder sind es nur irregeleitete selbstzerstörerische Individuen? Und, was könnten wir erreichen, wenn wir so verfahren würden wie sie!"

„Leider können wir das nicht!", wandte Gerhard ironisch ein. „Die Gemeinschaft, von der wir gerade sprechenn, ist in der Zwischenzeit auch wirtschaftlich eine Macht. Die Mitglieder zahlen, im Gegensatz zu unseren, pünktlich ihre Abgaben. Erich, ich denke dieser kleine und feine Unterschied genügt, um dir ein für alle Mal die Augen zu öffnen. Ich für meinen Teil habe heute Schluss mit meiner Parteitätigkeit gemacht und wenn ihr gescheit seid, dann tut ihr es mir nach. Um dies publik zu machen, genügt die kleine Meldung: Ortsvorstand komplett zurückgetreten! Glaubt mir! Es wird sich niemand finden, der weitermachen und den Ortsverein am Leben halten will."

Schweigen lastete im Raum. Erich stand immer noch. Seine hohe schmale Gestalt, dazu das helle Haar! Gisa fühlte sich, obwohl er doch eigentlich gar nicht ihr Typ war, einmal mehr zu ihm hingezogen. Und du, dachte sie. Der kleine Zwischengedanke half ihr die Versuchung aufzustehen zu überwinden. Ein Wechselbad an Gefühlen überkam sie. Du hast dich in seiner Nähe von Anfang an wohlgefühlt, resümierte sie. Dass er dir über den Weg gelaufen ist, könnte ein Glücksfall sein. Gisa, mahnte sie sich, nicht übertreiben. Die Kerle taugen auf lange Sicht doch alle nichts! Halt, dachte sie. Ist dieser Gedanke nicht ungerecht gegenüber dem anderen Geschlecht? Auch gut! Also du blöde innere Stimme, dass du endlich Ruhe gibst: Wir Mädels haben auch unsere Fehler und Macken. Und will ein Kerl nur das eine, dann machen wir es ihm im Allgemeinen leicht, sofern er uns nur genügend antörnt. So Gisa und jetzt Friede.
Hat Erich dich überhaupt als Frau wahrgenommen, stellte sie sich unvermittelt die Frage. Sie fühlte wie ihr Nacken heiß wurde. Irritiert, nahm sie einen Schluck aus der Tasse. Ja! Nein! Wahrscheinlich nicht, denn du bist nicht der Typ, dessen Augenaufschlag beim anderen Geschlecht lange nachwirkt. Es könnte doch sein, dass du mittlerweile in seinen Augen so

etwas wie seine willige Sekretärin bist. Die Hitze kroch vom Nacken über die Kopfhaut auf ihre Stirn. Du bist ja verliebt, schalt sie sich. Nein, die wirklich große Liebe ist es noch nicht, versuchte sie sich zu beruhigen. Noch ist alles Gefühl! Wird er es erwidern? Wird er ganz selbstverständlich von dieser Stunde an deine Nähe suchen? Aufhören, schrie es in ihrem Inneren. Lass die Dinge doch einfach auf dich zukommen! Gisa, du kannst nicht! -Warum nicht? Weil du, nein, weil ich, Gisa, verliebt bin. Bravo, einmal mehr! Da kann was Schönes daraus werden. Und keine Freundin da, mit der man über alles Quatschen könnte. Nein der Mamma darfst du es, wenn sich mit der täglichen Hausmusik meldet, auf keinen Fall sagen. Dazu ist es viel zu kompliziert. Gisa glühte nunmehr am ganzen Körper. Sie merkte es nicht mehr. Fasziniert starrte sie auf Erich. Sie genoss seine, selbst in der Verzweiflung vorhandene, starke Ausstrahlung.

Erich begriff und genoss es schweigend. War ersteres Gedankenübertragung? Nachdenkliche Stille trat ein. Durch das geschlossene Fenster war der Straßenlärm zu hören. In jeder Beziehung schlecht isoliert, wie einfach ließe sich diesbezüglich Energie sparen, dachte Gerhard, der Gisas Ausführungen zur Abwehr eines Klimawandels in sich aufgenommen, aber noch nicht völlig verarbeitet hatte. Gisa wiederum liebte diese Geräusche. Wie Andere das Rauschen des Baches oder die in der Ferne tosende Brandung benötigten um sich wohl zu fühlen, genügte ihr dazu das gedämpfte von Hupen und Signalhörnern melodisch unterbrochene Brummen des Straßenverkehrs. Du hast vom Landbewohner zum Stadtmensch mutiert, schoss es ihr durch den Sinn, während sie ihr Gehör willig für die vielfältigen Geräusche der Straße offenhielt.

Gisa spürte über all ihrem persönlichen Glück ein klein wenig Wehmut. Du hast in deinem Leben schon einiges aufgegeben, dachte sie. Ein großes Stück deiner Kindheit, dann Michel und jetzt! Du wirst doch nicht an diesem blöden Ortsverband hängen, fragte sie sich unwillkürlich. Und alles wegen Erich? Was weißt du eigentlich von ihm? - Gisa stellte verblüfft fest, dass sie ihn trotz Verliebt-Sein sachlich anblicken, auf ein Signal von ihm warten und gleichzeitig das ganze bisherige Geschehen hinterfragen konnte. - Nichts, beantwortete sie die selbstgestellte Frage lapidar. Philosophie, politische Wissenschaften, für beides ist er eingeschrieben. Wer beschäftigt einen Philosophen, bei welcher Berufswahl ist ein Diplom in politische Wissenschaften dienlich? Abgeordneter vielleicht! Nachdem was heute gelaufen ist, wird daraus wohl nichts werden, schloss sie diesen Teil ab. Trotzdem verschwendet er einen Teil seines Lebens an diese Fachgebiete. Hallo Gisa! Denk an deine eigenen Pläne. Du studierst Tiermedizin und wirst dich sehr wahrscheinlich nicht in das gemachte Nest setzen. Nein! Tierärztin auf dem Land, dazu in Vaters Praxis einsteigen, das schmeckt dir im Moment doch überhaupt nicht. Bei dem Gedanken, der ihr gerade gekommen war, musste sie unwillkürlich schmunzeln. Und dann noch mit einem Philosophen als Mann! Oh Gisa! Schau nur, wie er dasteht! Wie war das doch mit Michel? Aus seinem Gehabe konntest du stets den Stolz auf den Stammbaum herauslesen. Und bei ihm? Oh, Erich du scheinst nur von deinen Gedankengängen zu irgendwelchen brotlosen gesellschaftspolitischen Themen zu zehren. Mensch, Mann, wenn du wenigstens ein wenig Humor zeigen würdest. „Komm her!", verlangte Gerhard in diesem Augenblick und beendete damit Erichs eigenbrötlerisches Schweigen. Erich folgte zögernd. „Ist dir etwas eingefallen?", erkundigte er sich, während er seinen Platz am Tisch einnahm.

„Wir Drei orientieren uns gerade neu", stellte der Gefragte lapidar fest.

„Hört, hört!"", mokierte sich Eric. „Was du machst ist klar. Du gehst in deine Arbeit und zementierst mit allerlei Lektüre dein gefundenes Weltbild weiter. Ich beschäftige mich für den Rest meines Lebens mit neuen Philosophierichtungen. Ich kann euch auch sagen, was mir dabei passiert! Jedes Mal wenn ich so ein Gedankengebilde aufgebaut und ausgeleuchtet habe, werde ich feststellen, dass kein Mensch sich dafür interessiert. Ein Jahr gute Arbeit bringt in der Fachzeitschrift vielleicht das Zeilenhonorar von zehn Druckseiten, vorausgesetzt ich habe das Glück, dass sich der Redakteur für meine Arbeit überhaupt interessiert. Nein! Ich bin gezwungen weiter politisch tätig zu sein und kann es mir daher überhaupt nicht leisten, den Ortsverband quasi aufzulösen. Ich muss politisch agieren. Erich stieß ein krächzendes Lachen aus. Wenn alle Stricke reißen, muss ich wohl oder übel irgendein hehres Ziel mit der Waffe, mit Geiselnahme oder mit Erschießen durchsetzen. Damit verkörpere ich die schlimmste Form der außerparlamentarischen Opposition und wenn es mir dazu noch gelingt mindestens zwei Mitläufer zu haben, bin ich nicht mehr Einzeltäter, sondern eine politische kriminelle Bande. Auf eine solche reagiert der Staat, wie die Vergangenheit gezeigt hat, mit einem Sonderstrafverfahren und damit ist mir eine lebenslange Strafe gewiss. Hi, Gisa und du Gerhard, macht ihr mit? Wenn wir es brutal genug anstellen, haben wir für den Rest des Lebens finanziell ausgesorgt. Wir sind dann die bestbehütetsten Menschen in diesem Lande. Jeder kennt uns von unzähligen Zeitungsartikeln. Wir sind berühmt. Wir verbringen unsere Tage, lesend und völlig stressfrei in der Zelle. Ich werde schreiben. Kein Staat traut sich einen Gefangenen mit Namen zu schinden. " Erich schwieg.

„Sprengen wir ein Finanzamt in die Luft. Am besten nachts, damit niemand verletzt wird!", schlug Gisa vor. Sie verstummte betroffen. Das eben war ihr nur so eingefallen. Sie hielt es für ausgesprochen blöd und genial zugleich. „Leute, ich hole jetzt eine Flasche Martini aus dem Kühlschrank und die köpfen wir! Diese Scheißstimmung lässt sich nur mit Alkohol im Blut ertragen", murrte sie. Gisa erhob sich. „Ja, mach nur!", pflichtete Gerhard bei. „Dann kann es noch ein recht gemütlicher Abend werden. Und wenn wir ordentlich besoffen sind, wird uns etwas einfallen, uns flotten Drei!" „Halt die Klappe!", brauste Erich auf. „Nicht dieses Thema!" „Ist ja gut", lenkte Gerhard ein.

Gisa hatte es ein wenig die Stimme verschlagen. Um dich auf diese Art Gespräch einzulassen, überlegte sie, kennst du Beide noch viel zu wenig. Ja, wenn nur einer zugegen wäre, vielleicht Erich..." Ein wenig verlegen über sich selbst, bremste sie diesen Gedanken gleich wieder aus. Nervös suchte sie nach den passenden Gläsern für den Martini.

Gisa kredenzte den Wermut. „Prost!", rief sie. Ihr Blick blieb lange in Erichs nachdenklichen Augen haften. Den kleinen Kelchbecher in der Hand hatte er sich zurückgelehnt. „Ja!", sagte er nach einer endlosen Weile in das Schweigen hinein. „Die Idee in den Untergrund zu gehen und von dort aus einen Paukenschlag zu setzen, hat etwas für sich. Terror verunsichert die Leute, schädigt das Wirtschaftsgeschehen und zwingt, wie bereits angedeutet, Regierungen zum Erfolg." „Ich frage mich schon", mischte sich Gerhard ein, „ob der Kampf für eine bessere Luft, eine Terroraktion rechtfertigt?" Erich sah ihn abwägend an. „Du hast recht und auch wieder nicht", sagte er. „Nichts stimmt Regierungen nachdenklicher, als wenn gebombt wird. Denken wir an New York, dem der Terror damals den Krieg erklärt hat. Die westliche Welt wurde aufgerüttelt. Die unmittelbare Folge war der Stellvertreterkrieg in Afghanistan." „Mit mäßigem Erfolg, wie die Jahre gezeigt haben, die seitdem vergangen sind", wandte Gerhard ein. „Den Begriff Taliban aber kennt jedes Kind", erklärte Erich." „Ja!", ergänzte Gisa aus tiefer Überzeugung. Von Erich strahlte eine Welle der Sympathie auf sie über. „So ist es", triumphierte er. „Ich glaube, ich habe bereits gesagt, wie wichtig es ist einen ‚Namen' zu bekommen. „Wir sind zwar nicht die Taliban und werden auch nie ähnlich mächtig sein. Wegen uns wird also auch kein Kampfflugzeug in den Himmel steigen. Einen Namen aber werden wir durch eine gezielte Aktion bekommen. Nun zu dir Gerhard! Wenn letztere auch nicht im Kampf für eine saubere Umwelt gerechtfertigt zu sein scheint, für den ‚Namen' ist sie es." Erich verstummte. Gerhard griff zu seinem Glas und nahm einen knappen Schluck. „Nein, das ist sie nicht!", stieß er hervor. „Können wir diese Wahnsinnsidee nicht einfach bis auf weiteres ruhen lassen und stattdessen einfach eine Umweltgruppierung mit dem Ziel der Schadstoffreduzierung ins Leben rufen. Dann lernen wir zunächst Leute kennen, aus denen wir zu einem späteren Zeitpunkt dann die aussuchen können, die für härtere Maßnahmen geeignet sind, es muss ja nicht gleich eine Bombe sein. Ich wüsste auch gar nicht, wo wir in absehbarer Zeit den notwendigen Sprengstoff herbekommen könnten." „Du stimmst also im Prinzip zu", nagelte Erich Gerhard fest. Gisa fröstelte trotz der wohligen Zimmertemperatur. So schnell kann aus einem spontanen Einfall eine handfeste Idee werden, dachte sie. Gerhard braucht jetzt nur noch 'ja' zu sagen. „Ja! Falls unbedingt nötig…", hörte sie ihn sagen. Wortlos prostete sie ihm zu. Erich schloss sich an. Alle Drei hatten das Gefühl etwas Entscheidendes angekurbelt zu haben.

In dieser Nacht wurde es spät. Über ihnen lag ein geheimnisvoller Zauber, der sie die Köpfe immer dichter zusammenstecken ließ. Kein Gedanke wurde zurückgenommen, neue produzierten sich sozusagen von selbst. Sie überboten sich gegenseitig in ihren Vorschlägen für den entscheidenden Tag X und den Weg dorthin. Pfiffig durchdachten sie auch die Gefahren, die ihnen vom Beginn bis zum Ende drohen würden. Sie versuchten einfach an alles zu denken.

Als die matte Wintersonne ihren nebelhaften Lichtschein über die Häuser scheinen ließ, waren die Pläne fertig und die ersten Schritte festgelegt. Die körperliche Müdigkeit sowie der Alkohol hatten entscheidend dazu beigetragen, dass alle Gedankenspiele zu einem unverrückbaren Bestandteil des neuen Bewusstseins geworden waren. Gisa fand alles gut. Sie war ausgelaugt aber glücklich, den Weg zu einem gemeinsamen Ziel vor Augen zu haben. Sie hatte sich auf die Bettcouch gelegt, nachdem ihre beiden Gefährten sich mit Küsschen verabschiedet hatten und mit gesenkten Köpfen in verschiedene Richtungen davongeschlurft waren. Der Raum war mit den Gerüchen der durchdiskutierten Nacht geschwängert. Es störte sie nicht. Sie lag und starrte an die Decke. Um auf andere Gedanken zu kommen und die für den Schlaf nötige Entspannung zu finden, dachte sie kurz an den Massagestab, den sie in der Kommode verwahrte. Doch dann schaukelte sich ein anderes Wunschbild auf. Sie sah vor ihrem geistigen Auge die Eingangstür ihres momentanen Domizils. Über der Haustüre war eine Bronzetafel angebracht. Gisa meinte, die Inschrift entziffern zu können. Ihr Name stand darauf, sowie das Datum ihres Ein- und Auszugs. Des Weiteren glänzte ihr ein längerer Text entgegen. 'Hier wurde im Jahre 2016 von drei Mitgliedern der SIA die NKF die ‚Neue Deutsche Klimafront' ins Leben gerufen.

Zufrieden schloss Gisa die Augen. Der Kampf, die Auseinandersetzung mit den Regierungen würde sich ihrer Eingebung zu Folge lohnen. Während sie hinüberdämmerte, erträumte sie für sich selbst kein besseres, sondern nur ein ausgefülltes Leben; ein Sein, angereichert mit Kampf gegen Michel und Konsorten, gegen die privilegierten Ja-Sager allgemein. Im Traum von ihrer neuen Welt war das Unterste nach oben gekehrt und das Intimste zerstört. Damit war es gelungen, den Menschen ein neues Bewusstsein der Bescheidenheit in die Gehirne zu pressen. Gisas Gebilde ging davon aus, dass nur mit bescheidenen, verschüchterten Menschen ein allgemeiner Verzicht durchzusetzen war. Aus den Gesprächen der Nacht hatte sie mit hinübergenommen, dass dazu Terror nötig war, der den Bürgern eklatant die Ohnmacht der bisherigen staatlichen Organe vor Augen führte. Letztere waren gestürzt und weit skrupellosere, jedoch mit hehren Zielen wie Schadstoffreduzierung ausgestattete, an die Macht gekommen. Der schlafwandlerische Weg dorthin sah keine Opferzahlen vor. Töten ist schlecht, spürte sie selbst jetzt noch. Der Tod war etwas Endgültiges. Er nahm die Spannung und lähmte bei großer Opferzahl sogar das Wirtschaftsleben. Keine Toten! Sachbeschädigungen, ja! So war es zuletzt ausgemacht worden. Selbst Erich hatte es unter der Last von annähernd zwei Promille nach außen hin akzeptiert.

Während sie mit gleichmäßigen Atemzügen schlummerte, überspielte ein Lächeln ihr Gesicht. Es war auch festgeschrieben worden, dass derlei gewichtige Aktionen niemals am Beginn der Unternehmung stehen durften. Gisa erwachte für einen kurzen Moment. Schlaftrunken überdachte sie ihre letzten Traumgedanken. Sie stützte kurz den Oberkörper mit ihren Ellenbogen, dann ließ sie sich wieder zurückfallen. „Ja!", hauchte sie, bevor die momentane Realität einer neuen und anderen Platz machte. Sie stellte sich vor, wie leicht es sein würde, für alles die nötigen Mitläufer zu finden. Ja, wir werden ihre abartigen Träumereien für uns einsetzen. So geht es, nur so! Dein Erich! Seine Idee: Man muss die Abartigen mit festem Zügel bremsen. Es bleibt noch genug Verheerendes übrig, auch wenn man Exzesse gezielt verhindert hat. Man muss den Lebenslustigen für kurze Zeit Angst machen und die minder Aufrechten am Ende der Kampagne durch Druck und Anreize umpolen. Dann schaden, wie verschiedene Regime in der Vergangenheit gezeigt haben, auch die wenigen ganz Aufrechten dem System kaum noch. Ja wir werden diese Wichtel benützen, jubelte es schlafwandlerisch in Gisa. Wir werden ihre abartigen Träumereien in gezielten Bahnen für uns einsetzen.

Gisa fühlte in dieser entscheidenden Traumphase, dass Erich in allem Recht hatte. Sie verherrlichte seine Gedanken. Auf dem Höhepunkt dieses Glücks erwachte sie erneut. Sie drehte den Körper zur Seite und stemmte ihre Füße gegen das Couchende. Ihre Zähne gruben sich fest in das Kissen. „Ja, ja, ja", frohlockte sie. Erschrocken warf sie sich auf den Rücken. Gehörst du am Ende selbst zu den Abartigen, durchfuhr es sie siedend heiß. Und wenn es so wäre, begehrte ihr immer noch glückliches Innere auf. Dich wird keiner verfolgen. Denk an die Tafel, die du im Traum gesehen hast. Du gehörst zum engeren Kreis, wirst Teil der Elite sein. Obwohl sie nach wie vor zutiefst überzeugt war, eine intakte Persönlichkeit zu besitzen, fand sie diese Vorstellung beruhigend. Kein Quatsch!

Mein Gott, bin ich müde, war das Letzte was sie zu denken vermochte, bevor sie endgültig in eine Tiefschlafphase verfiel, aus der nichts Weiteres mehr nach außen drang.

13.Kapitel

Entscheidende Beschlüsse, wie sie die vorangegangene Nacht gebracht hatte, sind nach ein paar durchschlafenen Stunden oft nicht einmal mehr die Hälfte wert. Gisa war alles andere als munter. Mürrisch und mit verquollenen Augenlidern lag sie auf der Schlafcouch und starrte an die Decke. Genug geträumt! Du müsstest aufstehen, überlegte sie und endlich den Schweinkram auf dem Tisch da wegräumen. Und auf die Toilette zum Pippi machen solltest du eigentlich auch. Na ja, der Druck ist im Moment noch auszuhalten. Lustlos blieb sie liegen. Fünf, zehn Minuten, während der Plafond nach ihrem Gefühl immer grauer und trister wurde. Die Situation änderte sich auf einen Schlag. als ihr Smartphone das Lichtzeichen gab und jene Melodie erklingen ließ, die ihr den Kontaktversuch eines anonymen Anrufers anzeigte. Neugierig klappte sie das Gerät auf und drückte den Gesprächsknopf. „Hallo!", meldete sie sich.

„Hallo, Gisa!"

„Ah Erich!" Sie war perplex. „Habe ich dir denn meine Nummer gegeben?", erkundigte sie sich halb interessiert, halb verärgert. „Nein! Aber ich habe sie mir von deiner SIA-Kartei geholt. Warum bist du denn so sauer?"

„Ich bin nicht sauer! Ich bin nur unausgeschlafen. Was willst du denn?"

„Ich möchte mich mit dir treffen. Am besten noch diesen Abend!" In Gisa erwachte zu gleichen Teilen die Hausfrau und die potentielle Braut. „Nicht vor zweiundzwanzig Uhr", erklärte sie mit Blick auf die Unordnung, die es zuvor noch zu bereinigen galt. Zweiundzwanzig Uhr ist eine hervorragende Zeit, überlegte sie, während sie elektrisiert auf seine Antwort wartete. Komisch, dass Spontaneinfälle meist auf Anhieb den Kern der Sache treffen. Bis dahin ist der Saustall hier aufgeräumt und es bleibt trotzdem noch genügend Zeit für das Vorgeplänkel. Gut, dass sich endlich wieder ein Mensch für dich interessiert. Erich ist jung und äußerst sympathisch. Sie hörte in sich hinein. Mehr als sympathisch, eine faszinierende Persönlichkeit ist er, korrigierte sie sich. Einer, der es wert ist. Wie lang ist das jetzt her mit Michel? Viel zu lang! Du bist beinahe schon zugewachsen. Sie sprang von der Couch. „Wieso so spät?", erkundigte sich Erich leicht vorwurfsvoll. „Du kannst auch sofort kommen1 – Aber dann musst du helfen den Saustall aufzuräumen, den die letzte Nacht in meiner Wohnung hinterlassen hat. Meine Idee ist, du besorgst ein Getränk und etwas zu knabbern und um zweiundzwanzig Uhr stehst du vor meiner Tür. Bitte, bitte! Wir haben nämlich sämtliche Vorräte aufgefressen.

„Einverstanden!"

„Also, bis später!"

„Bis später! Tschau!" Entschlossen drückte Gisa den Button. Oh Gott, dachte sie. Welch eine Unordnung! Und baden musst du dich auch noch und die Haare richten. Sie sah auf ihre Armbanduhr, denn auf die Stein-Uhr hatte sie sich noch nie verlassen können. War die Zimmerluft trocken, eilte das Ding der Zeit voraus, war erstere feucht, ging der Zeiger viel zu langsam. Halb sechs, stellte sie konsterniert fest. Gerade mal vier und eine halbe Stunde! Dann siehst du ihn endlich unter vier Augen, jubelte ihr Herz. Dann ist die Schweinerei in Ordnung gebracht und du bist gestylt. Mein Gott, wird er

Augen machen. So hat er dich noch nie gesehen. Ob er auch Blumen mitbringt? Margeriten! Du stehst auf Margeriten. Ach was! Da kommt er sowieso nicht drauf. „Mit Rosen im Arm braucht er überhaupt nicht antanzen", redete sie sich in die für den Beginn ihrer Arbeiten notwendige Rage.

Sie schaffte, was sie sich vorgenommen hatte. Gegen Einundzwanzig-Uhr-Dreißig war sie fertig. Fortan beobachtete sie durch die schmalen Schlitze des hängenden Badezimmer-Rollos, von Minute zu Minute ungeduldiger werdend, die Hauseinfahrt. Aus dieser hohlen Gasse, muss er kommen, deklamierte sie immer wieder für sich. Er muss, ja er muss! Erich du musst! Komm Erich, komm endlich! Herrgott! Ist es noch nicht zweiundzwanzig Uhr? Nervös hetzte sie mehrere Male vom Bad zum Wohnraum und zurück. Sie warf Kontrollblicke, verschob da einen Sessel und richtete dort einen Vorleger zu recht. Einundzwanzig-Uhr-Fünfundfünfzig! Sie entfernte sich ein letztes Mal von ihrem Ausguckposten, um sich schnell ein wenig Parfüm hinter die Ohren zu spritzen. Ihr Gehör war aufs äußerste geschärft. Da! Summte da nicht ein Motor in die Einfahrt! Sofort war sie wieder am Fenster. Fehlalarm! Hoffentlich, der letzte, dachte sie. Er soll sich ja nicht einfallen lassen, beim ersten Date zu spät zu kommen! Plötzlich klingelte die Türglocke. Dieses Schlitzohr, dachte Gisa. Er ist natürlich viel zu früh gekommen, hat seinen fahrbaren Untersatz irgendwo in der Nachbarschaft abgestellt und sich dann hinter der nächsten Straßenecke herumgetrieben. Du, an seiner Stelle hättest es wenigstens so gemacht, schränkte sie ein. Sie beschloss die näheren Umstände irgendwann im Lauf der nächsten Stunden zu hinterfragen. Vielleicht wenn wir entspannt im Bett liegen, dachte sie freudig. Gisa, schalt sie sich, du sollst doch nicht schon wieder den Tag loben, wenn er noch gar nicht gelaufen ist. Nach einem letzten Blick in den Garderobespiegel, nahm sie den Hörer der Sprechanlage von der Wand. „Ja, wer ist da?", meldete sie sich. „Ich bin es, Erich!", klang es ein wenig krächzend aus dem Lautsprecher. Oha, dachte Gisa. Er hat also auch einen kleinen Kloß im Hals. „Komm herauf!", bat sie, drückte den Türeinlassknopf und öffnete die Appartementtüre. Gebannt lauschte sie ins Treppenhaus hinaus. Jetzt müssten seine Schritte eigentlich doch schon zu hören sein, dachte sie. Schwer atmend kam Erich um die Treppenkehre. „Hi", presste er hervor, „das schlaucht den stärksten Neger." Er atmet zu flach, erkannte sie. Das ist die Erregung. „Komm herein!", forderte sie ihn auf. Erich drückte ihr ein Küsschen auf die Wange. Als sein Körper den ihren berührte, durchrieselte sie ein wohliger Schauer. Erich hängte seine Jacke ganz selbstverständlich auf den Haken. Sie war unterdessen ins Wohnzimmer vorausgegangen. Mit einem verlegenen Grinsen stand er kurz darauf in der Tür. „Willst du etwas zum Trinken?", überspielte sie die im Raum spürbare Beklemmung. „Ja, aber keinen Martini? Ich glaube, ich habe vorige Nacht zu viel davon abbekommen. Ein Wasser täte mir gut, sonst nichts!" Über welches belanglose Zeug reden wir als nächstes, schoss es Gisa in den Sinn, während sie die letzte Flasche Mineralwasser und zwei Gläser heranschleppte. Habe du nicht gebeten, er soll etwas zum Trinken mitbringen! Ist er etwa total blank? Nach seinen Reden von vergangener Nacht, wäre das nicht verwunderlich.

Als sie einschenkte, schmiegte sich ihr Busen an seine Schulter. Der sanfte Gegendruck tat ihr wohl. In seinen Augen war ein verlangender Schimmer. Sie glitt ganz selbstverständlich neben ihn. Es war um sie geschehen. Erich zog sie sanft an seine Brust. Seine Hände streichelten ihren Nacken, während seine Zunge ein sanft verlangendes Spiel mit der ihren trieb. Sie versanken ineinander. Jetzt muss es passieren, dachte Gisa, während sie seinem ungestümen Begehren nachgab und sich die Bluse über den Kopf ziehen ließ. Sie kniete sich über ihn und öffnete aufreizend langsam ihren BH. Verlangend lockte ihre Zunge zwischen den Lippen. Erich war bei ihr. Sie sank auf seinen Schoss. Raum und Zeit zerflossen.

Irgendwann, viel zu schnell fühlte Gisa, kehrte die Wirklichkeit zurück. Erich hatte sich aufgesetzt und trank mit langsamen Schlucken sein Glas leer. Sie lag langhingestreckt in seinem Rücken. Auch nicht besser als Michel, dachte sie, während sie sich ein letztes Mal wohlig räkelte. So jetzt wirst du aufstehen, wirst dir deine Klamotten greifen und dann ab unter die Dusche. Gedacht, getan! Erich schien überhaupt nicht mitzubekommen, dass sie ihn verließ. Als gäbe es nichts Anderes auf der Welt, beschäftigte er sich mit seinem Glas. „Ich geh jetzt unter die Brause!", sagte sie. „Du kannst anschließend!" Altes Ferkel, hatte sie halb kosend, halb vorwurfsvoll hinzufügen wollen. Es störte sie, dass er nicht von selbst danach verlangte. Sie verkniff es sich und verschwand. Die Tür ließ sie angelehnt. Sie drehte die Brause auf. Feine Düsen erzeugten wie immer Glückgefühl. War es stärker als das vorhin? Gisa dachte nicht darüber nach. Das Wasser perlte auf ihrer Haut. War da eben etwas, überlegte sie. J'ein, gab sie sich die Antwort. Sie hörte Erich husten. Ah, er, dachte sie. „Du, ich muss etwas mit dir besprechen", drang seine Stimme gedämpft an ihr Ohr. Gisa stellte die Wasser ab. „Was ist?", erkundigte sie sich. Erich stand neben ihr. Er setzte sich auf den Rand der Wanne und starrte unbestimmt auf die beschlagene Scheibe der Duschkabine. „Was ist?", wiederholte sie ihre Frage. „Nun, es ist so!", erwiderte er nach einer kleinen Gedankenpause. „Ich kann mich mit dem, was in der vorigen Nacht abgemacht wurde, nicht so recht anfreunden." Gisa steckte für einen Moment ihren Kopf aus der Kabine und sah ihn irritiert an. „Wieso nicht?", erkundigte sie sich. „Nun", begann er schleppend. „Ich bin noch immer der Meinung, dass wir militant sein sollten." „Was meinst du damit?", erkundigte sie sich, während sie das Wasser aufdrehte. Sie begann erneut feine Strahlen um ihren Oberkörper kreisen zu lassen. „Ich meine, wir sollten irgendwann ein Fanal setzen." „Erich! Bist du nicht zufrieden, mit dem was ich dir gegeben habe?"

„Das schon! Doch wirklich! Du warst echt lieb und gut warst du auch. Doch kaum habe ich mich regeneriert, schon ist er wieder da, dieser Gedanke. Ich glaube, es wäre das Beste, wenn wir uns an ein Atomkraftwerk wagen würden." „An ein Atomkraftwerk", erkundigte sich Gisa entsetzt.

„Ja, an ein Atomkraftwerk! Es ist doch so, dass jetzt wo in Bezug auf die Klimaerwärmung viele Völker hellhörig wurden und zu handeln begannen, die Regierungen das einfachste taten und sich anstelle einer neuen Dreckschleuder von Kohlekraftwerk einen Atommeiler hingestellt haben und dann noch einen, und-so-weiter. Wir sollten also zur Abschreckung einen dieser Energielieferanten in echte Schwierigkeiten bringen. Erst dann werden die Verantwortlichen total umdenken und voll auf Wind- und Sonnenenergie oder auf die Energie der Wellen im geschlossenen Raum setzen müssen." Gisa schaltete die Brause ab. Sie griff sich das Frottiertuch, schlang es um ihren Oberkörper und verließ die Kabine. „Abgesehen davon, dass ich noch nicht ja gesagt habe und wahrscheinlich auch nicht sagen werde", sagte sie. „Wie soll das gehen? Die Werke sind doch allesamt für alle möglichen und unmöglichen Vorkommnisse gesichert. Es gibt Schutzzäune, Schutzmauern und Sicherheitsschleusen. Wo willst du denn da ansetzen?" Sie sah ihn neugierig an. „Ganz einfach!", antwortete er leise aber bestimmt, während er den Blick auf die Wasserlache richtete, die sich zu ihren Füßen auszubreiten begann. Man muss den Zufluss zum Kühlsystem verstopfen."

„Den Zufluss zum Kühlsystem?"

„Genau den! Es ist doch so, dass die Meiler allesamt ihr Kühlwasser aus dem Fluss oder See, an dem sie errichtete wurden entnehmen und es, nachdem es die Aufgabe erfüllt hat, auch wieder dorthin abgeben. Bildlich gesprochen muss man also zum Beispiel eine genügend stabile Folie oder dergleichen auf den Wassereinlass stülpen und schon haben die im Werk ein Problem!" „Was heißt genügend stabil?", erkundigte sich Gisa irritiert und begann mit dem weichen Frotteetuch ihre Haare zu rubbeln.

„Nun! Der Ansaugdruck ist gewaltig. Hast du noch nie von den Ansaugunfällen in großen Schwimmbecken gelesen?"

„Wo jemand den Arm in den Abfluss gebracht hat und die Kraft der Retter nicht ausgereicht hat, diesen herauszuziehen?"

„Ja! Genauso muss man sich das beim Kühleinlass vorstellen. Aber ich kann mir ebenfalls vorstellen, dass wenn man eines der Metallboote, die regelmäßig bei Kraftwerken zu finden sind, mit der Öffnung nach unten im Zufluss versenkt und über den Kühlwassereinfluss schiebt, das ausreicht, um letzteren zu unterbinden." Eine verrückte Idee, einfach und genial, dachte Gisa und sie hat was für sich. Sie tat so, als widme sie ihre Aufmerksamkeit der Trocknung ihrer Ohrmuscheln. Du wärest da nie draufgekommen. Und wieso nicht? Weil du nicht so wahnsinnig bist, Menschenleben in Gefahr zu bringen. Nein

Erich, so lieb du vorhin warst und wahrscheinlich auch auf
Dauer sein kannst! Gisa, so etwas ist nicht dein Fall. Sie stellte
sich in Frottee eingehüllt vor den Spiegel und begann ihre
Haare zu föhnen. Die damit geschaffene Distanz zu ihm und
seiner Idee tat ihr gut. „Nein!", schrie sie und übertönte so den
Lärm des Gebläses. Sie schaltete den Föhn ab.
„Menschenleben, darf es nicht kosten", sagte sie ganz ruhig
und bestimmt. „Das ist ausgemacht und dabei bleibt es. An
einem Meiler herum zu manipulieren kann nicht gut gehen.
Was, wenn er durchgeht und eine ganze Landschaft mit
Dörfern und Städten, mit Menschen und Tieren in einem
Radius von zig Kilometern unbewohnbar wird? Wenn es auf
der Stelle zu tausenden von Toten kommt? Nein und nochmals
nein! Und wenn du nicht derselben Meinung sein kannst,
Schatz, dann geh am besten gleich!"

Erich stand wortlos auf und verließ das Bad. Kurz darauf hörte
Gisa die Wohnungstür ins Schloss fallen. Er war gegangen.
Auch recht, dachte sie. Merk dir eines, du Arsch! Einen
solchen Preis zahlt die Schneck, wie du mich in deinem Dusel
genannt hast, um der Liebe willen auf keinen Fall. So gut warst
du auch wieder nicht. Michel war meist weit besser. Ein wenig
Sehnsucht nach ihm, überkam sie. Sie föhnte ihre Haare
trocken, schlüpfte in den Trainingsanzug und begab sich in die
Kochnische. Am Bord neben der Spüle, saß sie mit geöffnetem
Vorhang im Rücken am liebsten, wenn sie nachdenken wollte.
Der Hocker war nicht bequem, aber er ermöglichte einen
einmaligen Blick aus dem Fenster über die Dächer der großen
Stadt. Steile Ziegeldächer; kiesbepackte Flachdächer; einzelne
Bürobauten, welche alles überragten und nur ihre
Fensterfronten präsentierten! Auch jetzt, mitten in der Nacht,
waren einzelne Fenster in diesen Arbeitstürmen noch

beleuchtet. Was mochte dort vor sich gehen? Vergnügte sich dort der sprichwörtliche Chef mit seiner Sekretärin, die kostümbewehrte Chefin mit ihrer männlichen 'Rechten Hand' oder wurde als Gegenleistung für eine kümmerliche, gedankenlos geäußerte Anerkennung einfach nur malocht. Wie weit willst du für dein Ziel gehen? Gisas Frage der Fragen, an diesem späten Abend! Gisa riss sich nachdenklich von der liebgewordenen Häuserlandschaft los, ging die zwei, drei Schritte in den Wohnraum und knipste das Licht aus. Sie ließ sich auf den Teppich fallen und streckte sich lang und breit aus. Doch sie musste sich vom ersten Moment an zu dieser Stellung zwingen. Sie ahnte allerdings, dass ein sich Zusammenrollen oder Bein anziehen, ihr jene Geborgenheit vermitteln würde, die sie im Moment nicht gebrauchen konnte. Sie wollte sich nicht schonen. In der Stellung, in der sie lag, wollte sie ihr Inneres nach außen kehren und eine, nein die Antwort finden. Gisa fühlte wie ihr Erlebnis mit Erich in weit in die Vergangenheit rückte. - Ein Atomkraftwerk sabotieren! Wie man bloß auf eine solch heimtückische, menschenverachtende Idee kommen kann? Gisa, sei ehrlich! Du könntest nicht einmal ein Messer gegen einen Mitmenschen erheben, geschweige denn eine Waffe, die auf Distanz vernichtet. Na ja, vielleicht in Notwehr, gestand sie sich mit leichtem Bauchgrimmen ein. Schließlich hast du ja eine Ausbildung zur Jagdberechtigten gemacht und dabei das Schießen gelernt. Sie dachte einen Moment an die letzte Treibjagd bei Michels Onkel, drängte den Gedanken jedoch sofort wieder zurück. Nein Mädchen, so nicht, entschied sie. Du gibst dir jetzt anstatt dessen in deiner Vorstellung den Befehl, auf einen x-beliebigen Menschen zu schießen. Gisa, wenn du das fertigbringst, dann wirst du dich noch einmal mit Erichs Idee beschäftigen. Wenn nicht, soll sie ein für alle Mal für dich erledigt sein. Sie spürte den schmerzhaften Druck in ihrem Rücken. Doch sie zwang sich, ihre Stellung beizubehalten.

Ja, du schießt! Der Gedanke war ihr sozusagen aus dem Nichts heraus zugeflogen. Sie fühlte, dass sie, so als sei alles entschieden, aufstehen wollte. Sie hielt sich zurück. So einfach ist es nicht, dachte sie. Schießen bedeutet Leid. Spürst du deinen Rücken, fühlst du die Schmerzen? Bedenk, dass es nur ein Bruchteil dessen ist, was deinem Opfer widerfahren würde! Also, du schießt? „Nein!", stöhnte sie. Sie zwang sich weiter am Boden auszuharren. Warum muss man eigentlich schießen?

Weil es der einzige Weg ist, diese Gesellschaft, die immer erst dann handelt, wenn es zwölf Uhr ist, aufzuschrecken. So denkt Erich, so denken auch noch andere! Und, du? Angenommen, du richtest zu diesem Zweck eine Waffe gegen einen Mitmenschen! Wie geht es dir, nachdem du abgedrückt hast? Schlecht, gestand sie sich unumwunden ein. Was ist denn eigentlich an der Gesellschaft so miserabel? Es gibt zahlreiche Michels. Ja, aber es gibt doch auch Erichs? Gisa, bleib dir mit dem vom Hals! Es gibt ja auch genügend Andere, solche wie dich zum Beispiel! Nur weil du Du bist, bist du also gut?! Gisa stell dich nicht darüber. Du machst mehr Fehler als dir lieb sein kann. Gerade weil das so ist, darfst du dich in deiner Antwort nicht irren. Kannst du es vertreten, Dinge mit Waffengewalt verändern zu wollen? Oder musst du in der Konsequenz, wenn du alle friedlichen Mittel erschöpft hast, jede Katastrophe, so auch das Ignorieren des weltweiten Hungers als gegeben hinnehmen?
Schießen ist etwas Schlechtes, wehrte sich ihr Gefühl erneut. Also mach etwas Anderes. Wenn man meint die eigenen Mittel sind erschöpft, so sind sie es nur im Moment. Schon in der

nächsten Sekunde kann sich eine neue Lösung auftun. Sei ein gewaltloses Vorbild, so wie Mahatma Gandhi, der die Obrigkeit mit seiner gewaltlosen Sturheit zur Verzweiflung gebracht und eine große Anhängerschaft um sich geschart hat. Seinen Weg zu gehen braucht Zeit, überlegte sie. Ja, und dann müsstest du dein ganzes Leben vorbehaltlos in den Dienst dieser einen Sache stellen. Gisa, willst du das wirklich? Kannst du es überhaupt? Schießen ist einfacher, beschloss ihr von diesem Abend überreizter Geist. Schießen, ist ein Fanal! Man macht es und schon muss die Obrigkeit handeln. Ja, und nachdenken, was schiefgelaufen ist, muss sie auch.! Gisa, du könntest nunmehr im Grunde genommen aufstehen. Du hast dir soeben eine Antwort gegeben. Du würdest es also machen? Ihr Oberkörper bäumte sich auf. Ja, dass endlich Ruhe ist, wies sie sich die Richtung. Zumindest könntest du mit Erich mitlaufen. - Ja, das eher! Er ist doch gar kein Arsch. Er hat eine Menge kluger Gedanken. Er ist doch allemal besser, wie dieser spießige, die Vergangenheit verherrlichende Michel. Du wirst Erich also folgen? „Ich bin jung und ungeduldig!", schrie Gisa auf. „Ich kann nicht warten... Kann nicht...Kann nicht!" Ihr Schreien ging in Schluchzen über. Gisa, wirst du dafür geradestehen? Ja! – Mein Gott! Sollte ich mich irren, werde ich dafür bezahlen. Gisas Körper zuckte, als würde er gegeißelt. Dabei hatte sie tief im Innersten die Idee, dass nichts so heiß gegessen wird, wie es gekocht wird. Sie war zu jung um Theorie und Praxis völlig auseinander halten zu können. Und schließlich war da auch noch Erich, der beinahe Fallengelassene und Wiederauferstandene. Erich wusste wo's lang ging.

Das Gedankengewitter hatte sich verzogen. Gisa erhob sich langsam, machte Licht und begab sich zum Couchbett. Sie war bereit. Die Bindung an Erich, dieser stündliche, tägliche Gefühlssalat hatte sich als stärker wie alle ihre Bedenken erwiesen.

14.Kapitel

Ist er nicht goldig, dachte Gisa. Erich war mehr oder minder bei ihr eingezogen und das obwohl sie bisher über ihn praktisch nur das wusste, was sie in der Zeit davor zusammen erlebt hatten. Sie kannte weder seine Familie noch seine früheren Freunde, noch wovon er seinen Lebensunterhalt bestritt. Doch das, was sie zusammen erfahren hatten, gab ihr ein gutes Gefühl und daher war ihr im bisherigen Leben nur einmal enttäuschtes Vertrauen in das andere Geschlecht grenzenlos. Sie sehnte sich, uneingestanden, nach häuslicher Geborgenheit, ganz nach dem Vorbild ihrer Eltern. Erichs Wohnung war zwar größer, allerdings wäre es ihr nicht einmal im Traum eingefallen, dort zu leben. „Es wird mir kein zweites Mal passieren, dass ich wegen einem Mann und sei er noch so goldig die eigenen vier Wände aufgebe. Das mit Michel war mir eine Lehre", war diesbezüglich ihre stereotype Aussage.

Erich stand am Küchenbord und mühte sich mit den Karotten ab. Er hatte sie gewaschen. Jetzt schabte er sie mit der Schneide des Küchenmessers glatt. Gisa sah ihm vom Wohnraum aus zu. Das hätte man auch anders herum machen können, fiel ihr ein. Erst schaben und dann waschen! Sie wunderte sich selbst, dass die falsche Reihenfolge bei ihr nur ein Schmunzeln erzeugte. Michel hättest du dafür niedergemacht, überlegte sie selbstkritisch. Gisa, sei ehrlich! Am Anfang deiner Beziehung zu ihm, hättest du es ihm

ebenfalls durchgehen lassen. Das heißt doch: Du bist neu
verliebt.

Interessiert sah sie zu, wie Erich eine Glasschale aus dem
Hängeschrank nahm, das bereitliegende Reibeisen auf das viel
zu kleine Gefäß setzte und mit mächtig Druck die erste Karotte
schnetzelte. Bitte, bitte, seufzte sie still, als nur noch ein kleines
Stückchen übrig war, Erich, behalt deine Fingerkuppen und
reib sie dir nicht weg. Vor ihrem inneren Auge sah sie bereits
das Blut spritzen. Doch Erich löste auch dieses Problem
elegant, indem er den mickrigen Rest von dieser und den
folgenden Rüben in den Mund schob und verspeiste. Gisa sah,
dass allmählich der Zeitpunkt kam, an dem die Glasschale beim
besten Willen nichts mehr aufnehmen konnte. „Du kannst
aufhören mit der Reiberei", beeilte sie sich zu rufen. „Du musst
ja auch noch einen halben Apfel dazu reiben und schließlich
das Ganze mit einem Schuss Essig und mit süßer Sahne
verfeinern. Wie willst du es durchmischen, wenn es jetzt schon
bis an den Rand steht?" Erich sah irritiert zu ihr nach hinten.
„Ich sehe es selbst", entschuldigte er sich. „Aber ich dachte die
Schüssel ist groß genug. Jetzt muss ich wohl eine größere
nehmen."

„Ja, tu das, Liebling!"

„Soll ich wirklich? Ich meine, macht es dir nichts aus, wenn ich
noch ein Gefäß verschmutze!"

„Nein! Wozu habe ich denn eine Spülmaschine?" Schau, schau,
dachte Gisa, während sich ein wohliges Glücksgefühl in ihrem
Körper ausbreitete. So nachsichtig warst du bisher doch mit
kaum jemand. Wenn er nur nicht dies abstrusen Ideen hätte.
Gestern Abend zum Beispiel! Es war geradezu typisch für den
inneren Konflikt mit der Gesellschaft, in den er sich verrannt
hat. Erst will er die Ausstellungsvitrine von Knauer und
Sachse, Waffen en gros, plündern, um dann maskiert mit einer

der erbeuteten Pistolen eine Bank zu überfallen und dabei auch noch eine Geisel nehmen, ja sie eventuell sogar zu töten. Gisa schauderte. Gewiss nur Gedankenspiele, versuchte sie sich zu beruhigen. Aber denk daran, wie brutal er dich danach zu nehmen versucht hat! Von Zärtlichkeit zunächst keine Spur. Die kam erst, als der erste Dampf bei ihm heraus war. Gisa, Gisa! So sehr du Erich liebst, so sehr wirst du dich vor ihm und seinen Ideen in Acht nehmen müssen. Er will mit geraubtem Geld Gutes erreichen, indem er damit die Werbekampagne gegen den Hunger und nunmehr auch gegen die Klimaveränderung in Gang hält. Das ist doch aberwitzig. Aber wieso hast du ihn nicht unterbrochen, sondern ihm bis tief in die Nacht hinein interessiert zugehört? Wieso hast du die kleine Gewaltorgie, als er sich brutal auf dich wälzte und noch brutaler in dich eindrang, geduldet und bist dabei sogar noch zum Höhepunkt gekommen? Ein leichtes Gefühl des Unbehagens strich ihr über den Rücken. Gisa, Gisa! Ist das derselbe Tollpatsch, der soeben ungelenk versucht in kleinen Portionen tausende von Schnitzelchen mit der Gabel von einem Gefäß in das andere zu bringen. Dort der brutale Revolutionär und da der dilettantische Umstandskrämer! Ist das ein und dieselbe Person? Erich, was bist du? Bist du brutal oder neigst du dazu in deiner Hilflosigkeit umgänglich zu sein? Oder entsteht ersteres aus letzterem? Gisa beantwortete die Fragen nicht. Ihre Gefühle für ihn drängten sie stattdessen dazu, ihm bei der weiteren Zubereitung des Salates liebevoll an die Hand zu gehen. Soweit Gisa!

*

Wie aber stand es zum nämlichen Zeitpunkt mit Herf? „Kein Mensch kann sich vorstellen, wieviel Zeit man benötigt, um brauchbares Präzisionswerkzeug herzustellen", knurrte er

halbwegs zufrieden vor sich hin. Er befand sich in seinem
kleinen Reich, wo in Augenhöhe die Schraubenschlüssel, nach
Größen sortiert, zwischen jeweils zwei eingeschlagenen
Nägeln, am Balken hingen und wo auch sonst alles vorhanden
war, was nicht nur des Bastlers sondern auch des Profis Herz
zufriedenstellen konnte. Die hinter der Werkbank sauber an die
Wand montierte Elektroleiste mit acht Steckdosen für Normal
und zwei für Starkstrom, vermittelte am besten den Eindruck
von Herfs Sinn für Ordnung.
Hemdärmelig stand er vor dem, was er in den vorangegangenen
Wochen geschaffen hatte. In der Ecke bullerte der eiserne
Ofen, ein Relikt, das vor Einbau der Heizkörper das
Wohnzimmer geziert hatte. Herf presste seinen Bauch an die
dicke eichene Arbeitsplatte, während seine Augen die Konturen
seiner Schöpfung nachzogen. Seine Sinne schwelgten in
Erinnerungen: Da ist in erster Linie das Material. Es ist
härtester Stahl und doch bar jeder Sprödheit. Herf sah hunderte
von Zeichnungen, die er angefertigt und stapelweise in den
Ofen geschoben hatte, bis endlich die eine entstanden war, mit
der er sich zufriedengeben konnte. Sie zeigte ein Meisterwerk.
Auf ihr lag im Moment das fertige Ganze, das Werkstück. Herf
war voll innerem Glück. Er konnte nicht länger an sich halten.
Vor Freude begann er zu hopsen, wobei er die Hände vor die
Brust zog. Wäre er nicht auf und niedergehüpft, hätte er
ausgesehen wie ein Hund, der Männchen macht.
Dieses Verhalten war seit Tagen, nämlich seit ein Ende
abzusehen war, dasselbe. Da die Türe verschlossen und das
große Fenster verhängt war, hatte kein Mensch eine Chance
gehabt, etwas mitzubekommen. Zu den Zeugen zählte lediglich
eine kleine Kolonie Fledermäuse, die in der linken Firstecke
des geräumigen Baus geschützt durch mehrere Bretter, ihr
Quartier hatte und wegen der grellen Beleuchtung im Inneren

der Werkstatt trotzdem oft erst nach Mitternacht nach draußen raschelte. Herfs Arbeitswut hatte den Tag-Nacht-Rhythmus der Tiere in den vorangegangenen Wochen gehörig durcheinandergewirbelt. Herfs Ansicht nach entschuldigte das gelungene Werk diese und jede andere geschehene Störung. Mit den Belangen der Mausohren hatte er sich nämlich gleich zu Beginn seiner Arbeiten gedanklich auseinandergesetzt. An seine Elli hingegen hatte er diesbezüglich während der vergangenen Wochen kein einziges Mal gedacht. In seiner Werkstatt fühlte er sich solo.

Was er geschaffen hatte, sollte in nicht allzu ferner Zeit dazu beitragen, ihn mächtig werden zu lassen. Das Ding war ein zusammenlegbarer und dadurch transportfreundlich gestalteter Schraubenschlüssel. Auseinandergefaltet besaß der Querbalken die Form eines 'T' mit stumpfem, weil kurzem Fuß. Er ließ sich, sofern man die im Inneren des Rohres liegende Verriegelung öffnete und die Seitenenden nach oben umklappte, um die Hälfte kürzen. Man konnte das fußstumpfe T aus dem Längsrohr ziehen und hatte dann zwei selbständige Werkzeugteile. Des Weiteren bestand die vierkant Längsachse, an deren unteren Ende der Steckschlüssel angeschweißt war, aus zwei ineinandergesteckten Hälften. Sie ließ sich daher ebenfalls auseinandernehmen. Das Werkzeug war wirklich handlich. Beim Transport beanspruchte es, gefaltet und in seine Einzelteile zerlegt, nur den Raum, den Herfs seit Jahrzehnten ausgedienter Trompetenkasten bot. Bleibt zu erwähnen, dass es den eigentlichen Inhalt des letzteren schon seit jenem Abend nicht mehr gab, an dem der Dirigent der Dorfkapelle zum wiederholten Mal festgestellt hatte: „Herfi sei mir nicht böse. Ich will dich auch nicht verletzen, aber du lernst das Trompetenspiel nie." Herf war nach der Probe davongeschlichen. Auf dem Heimweg hatte er dann seine dem

Kasten entnommene ‚Sehnsucht' wegen der nicht erwiderten ‚Gegenliebe' an Straßenbäumen zerschlagen. Den Kasten hatte er behalten. Damals war er um die Sechzehn und noch ungestümer gewesen als zur Zeit des obigen Geschehens.

Der Schlüssel war ein Meisterwerk an Präzision. Die Scharniere des Querbalkens waren auf den Zehntelmillimeter genau gearbeitet und äußerst leichtgängig. Die Verriegelung schnappte exakt und leise. Der Querbalken ließ sich bequem einschieben oder herausziehen, besaß jedoch keinerlei Spiel. Am Werkzeug war weder eine raue Stelle noch eine scharfe Kante zu finden. Kein Büchsenmacher hätte mit all seiner Erfahrung in Bezug auf Präzision eine bessere Arbeit liefern können. Ja, Herf konnte wirklich zufrieden sein. Er war es auch.

Gisa sah Erich bei der Essenszubereitung zu, während Herf zu gleicher Stunde daranging eine Art Generalprobe zu veranstalten. Die geeignete Stelle hatte er längst ausgespäht. Diese befand sich am Waldrand, etwa zwei Kilometer vom anderen Ortsende entfernt. Dort wurden in den frühen Fünfzigern des vergangenen Jahrhunderts, als kleine und kleinste Unternehmen wie Pilze aus dem Boden schossen, in eiligst aus Wellblech zusammengeschraubten Hallen Motorroller gebaut, die den klangvollen Namen Bianca trugen. Der Unternehmer, ein Kaufmann aus dem Sudetenland, war eines schönen Tages mit seinem Kleinlaster mit Holzvergaser, auf dessen Ladefläche er eine Werkbank und noch einige andere, von den Besatzern irgendwo demontierte und dann wieder beiseitegeschobene Maschinen geladen hatte, an besagter Stelle hängengeblieben. Er beschloss dort zu bleiben.

Für ihn war es egal, wo er anfing. Wichtig war nur, dass er überhaupt begann. So schlecht war der Platz nicht. Bahndamm und Straße lagen eng beieinander.

Die Bahnstrecke war erst während des zweiten Weltkriegs unter unmenschlichen Bedingungen von Kriegsgefangenen, die bei Anbruch der Nacht wie Schafe in einen Stacheldrahtbewehrten Pferch getrieben wurden, zweigleisig ausgebaut worden. Gegen Ende des Kriegs waren die Häftlinge dann abgezogen worden. Sie hatten sich in der wiedergewonnenen Freiheit zivilisierter benommen, als man es, nach all dem Leid, das ihnen widerfahren war, erwarten konnte. Im Lauf der folgenden Jahre, war die Baustelle und das Gelände um sie herum, völlig in Vergessenheit geraten. Dazu hatte mit beigetragen, dass das gesamte Gebiet noch im letzten Kriegsjahr zum militärischen Übungsgelände erklärt worden war und sich nunmehr im Besitz des Staates befand.

Als der Unternehmer eintraf, gab es keine Militärübungen mehr. Kein Mensch hatte etwas dagegen, dass der schaffensfrohe Mann, nachdem er wochenlang Stacheldraht, Blech und Steine zusammengeschleppt hatte, um die Erlaubnis einkam, sich an dieser Stelle niederlassen zu dürfen. Jeder im Lande, das galt sowohl für Einzelpersonen als auch für kommunale Verwaltungen, hatte genug mit sich selbst zu tun. Man kümmerte sich in erster Linie um Menschen, die den eigenen Weg kreuzten, denn die Kommunikationsmöglichkeiten beschränkten sich in den Dörfern auf einige wenige Telefonapparate sowie den zeitraubenden Gedankenaustausch mittels Briefpost. Unter diesen Bedingungen war das Werk entstanden, hatte Arbeitsplätze zur Verfügung gestellt, war gewachsen, hatte einen Gleisanschluss bekommen und hatte Höhen und Tiefen erlebt. Herf hatte das meiste miterlebt. Auch er hatte daran gedacht eine Bianca, ein monströses untermotorisiertes Gefährt, zu kaufen. Sie war damals sein Idealbild von einem Fahrzeug, das er sich gerade noch hätte leisten können. Er konnte seinen Wunsch nicht in Erfüllung gehen lassen, denn ihm fehlte die nötige Fahrerlaubnis. So oft er in den Jahren danach zurückdachte, warum er den Führerschein nicht gemacht hatte, kam er immer wieder zum selben Punkt. Herf, du hast dich schon damals gescheut und du scheust dich im Grunde deines Wesens noch immer, dich mehr als unbedingt nötig auf die Probe stellen zu lassen. Weil das so war, war er halt weiter mit dem Zug gefahren.

Dann kam eine Periode, während der nur wenige Pendler den Zug benutzten, sodass man morgens und abends bequem seinen Stammplatz im immer gleichen Waggon einnehmen konnte und einen die immer gleichen Gesichter begrüßten sowie verabschiedeten. Beinahe jeder hatte sein eigenes Auto, nur Elli und er hatten keins. Mit der Zeit aber füllten sich die Vorortzüge wieder. Autofahren war nichts Besonderes mehr, sondern etwas ganz Alltägliches, welches teuren Sprit kostete und nahe der Großstadt vor Verkehrsampeln sehr häufig zum blanken Horror wurde.

Die Arbeiter der Rollerfabrik erlebten diese Zeit bei anderen Arbeitgebern. Mit dem Auto war das Aus für die Zweiräder einhergegangen. Der Unternehmer stellte sich auch dieser Herausforderung. Er wechselte mit Hilfe der Banken in den Wohnanhängerbau. Es gelang auch dieses Mal nicht auf Dauer. Die Großen in diesem Sektor nahmen ihm die Kundschaft weg. Er hatte versäumt, sich rechtzeitig zu verbünden. Vielleicht war auch er ein Eigenbrötler genau wie Herf. Vom Neuanfang bis zum endgültigen Niedergang vergingen einige Jahre. Danach verfiel die Anlage beinahe ebenso rasant wie sie errichtet worden war. Der Gleisanschluss, ein Schandfleck mitten im

Wald, führte unter einem verrosteten, mit einer Kette und einem altmodischen Vorhängeschloss versperrten Gittertor hindurch und endete schließlich zwischen Schutt und umherliegendem Gebälk.

Für Herf war es der rechte Ort. Ihn plagte das schlechte Gewissen. Von Elli hatte er sich mit der fadenscheinigen Ausrede verabschiedet, er wolle den Kollegen ein weiteres Mal besuchen. „Lad ihn doch einfach mal ein!", hatte sie ihn, als er zum Gehen bereit unter der Türe stand, arglos aufgefordert. „Ja, ja!", hatte er gemurmelt. „Aber er ist ein durch und durch häuslicher Mensch, einer den keine zehn Ochsen aus seiner Bastelstube bringen. Er wird mir sicher einen Korb geben." Komisch, wie leicht dir diese Notlüge über die Lippen gekommen ist, durchzuckte es ihn. Er machte sich Vorhaltungen. Du bist beinahe ein alter Mann, dachte er und hast nicht einmal den Mumm deiner Frau zu sagen: So ich gehe jetzt vor die Türe. Erwarte mich nicht vor zwei Stunden! Das wären die richtigen Worte gewesen. Was aber hast du gemacht? Du hast bereits zum zweiten Mal von einem Freund gegackert, den es gar nicht gibt und damit erneut den Grundstock für eine endlose Lügerei gelegt.

Herf hieb mit der Schuhspitze ärgerlich nach einem Fichtenzweig, den der letzte Sturm herübergeweht hatte. Das schaut ja sauber aus, ärgerte er sich, als er sich dem Wald mehr und mehr näherte. Überall abgerissene Äste und weggefegte Gipfel, was selbst im schwindenden Abendlicht noch gut zu erkennen ist. Du kannst dich nicht erinnern, dass du in deiner Kindheit jemals solche Zerstörung gesehen hast. Gewiss: Herbst und Winterstürme hat es auch gegeben. Man hat sie wenigstens so genannt. Wenn du das hier siehst, dann haben jene den Namen allerdings nicht verdient. Sie haben deinen selbstgebastelten Papierdrachen lustig im Wind pendeln lassen, doch keiner von ihnen war so stark um ihn zu zerstören. Herf erinnerte sich, wie er die Schnur um das leichte Holzkreuz gespannt und anschließend das Papier auf das entstandene Viereck geklebt hatte. Es war ein besonderes Papier gewesen. Jedes Jahr zu Herbstbeginn konnte man es beim einzigen Krämer im Ort für ein bisschen Taschengeld kaufen. Es war ziemlich steif und ließ trotzdem die Sonne durchscheinen. Du hast immer rot gewählt, blau oder grün wolltest du nicht, erinnerte er sich stolz. Deine Drachen sind wunderbar gestiegen. Nicht zuletzt auch deshalb, weil du die Schwanzlänge bei jedem Neubau sorgfältig bestimmt hast. Nicht zu kurz, denn dann hätte die Stabilität beim Aufstieg gelitten und nicht zu lang, denn dann wäre das Gerät zu schwerfällig geworden. Ja, Herf, du warst von Kindheit an Tüftler.

Herfs freie Hand koste wohlgefällig über den Geigenkasten aus seinem Rückzugsort, der sein Werkzeug barg. Er drückte ihn mit dem Oberarm eng an seine Seite. Ja, Alter, nahm er seinen ersten Gedanken wieder auf. Es ist schon so, die Stürme sind weit heftiger und vor allem zahlreicher geworden. Allenthalben liest man, dass letzteres mit einer vom Menschen verursachten Klimaveränderung zusammenhängt. „Pah!", stieß er hervor, während er sich nach einem liegengebliebenen Ast bückte und ihn auf die Seite räumte. „Klimaveränderung!" Auch so ein Schlagwort, erboste er sich im Stillen. Erst geschieht jahrzehntelang diesbezüglich überhaupt nichts. Ganz im Gegenteil! Es wird von höchster Stelle im Staat beruhigt und nochmals beruhigt. Dann plötzlich hat Jedermann, allen voran aber die Politiker, das Schlagwort im Mund und dazu noch eine Menge Ideen, was auf der Stelle zu machen sei. Was sollst du davon halten? Nichts, entschied Herf. Ist es wirklich kurz vor oder nach zwölf, dann fällt den Regierenden ganz bestimmt eine Maßnahme ein, für die du als einfacher Mann dann blechen darfst, weil alles Neue bekanntlich Geld kostet.

Grimmig hielt Herf auf den Wald zu. Rasch umfing ihn andächtige Stille und ein sanfter Lufthauch geleitete ihn auf dem lauschigen Weg durch die Dunkelheit zu seinem Ziel. Je näher er kam, desto intensiver begann er seinen Körper zu spüren. Dein Atem geht regelmäßig, Schweiß ist weder warm noch kalt vorhanden und Schmerzen hast du ebenfalls keine, urteilte er. Und das Wichtigste: Dein Puls bleibt im normalen Bereich. Doch noch stehst du nicht neben den Schienen! Keine Angst, Herf! Es wird kein Zug kommen. Was beim letzten Mal geschehen ist, wird sich heute nicht wiederholen. Oder hängt dein momentanes Wohlbefinden auch ein wenig damit zusammen, dass dir ein großartiges Werkstück gelungen ist, fragte er sich unwillkürlich. Vielleicht!

Herf schritt zielbewusst voran, bis ihm eine Lichtung entgegendämmerte. Aha, die Fabrikanlage, stellte er zufrieden fest. Herf, alles läuft nach Plan.

Das verschlossene Tor hätte ihm Schwierigkeiten machen können, machte es aber nicht. Irgendwann vor Jahren hatte jemand ein hüfthohes Loch in den Maschendraht geschnitten und so bog seither ein festgetretener Pfad mit einzelnen noch sommergrünen Brombeerranken zu diesem Durchlass hin ab. Herf machte den Rücken krumm und schlüpfte hindurch. Er war fast am Ziel. Ein Hochgefühl überkam ihn. Heute wirst du es ausprobieren. Es wird funktionieren und dann wirst du irgendwann den Meilenstein deines Daseins setzen. Du wirst mit der Welt, die dich mit ihrem Lärm und ihren Ungerechtigkeiten sekkiert abrechnen. Du wirst dich rächen. Erst wenn dies geschehen ist, wirst du Ruhe haben. Zwei, drei Tage wird es dann dauern bis die Züge wieder fahren können.

Es werden echte Urlaubstage für Elli und dich sein. Du weißt selbst am besten, wie sehr du solche Tage brauchst. Schon am zweiten Tag wird ein Phantombild von dir durch den Blätterwald rauschen, meldete sich eine unangenehme Stimme in seinem Inneren. Ganz gewiss wird das geschehen. Es gibt genug Menschen, Wichtigtuer oder solche, deren reiche Fantasie ihnen einen Täter eingibt, sodass sie schließlich auf Ehr und Seligkeit behaupten können, dass er so und nicht anders ausgesehen habe müssen. Dass er männlichen Geschlechts ist, nimmt ohnehin jeder an, dachte er. Doch bis auf den letzten Punkt, werden alle irren. Herf stieß ein kurzes trockenes Lachen aus. Du wirst dich ausgeschlafen und frei von der Sorge erkannt worden zu sein, zu Elli an den Frühstückstisch setzen, die Zeitungen aufschlagen und mehrere Abhandlungen über die geniale Ausführung deiner Tat lesen. Herf tat es in diesem Moment leid, dass er seine Tat nicht würde bekennen können, dass er in keiner Talkshow auftreten und mit einem Leuchten in den Augen würde rufen können: Ja, das war ich. Obwohl er auf alten Schwellen dahinstolperte, die seine ganze Aufmerksamkeit forderten, atmete Herf tief durch. Schade! Aber das lässt sich nun einmal nicht ändern, dachte er. Denn ganz sicher wird es körperliches Leid, wenn nicht sogar Tote geben.

Noch zwanzig Schritte und Herf war am ausgewählten Versuchsort. Wirklich übel, dass es im Dunkeln bleiben muss, lamentierte er mit sich selbst. Aber wenn es schon so ist, dann muss deine Tat noch genialer, noch größer ausfallen. Nicht eine, nein zwei und mehr Wochen müssen die Medien voll davon sein. Vielleicht solltest du dein Vorhaben in geeigneter Form ankündigen, kam ihm der Gedanke. Unwillkürlich richtete er seinen Kopf auf. Gleichzeitig unterbrach er für Sekunden das mühsame Suchen von Trittstellen im fahlen

Dämmerlicht der hereinbrechenden Nacht. Herf schob den Gedanken beiseite. Doch als er endgültig stehenblieb und sein Arm den Geigenkasten freigab, war er erneut da. Warum nicht? Warum eigentlich nicht? Warum sollst du, dem so treffliches Werkzeug gelungen ist, nicht in der Lage sein, das Unternehmen passend anzukündigen? Herf kicherte, blechern und selbstgefällig. Die Leute werden im Morgenzug sitzen, werden die groß aufgemachte Ankündigung und die hilflosen Beschwichtigungen von Seiten des Staates unter dem Tenor: Wir haben alles im Griff, lesen und werden beim nächsten Bahn-Halt in die mittleren Schnellbahnwaggons umsteigen, weil die, wie ein findiger Zeitungsschreiberling herausgefunden haben will, die sichersten der ganzen Zuggarnitur sind. Du aber wirst von den Davonstürmenden wenig beachtet ein gemütliches Plätzchen im letzten Wagen haben. Es wird ein herrliches Gefühl sein, als einziger von allen zu wissen, dass diesem Zug nichts passieren wird. Das Ganze ist es also wert, erneut überlegt zu werden. Er gab sich einen Ruck. Doch das später, entschied er.

Herf hob behutsam die einzelnen Teile des Schlüssels aus dem geöffneten Kasten. Sorgfältig fügte er eines in das andere. Ein Vergleich überraschte seine Gedanken! Wie Elli und du in jungen Jahren, sann er. Zwei Werkzeugteile Gottes, die zusammenpassen, die ineinander gleiten und neue Tatsachen schaffen. Feierlich wiegte er den Schlüssel ein letztes Mal in seinen Händen. Dann senkte er den Schraubkopf nach Unten. Metall stieß auf Metall und schrubbte mit grässlichem Klang aneinander vorbei. Herfs Augen bohrten sich ins Dunkel und versuchten die Ursache für den missglückten Versuch zu enträtseln. „Verdammt!", schrie er. „Die saublöden Schienen sind mit eingeschlagenen Eisenklammern an den Schwellen befestigt." Dass dir das dein halbes Leben lang nicht aufgefallen ist, schalt er sich, den Mund fest zugekniffen. Dass du aber auch nicht bedacht hast, dass dieses Gelump hier ein Nebengleis ist, wo derartiges schon seit einer Ewigkeit gang und gäbe ist?

Herf nahm, um den Schock zu überwinden, seine letzten Kräfte zusammen. Er lauschte in die Nacht hinein. Es war ruhig. Lediglich in der Ferne schlug irgendwo ein Hund an. Sonst nichts! Kein Zeuge, der von deiner Niederlage berichten wird, stellte er ein klein wenig beruhigter fest. Einzig die Vögel die im Geäst, eng an den Stamm gedrückt, auf den morgigen Tag warten, werden bei Sonnenaufgang von deinem Leid zwitschern und pfeifen. Doch kein Mensch wird sie verstehen. Herf fand bei diesem Gedanken seine Fassung wieder. Achtlos umklammerte seine rechte Hand mittig den zusammengesetzten Schlüssel, während er samt offenem Geigenkasten auf dem Absatz kehrtmachte und soweit von den Schienen entfernt, wie es das Grundstück erlaubte, dem Ein-Schlupf zustrebte. Mit krummem Rücken schleppte er sich einem geschlagenen Hund gleich nachhause.

Kaum war er daheim, verkroch er sich in seiner Werkstatt. Den Geigenkasten samt Schlüssel legte er achtlos beiseite. Stunde um Stunde saß er im Dunkeln und stierte gedankenlos vor sich hin. Erst lange nach Mitternacht verließ er den Raum und kroch ohne das Licht anzuknipsen in sein Bett. Ellis Konturen glichen einem ungeschlachten Bündel im Schattenreich. Herf spürte, wie sie schlaftrunken erwachte. Er machte sich unter seiner Zudecke ganz klein und atmete so ruhig und gleichmäßig wie er es nur fertigbrachte. Dabei kam ihn seine langjährige Erfahrung im Schlafendstellen zu Hilfe. Es dauerte nicht lange und Elli blies schmatzend die Luft aus, für ihn ein schon oft vernommenes Zeichen, dass sie erneut im Land der Träume weilte. Für ihn aber begann eine weitere ruhelose Nacht, mit all ihren wohlbekannten Facetten. Lediglich der Gedanke an die Zukunft blieb beharrlich außen vor, auch noch am sich anschließenden Wochenende, das er wie in Trance verlebte. Die folgende Arbeitswoche über spürte nicht nur seine Kollegin Betty, sondern alle, die seinen Weg kreuzten, dass er sich noch mehr verändert hatte. Allmählich wich man ihm aus. Einzig Elli, der Mensch, der ihm am nächsten stand, spürte nichts. Für sie war er wie immer: Ein Mensch, dessen leidgeprüftes Wesen sie zu verstehen glaubte und doch nicht verstand.

15.Kapitel

Herfs Aktionswillen war für die nächste Zeit gebremst. Gisa hingegen schwelgte in ihrer Beziehung zu Erich. Sie machten den Weg zur Uni gemeinsam und verbrachten soviel Zeit zusammen wie nur irgend möglich. Wäre Gisas Appartement nicht so klein gewesen, hätte Erich seine Wohnung endgültig aufgegeben und hätte - wie Gisa aufgrund seiner Beteuerungen annehmen durfte – sein restliches Hab und Gut herbeigeschafft. Einer sehnte sich nach dem Anderen. Gisa wurde unruhig, wenn Erich ein oder zweimal in der Woche zu, wie er es nannte, seinen Sachen ging. Dauerte die Abwesenheit dann etwas länger, machte sie sich ernsthafte Sorgen. Die Begrüßung war dann umso stürmischer. Meist fielen sie bereits im engen Flur vor der Tür zum Bad übereinander her. Es war wunderbar. Auch, dass er sie anschließend auf die Couch trug und sie dort von Gefühlen übermannt, aber auch umschmeichelt, für Stunden zusammenblieben. Von ihrer Seite war die Sache klar. Sie liebte ihn und sie freute sich, dass sein Empfinden das ihre war.

An diesem Abend blieb Erich besonders lange weg. Um fünf war er gegangen und jetzt zeigte die alte Stein-Uhr bereits gegen elf. Der Stundenzeiger wurde allmählich zu Gisas Feind. Er bewegte sich unendlich langsam. Immer wieder musste sie denken, dass ihr Schatz nach zehn Uhr noch nie nach Hause gekommen war. Nein, ans Fenster gehst du nicht, hatte sie sich immer aufs Neue vorgenommen und war dann doch wieder ans herabgelassene Rollo geschlichen. Entmutigt und von Sehnsucht zerfressen hatte sie sich, taub und blind für alles was nicht Eingangsbereich war, jedes Mal zur Couch zurückgeschleppt. Im Moment saß sie da und feilte orientierungslos ihre Fingernägel. Sie glaubte etwas zu hören. Flink eilte sie in den Flur. Im Türspion zeichnete sich Lichtschein ab. Sie presste das Auge dagegen. Ja, es ist Erich, dachte sie. Sie erschrak. Je näher er kam, desto größer wurde sein Gesicht. Sie glaubte zu träumen. Mit hängenden Mundwinkeln, die durch die gewölbte Optik noch verzerrter wirkten, stand er bleich vor ihr. Ohne dass sie es registrierte, riss sie die Türe auf. „Komm!", war alles was sie herausbrachte. Kein Kuss, keine Umarmung! Grußlos und mit hängenden Schultern schob er sich an ihr vorbei in den Flur und ins Wohnzimmer. Dort sank er mit den Straßenschuhen an den Füßen auf die Couch. Sie wagte nicht, es zu beanstanden. „Was ist mit dir?", erkundigte sie sich zaghaft nach einer Weile, während der nichts als das Ticken der Stein-Uhr den Raum ausgefüllt hatte. „Bist du krank?" „Nein", kam nach einem für Gisas Empfinden unheimlich langen Zögern die Antwort.

„Erich, du hast doch etwas?" Er sah sie mit glanzlosen Augen
an. „Ja, ich habe etwas! Das heißt vielmehr, ich habe nichts
mehr!"
„Das musst du mir bitte erklären! Was heißt: Du hast nichts
mehr?"
„Mein Vertrauter hat dieses Mal keinen Stoff gebracht!
Vielmehr, er ist gar nicht erst gekommen." In Gisa dämmerte
es. Mein Gott, dachte sie, er wird doch nicht! Ihr aufgewühltes
Inneres trieb sie in die Kochnische. Sie musste sich Gewalt
antun, um zurückzukehren. Mit herabhängenden Armen lehnte
sie sich seitlich an den naturbelassenen hölzernen Rahmen des
Eingangs zur Kochnische. „Welcher Stoff ist es denn?",
erkundigte sie sich tonlos. „Ist es Hasch? Ist es Heroin?" Bitte,
bitte, lass es letzteres nicht sein, bat sie lautlos, kaum dass sie
ausgesprochen hatte.
„Es ist Crack."
„Wieso Crack? Ich habe in deinem Gepäck noch keine Pfeife
gesehen, in der man das Zeug rauchen könnte.
„Kannst du auch nicht! Ich habe alles was nötig ist bei mir in
der Wohnung! Weißt du, wenn man den Stoff raucht tritt die
Wirkung relativ schnell ein, nicht so rasch wie wenn man
injiziert, aber immerhin! Und jedes Mal, wenn ich in die
Wohnung kam, war ich so richtig ausgehungert. Aber dass du
in meinen Sachen herumschnüffelst, finde ich nicht so toll",
fügte er leise hinzu. Und das nennt er 'zu seinen Sachen gehen',
dachte Gisa enttäuscht. „Papperlapapp! Das tun doch alle
Menschen, wenn sich nur die Gelegenheit dazu ergibt",
verteidigte sie sich. „Und geschnupft hast du das auch in Crack
enthaltene Kokain nicht?", lenkte sie im nächsten Moment
geschickt von dieser unguten Wendung des Gesprächs ab. Sie
fieberte seiner Antwort entgegen. Er sah sie für einen Moment
aus traurigen Augen an.

„Doch auch! Meist bevor ich meine Wohnung verlassen habe, um zu dir zu kommen. Es hat gepasst. Wenn ich hier ankam, war ich noch so richtig aufgeputscht."
„Das habe ich zu spüren bekommen!" Ihr stockte für einen Augenblick der Atem. Du blöde Kuh, dachte sie. Wenn du das richtig einordnest, dann war sein ungestümes Bedürfnis nicht auf seine Liebe zu dir, sondern auf das Zeugs zurückzuführen. Nein! Das kann nicht sein, wehrten sich ihre Gefühle. Gib ihm eine Chance! Stell ihm eine Frage! Wenn er sie aber falsch beantwortet? Egal! Du musst es tun! Wenn die Antwort verletzend ist, bist du in deiner Entscheidung immer noch frei. Und was du dann tust..? „Jetzt muss ich dich aber schon etwas fragen", machte sie ihrer inneren Beklemmung Luft. „Wenn es so ist, wie du eben zugegeben hast, dann hast du mich im Flur jedes Mal nur benutzt, um... Ihre Stimme versagte. Schluchzend presste sie ihre Wange ans Holz. Erich starrte stur vor sich hin. Leise begann er zu sprechen und obwohl Gisas Körper im Weinkrampf bebte, bekam sie jedes Wort mit. „Nein, so wie du denkst ist es nicht. Weißt du, ich wollte immer erfolgreich sein, wollte Karriere machen. Was herausgekommen ist, hast du in jüngster Vergangenheit erfahren. Ich bin jetzt fünfunddreißig und Student. Andere leiten in meinem Alter eigene Firmen und machen die große Kohle. – Ortsvorsitzender, was ist das schon? Vor Jahren bin ich dann durch einen blöden Zufall auf den Schnee gekommen und habe bei dessen Konsum immer dieses nicht zu beschreibende Hochgefühl erlebt, in dem ich mich als echter Überflieger gefühlt habe." „Es heißt doch", unterbrach Gisa, „dass der auf den Kick folgende depressive Zustand auch nicht von schlechten Eltern ist und die vorangegangenen Glücks-Emotionen durchaus in den Schatten stellt."

„Ja, das stimmt! Aber die Situation stellt sich für mich auch so dar." Erich unterbrach für einen Moment. „Ich bin down und meine Psyche, nicht mein Körper, sehnt sich so sehr nach einer Änderung dieses Zustandes, dass er alles andere verdrängt und ich erneut zugreife. Du siehst ja, wie ich im Moment leide. Eines kann ich dir versichern: Ich habe den Stoff nicht genommen, um mein Sexualleben austoben zu können. Ich habe dich also auch nicht, wie du es eben genannt hast 'benutzt'!" Seine trauerumflorten Augen versanken in den ihren.

Erich hatte bestanden. Mitfühlend ließ sie sich neben ihm auf das Sofa gleiten. Ihre Hand suchte die seine. Kraftlos überließ er sie ihr. „Lass uns überlegen, was wir tun können, damit du aus diesem Wahnsinnskreislauf entkommen kannst?", schlug sie vor. Er setzte kein Zeichen und trotzdem hatte sie das Gefühl, dass er einverstanden war. Doch ihr weiblich liebender Instinkt sagte ihr, dass alles, was jetzt geredet würde, an seiner momentanen Willenlosigkeit scheitern musste. „Gehen wir zu Bett", riet sie daher schlicht. Er folgte apathisch ihrem Tun und doch...

Die Liegecouch, die eigentlich nur für eine Person gedacht war, vereinte, ohne dass viele Worte gesprochen wurden, geschweige denn Taten geschahen, ihre Seelen zu nie zuvor erlebter Verwandtschaft. „Ja ich will aufhören! Dir zuliebe", fasste Erich diese seine Gefühlslage zusammen. „Lass mich das Zeug auch einmal versuchen!", opferte sich Gisa, kurz bevor auch sie ins Reich der Träume entrückt wurde.

Der Dealer war im Rahmen einer größeren Polizeiaktion aufgeflogen. Alle bis auf den großen Boss, der seinen Lebensmittelpunkt in einem sicheren Land seiner Wahl hatte, waren verhaftet worden. Erich erfuhr in den Medien davon. Einen vollen Monat lang bangte er, ob die Polizei Informationen über seine Person gewonnen hatte. Es ging ihm sehr schlecht. Auf der einen Seite sehnte er sich unsäglich nach dem Glück, das er im Rausch empfunden hatte und er wollte unbedingt weitermachen. Auf der anderen Seite war die Angst sehr groß, dabei doch noch erwischt zu werden. Ein Zustand, der gegen Ende von Tag zu Tag kleiner wurde. Ein wenig Optimismus ist dir geblieben, überlegte er in einem der wenigen ruhigen Momente, die ihm seine Psyche ließ, ironisch und machte sich, von der inneren Unruhe besiegt, daran eine neue Quelle aufzutun.

Gisa hatte ihn kämpfen gesehen und vertraute ihm daher weiter.

Sie bummelten Hand in Hand im milden Wintersonnenschein die Seepromenade des Würm Sees entlang. Der beeindruckende, erhöht gelegene Bahnkörper zur Rechten hielt den eisigen Ostwind fern, sodass sie die Handschuhe hatten ausziehen und einstecken können. Eine Möwe flog heran und setzte sich auf die Brüstung des menschenleeren Dampferstegs. Das dunkle Wasser sandte kleine helle Wellenkämme nach oben, die an den Eiskrausen der mächtigen Pfähle nagten. Am entgegengesetzten, südlichen Ufer ging das helle Grau des Himmels nahtlos in die Schneelandschaft über. Dazwischen lag der See. Eine Bilderbuchwelt!

„Schau, das Türchen zum Steg ist verschlossen", stellte Gisa enttäuscht fest. „Das ist es im Winter immer", murrte Erich. „Es ist als ob sie uns Menschen von jeglicher Natur und allen ihren Gaben fernhalten wollten. Man muss uns vor uns selbst schützen." Er lachte heißer und trocken. In diesem Fall heißt es, dass es wegen der vereisten Bohlen ist. Doch ich habe schon lange den Eindruck, dass alles wofür wir keinen Eintritt zahlen, versperrt sein muss. Oder in meinem Fall! Dass ich nicht lache, der Staat schützt mich vor dem Hochgefühl, das ich mir verschaffen könnte, wenn..."

„Schatz, jetzt mach aber mal einen Punkt!", antwortete Gisa, während sie ihn von der Seite ansah. „Das was du sagen willst bringt dich und mich nicht weiter."

Erichs Gesicht ist noch schmaler geworden und in ihm ist mehr als die übliche Winterblässe zu erkennen, dachte Gisa in das entstandene Schweigen hinein. Ja, es war höchste Zeit, dass wir mit der Schnellbahn hier herausgefahren sind, um ein wenig Natur zu tanken und einen Nachmittag lang die Sorgen zu vergessen. Und wie umweltbewusst du seit neuestem bist! Du hast dein 'Schnauferl' auf dem Parkplatz vor dem Haus stehen lassen. Gisa freute sich. Gleichzeitig empfand sie Reue und zwar deshalb, weil ihr auf seine Gedanken keine bessere Antwort eingefallen war. Hast du ihm die Stimmung nunmehr gründlich versaut, fragte sie sich bange. „Und es ist, so wie ich gesagt habe", stellte er sarkastisch fest. „Doch so viel voraus! Ich will beim Thema Zusperren, Aussperren, als dem für meinesgleichen weniger schädlichen bleiben. Nun, ich war lange genug Ortsvorsitzender und damit im kommunalen Geschäft, um beurteilen zu können, wie Verwaltungen denken. Was die Einnahmen nicht lohnt, muss geschlossen werden, damit es keinen Ärger macht. Als Begründung schiebt man den Schadenersatzparagrafen vor und schon passt es." Erich sah einen Moment auf den See hinaus. Er atmete tief durch. Instinktiv schien es Gisa, als wolle er zu einem neuen existentiellen Gedanken ansetzen. Seiner Kehle entrang sich ein schwaches Stöhnen. „Liebling!", bekannte er. „Mein Konto ist leer und ich weiß nach gut bürgerlichen Gesichtspunkten nicht wie ich es auffüllen soll. Aber gerade jetzt, in dieser Situation, bräuchte ich den Stoff am nötigsten. Ich habe auch schon eine neue Quelle... Der Rest ging im Rauschen und im Getöse unter, die eine in die Station einfahrende Schnellbahn verursachte. Quietschend pressten sich ihre Bremsbeläge auf die Achsscheiben. Der Zug kam zum Stehen. Stille! Doch Erich vollendete sein schnellgesprochenes Bekenntnis nicht. Sie waren unwillkürlich ebenfalls stehengeblieben. Erich starrte zu Boden, während Gisa kaum den Moment erwarten konnte, an dem sich auf der gegenüberliegenden Seite der S-Bahn saugend die Türen schlossen und sich die Garnitur mit charakteristischem Heulton erneut in Bewegung setzte. Nun mach schon, flehte sie, während sie beinahe feindselig auf die blaugrauen, mit Raureif überzogenen Waggons starrte. Wann hat er Kontakt zu einem neuen Dealer aufgenommen, fragte sie sich. Er war doch in jeder freien Minute bei dir? Blitzartig überfiel sie ein Gedanke. Verfluchtes Handy! Du Hoffnungsbringer und Stern aber oft auch vorzeitiger Totengräber vieler Beziehungen. Zwischen Erich und dir sollte es trotzdem keine Heimlichkeiten geben, bäumte sich ihr Inneres auf. Niemals! Vielleicht in ein paar Jahren! Eine leise Wehmut überkam sie, während sie an die immer noch glückliche Ehe ihrer Eltern dachte. Deine Generation hat diese guten Aussichten schon lange verspielt, überlegte sie ein klein wenig unzufrieden mit sich selbst. Endlich war der Moment gekommen. Sie sah die Rücklichter des Zuges hinter einer leichten Kurve verschwinden. „Wo waren wir stehengeblieben?", erkundigte sie sich scheinbar harmlos. Erich reagierte nicht. „Sprich weiter, Schatz!", forderte sie ihn auf und drückte seine Hand so fest sie konnte.

„Au! Du tust mir weh", wehrte er sich.

„Na, so schlimm wird es schon nicht sein!"

„Doch es ist schlimm. Alles ist schlimm! Erich richtete seinen Blick zu den Villen und prächtigen Verwaltungsgebäuden, die sich in gebührendem Abstand voneinander, am nordwestlichen Hochufer aneinanderreihten. „Die dort residieren oder in Arbeit und Brot stehen, haben es geschafft", bekannte er seufzend. „Aber, unsereins..." Er vollendete seinen Gedanken nicht. „Was ich in erster Linie brauche ist Geld", bekannte er übergangslos. Hallo, dachte Gisa. Wer braucht das nicht. Auch dein monatlicher Scheck reicht gerade so zum Durchkommen, vor allem seit er bei dir wohnt. Bei all dem hatte sie die Argumente, die sie ins Gespräch einbringen hatte wollen, vollkommen vergessen. Sie war nur noch gespannt, was als nächstes aus seinem Mund kommen würde. Wärmedurchflutet hängte sie sich bei ihm ein. „Erschrick nicht, bei dem was ich jetzt vorbringe", bat er. Seine behandschuhte Linke tätschelte ihre Hand. Gisa sah mit wachen Augen zu ihm auf. Sie konnte es kaum mehr erwarten, dass er seinen Vorschlag über die Lippen brachte. „Also", begann er. „Es wird das Beste sein, ich überfalle eine Bank!"

„Du spinnst!"

„Nein, im Ernst! Nur so komme ich wenigstens für kurze Zeit zu dem Lebensstandard, den ich mir immer gewünscht habe." Gisa hatte atemlos zugehört. Sie war total irritiert. Dein Erich, schoss es ihr in den Sinn. „Liebling, mach bitte keine Witze!", presste sie hervor, während sie sich eng an ihn klammerte. „Ich mache keine Witze! Das habe ich, glaube ich, schon festgestellt."

„Und wie hast du dir die Ausführung deines Vorhabens vorgestellt?", erkundigte sich Gisa aus dem Gefühl heraus Zeit gewinnen zu müssen.

„Das können wir auf der Stelle durchexerzieren", antwortete Erich mit leicht ironischem Unterton in der Stimme.

„Was heißt nun wieder durchexerzieren?"

„Ganz einfach! Wir spionieren eine Bank aus und unterhalten uns dabei über den sichersten Weg an deren Geld zu kommen." Gisa bemerkte nicht das Flackern in Erichs Augen. „Nur ein Spiel!", sagte sie erleichtert.

„Ja, ein Spiel! Ich will dich doch nicht verlieren. So oder so! Du bist mein ein und alles." Gisa durchflutete ein ungeheures Glücksgefühl.

„Dann bin ich dabei", rief sie fröhlich. "Komm!" Sie zog ihn in Richtung Fußgängerunterführung. Gisa stach eine Graffiti-Fratze mit heraushängender Zunge ins Auge, die sich auf den schmutzigen hellen Wandfließen breitmachte. Sie versuchte sich vorzustellen, wie es war, als Mitte der dreißiger Jahre des zwanzigsten Jahrhunderts an dieser Stelle ihr längst verstorbener Uropa ein Mädchen umrannte, weil er unbedingt noch den Zug in die Stadt erwischen wollte. Er verpasste ihn, gewann dafür aber seine fast gleichaltrige Frau, die Uroma. Jeden Sonntagnachmittag waren sie hier durchgelaufen, denn der Uropa arbeitete in der Metropole, wohingegen die Uroma im Dienst einer feinen Herrschaft stand. Der Uri, wie sie ihn als kleines Kind gerne gerufen hatte, hätte sich über die Schmiererei bestimmt fürchterlich aufgeregt.

Erich war immer noch in sich gekehrt. Gisa ließ ihn in seinen Gedanken. Sie sah sich, froh dem niederen Durchgang entronnen zu sein, munter um. Das überdimensionierte Bahnhofsgebäude wirkte heruntergekommen. Nur die Seite mit dem Kioskraum war einigermaßen hergerichtet. Gisa stellte sich vor, wie viele Menschen zu Uris Zeiten in diesem Gebäude, auf dem Bahnsteig und in den Zügen ihr Brot verdient hatten. Was ist geblieben? Eine Kioskbesitzerin und drei Fahrkartenautomaten, stellte sie sarkastisch fest. Der Rest wurde wegrationalisiert.

Und wenn unsere Generation so weitermacht, dann rationalisiert sie mit dem Internethandel auch noch das letzte Verkaufsgeschäft und die letzte Verkäuferin weg. Was bleibt, ist eine unermessliche Horde von Auslieferern, welche allesamt bei ganz wenigen flächendeckenden Unternehmen beschäftigt sind. Ist das das Ziel, dass Menschen in Autokabinen und jederzeit auf dem Handy erreichbar, ohne Ansprache stundenlang durch die mit Teer versiegelte Landschaft rasen, letzteres um ihr Tagessoll nicht zu verfehlen? Ja, bei solchen Tatsachen könnte man durchaus auf die Idee kommen mit einem Paukenschlag, zum Beispiel gegen ein Atomkraftwerk, die Mächtigen von der Durchsicht ihrer Bilanzen aufzuschrecken und zum Nachdenken zu zwingen. Irgendwie hat Erich recht mit dieser Idee, überlegte sie. Unwillkürlich festigte sie erneut den Körperkontakt, der in der letzten Minute abgerissen war. „Wohin führst du mich?", erkundigte sie sich neugierig. Er sah kurz zur Seite. „Ganz einfach! Wir erkunden eine Sparkassenfiliale in der Straße, in die wir gerade einbiegen!" Erich beschleunigte seine Schritte, so dass Gisa Mühe hatte ihm zu folgen. „Jetzt lauf doch nicht so!", beschwerte sie sich, nachdem sie im letzten Moment einem Fahrradständer ausgewichen war. Ich komme ja gar nicht mehr mit."

„Doch du kommst mit!"

Gisa war völlig perplex. Sein nüchterner, harscher Ton beunruhigte sie. Abrupt blieb sie stehen. Nach drei Schritten drehte Erich sie um. „Komm!", bat er etwas freundlicher. „Es ist doch nur ein Spiel. Wir erkunden eine Bank nach den Kriterien, die echte Bankräuber anlegen würden. „Ich will aber nicht mehr", stellte Gisa sich bockig. In diesem Ton nicht!

Nicht mit mir, fauchte ihr Inneres. Erich sah sich genötigt zurückzukehren. Nervös umfasste er ihren Rücken. „Liebling komm!", flehte er. „Ohne dich macht es keinen Spaß." Gisas Widerstand begann zu bröckeln. „Was, Liebling?", murrte sie. Ihre Augen hefteten sich an seine Brust und so konnte sie das Flackern in seinen Augen weder erkennen, geschweige denn deuten.

„Ja, komm! Schau, da vorne ist der Eingang. Es sind nicht einmal mehr zwanzig Schritte."

„Schatz, und wenn ich nicht mag?"

„Dann ist mir der Nachmittag gründlich verdorben. Du weißt es vielleicht noch nicht, aber derartige Strategiespiele liebe ich schon seit meiner Kindheit über alles. Und!" Erich stockte. „Und, heute möchte ich mit den Augen eines potentiellen Räubers eine Bank erkunden. Nur erkunden!", fügte er schnell an, als er bemerkte, dass sie noch immer zögerte.

„Ok!", willigte Gisa zögernd ein. „Aber die Banken sehen in ihrem Inneren alle gleich aus!" „Eben nicht", ereiferte sich Erich, "während er ihre Hand in die seine nahm und sie mit sich zog. „Was dir gleich auffallen wird, ist, dass es nichts Unübersichtlicheres gibt wie den Schalterraum. Klar, die Schalter sind, wenn es sich einrichten lässt, zum Beispiel im weiten Halbkreis angeordnet, so wie hier und in ihrer Mitte befindet sich die panzerglasgesicherte Kasse. Der Kassier hat somit auf jeden Fall die nötige Zeit um den Alarm auszulösen." Erich brach kurz ab, denn vor ihm öffnete sich die gläserne Eingangstüre. „Siehst du!", belehrte er Gisa. „Ein ängstlicher Ganove würde sich jetzt überlegen, ob es nicht gut wäre, sie in geöffnetem Zustand irgendwie festzukeilen. Nicht so ein gewiefter, sofern Leute im Schalterraum sind. Und die Bediensteten sind eigentlich immer da. Also Letzterer wird von Haus aus einkalkulieren, dass er zunächst jemand bedrohen muss, um das zu erreichen, was er will. Nämlich Geld zu bekommen!" Erichs logische Ausführungen begannen Gisa zu faszinieren. Ihre Augen klebten an seinen Lippen. „Und was dann?", erkundigte sie sich ähnlich gedämpft wie er gesprochen hatte. Erich antwortete nicht. Stattdessen zog er umständlich seine Handschuhe aus und öffnete sein Blouson. „Puh, warm hier", fügte er erklärend hinzu. Er verstaute die Handschuhe in den Hosentaschen. Gisa hatte sein Tun nicht weiter beachtet, denn auch ihr war in dem klimatisierten Raum behaglich geworden. Sie erstarrte zur Salzsäure als sie plötzlich in seiner Linken eine Pistole schimmern sah. Doch für irgendeine Reaktion, die seinen Plan in letzter Sekunde verhindern hätte können, war es bereits zu spät. Erich zog sie mit der Rechten hastig vor die Kasse. „Geld her!", brüllte er. „Das ist ein Überfall." Er drückte die Pistole an Gisas Kopf. Die Angestellten blieben teils versteinert stehen, teils warfen sie sich instinktiv hinter ihren Tresen zu Boden. „Wenn es nicht schnell geht, schieße ich ihr in den Leib!", drohte Erich, als er sah, wie bedächtig der Kassier die Geldschublade zog. Gisa blieb versteinert. Erich griff mit der freien Hand in seine Jackentasche und zog einen Plastikbeutel hervor. Er legte ihn neben die niedere Durchreiche. „Und jetzt schieb durch!", befahl er und zwar rasch. Der Kassier tat bedächtig wie ihm geheißen. Es dauerte eine ganze Weile, bis er Schein um Schein durch die Öffnung nach außen schob. „Geht das nicht schneller? Oder muss ich erst schießen!" Erich drückte ab. Gisa hatte überhaupt nicht bemerkt, dass er dafür die Waffe kurz auf die Decke gerichtet hatte. Ihr Körper bebte. Sie stand kurz vor einem Weinkrampf. Dann näherte sich das Ganze auch schon seinem Ende; der Erfolg stellte sich ein. Der Kassier beförderte schweigsam und mit undurchdringlicher Miene etliche Geldbündel vor die Scheibe. Ohne noch länger zu verhandeln, verstaute Erich mit seiner freien Hand alles in die Tüte. „Sie kommt mit!", befahl er und zog Gisa mit schnellen Schritten dem Ausgang zu, wo sie eine willige Türe ins Freie entließ. „So jetzt, sind wir in allen Überwachungskameras registriert, aber ich habe erst mal etwas Geld für das Nötigste", sagte er mehr zu sich selbst als zu Gisa. Sein Ton steigerte sich. „Liebling, jetzt heißt es laufen! Es wird nicht mehr lange dauern und es wimmelt hier von Polizeiautos. Und wirklich, in der Ferne war die erste Sirene zu hören. Erich rannte los. Gisa, die das Geschehene wie in einem schlechten Film erlebt hatte, rannte automatisch hinter ihm her, genau wie ein Kleinkind das schutzsuchend zur Mutter läuft. Gisa, die Einserabiturientin, bewies wie sehr sie in ihrem Grundvertrauen zum geliebten Mann gefangen war. Erich hatte wohl damit gerechnet, denn er sah sich kein einziges Mal nach ihr um.

An der Straßeneinmündung, dort, wo es in nördlicher Richtung nach der Großstadt und in südlicher in Richtung Gebirge ging, blieb er stehen und ließ sie herankommen. Er nahm sie bei der Hand. Sie ließ es in ihrem Schock willig geschehen. Während das Polizeiauto bei Rot mit quietschenden Reifen über die Kreuzung in Richtung Bank schleuderte, wartete Erich, Gisas Hand fest im Griff, unbeeindruckt davon ab bis die Ampel Grün zeigte. Während er seinen freien Arm um ihre Taille legte, machte er es den wenigen anderen Passanten nach und verfolgte mit seinen Augen das Einsatzfahrzeug. Sein Arm wiederum signalisierte den anderen Verkehrsteilnehmer, ich schütze sie. Gisa wollte sich wehren, doch der Körper versagte ihr diesen Dienst. Und während ein zweites, und dann ein drittes Polizeiauto heranschoss und die Kreuzung blockierte, hatten sie längst die gegenüberliegende Seite erreicht. Erich strebte eine der Seitenstraßen an. Nach knapp fünfzig Schritten blieb er vor einem Auto stehen und sah sich, wie es schien, gelangweilt um. Das ist ja sein alter Schinken, fasste Gisa ihren ersten nicht aufgezwungenen Gedanken. Wie kommt die Karre an diesen Ort? Erich öffnete die Wagentüre und schob Gisa, die über die Antwort auf ihre Frage grübelte, relativ sanft auf den Beifahrersitz. Zügig lief er um das Wagenheck, riss die Fahrertür auf, warf die Plastiktasche auf den Rücksitz, klemmte sich hinter das Steuer und ließ den Wagen an, nachdem er zuvor noch die Zentralverriegelung betätigt hatte. Eine Handlung, aus der ein Polizeianalyst ohne weiteres schließen durfte, dass er sich im Falle einer Straßensperre nicht so ohne weiteres ergeben würde. Gemächlich wie ein Rentner, der sich auf eine Kaffeefahrt begibt, rollte er sodann aus der Parkbucht. Die Route führte ihn am leeren Einsatzparkplatz vor dem Polizeirevier vorbei. Er gelangte auf dieser Anliegerstraße, trotz mäßigem Tempo, mit einmal links und einmal rechts abbiegen sehr schnell an den Ortsrand. Von dort führte das Sträßchen, worüber er sich bereits kundig gemacht haben musste, zum Heiligen Berg, einem bekannten Wallfahrtsort, zu dessen Füßen, wegen des allzeit großen Menschenzulaufes, ein riesiger, gebührenfreier Parkplatz lag.

Unbehelligt kamen sie dort an. Erich parkte den Wagen mitten im Auto-Heer. Er hatte während der ganzen, etwa zwanzig Minuten dauernden Fahrt kein Wort gesprochen. Gisa wiederum war stumm im Sitz gekauert. Doch kaum hatte er den Motor abgeste,llt legte er seinen linken Unterarm auf das Lenkrad und wandte sich ihr voll zu. „Liebling!", sagte er mit einem leichten Vibrieren in der Stimme. „Ich sehe die Sache im Moment so! Wir haben zusammen einen Bankraub durchgeführt und sind damit nunmehr quasi Schwerverbrecher." „Aber...", versuchte Gisa ihn am Weiterreden zu hindern. „Nichts aber!", reagierte er harsch. „Die Polizei wird anhand der in den Kameras dokumentierten Bilder sehr schnell herausfinden, wer und was wir sind. Und dann glaubt dir kein Mensch deine Erzählung von einem Spiel, mit dem alles begann. Hast du verstanden?" Gisa nickte hilflos, während in ihrem Kopf ein Gedankenfeuerwerk explodieren wollte. Was jetzt? Du kannst nicht in deine Wohnung zurück. Intuitiv zog sie das Smartphone aus ihrer Manteltasche und schaltete es aus. „Gut gemacht!", zollte Erich Lob. Heutzutage orten sie einen auf zehn Meter aufgrund dieser Dinger." Ach, wie war das in früheren Zeiten doch einfach, wo die Polizisten zu Fuß oder mit dem Fahrrad auf Verfolgungsjagd gingen. „Ja, aber da gab es auf dem Land auch noch keine Banken", wandte Gisa schwach ein. Sie erschrak. Du kooperierst, dachte sie entsetzt und das obwohl er dich schonungslos in diese Situation hineingeritten hat. „Warum, warum hast du das nicht alleine gemacht?", erkundigte sie sich dem Verzweifeln nahe. „Weil ich dich liebe, weil ich dich brauche. Ohne dich will ich nicht weiterleben", antwortete Erich bestimmt. Sei ohne Sorge, ich habe für alles gesorgt. Ja, dachte Gisa. Du dumme Gans, jetzt weißt du auch was Erichs 'so oder so' von heute Mittag bedeutet. „Gewiss du wirst Einschränkungen haben", unterbrach Erich ihren Gedankengang. „Doch wenn in ein paar Wochen Gras über die Sache gewachsen ist, werden wir zwei, nur für uns, ungestört leben können. Ich nehme nicht an, dass sich das Fernsehen mit seiner Sendung XY-ungelöst wegen dieser für die Bank 'Peanuts' für uns interessieren wird." „Aber Mammi und Dad werden vor Sorgen vergehen", wandte Gisa hilfeheischend ein.

„Sag einmal! Bist du nicht erwachsen genug, um ohne sie auszukommen und außerdem hast du ja mich, mich!" Erich trommelte mit der Faust verbissen auf dem Lenkrad herum.

Ein einzelner Gast kehrte von einem Glas Bier im Bräustüberl am Wagen vorbei zu seinem Auto zurück. Gisa juckte es in den Armen. Jetzt aussteigen und ihn um Hilfe angehen, dachte sie.

Doch der Mann sah sie, als sie ihren ganzen Mut zusammengenommen hatte und eben bereit war, es zu riskieren, mit einem Blick an, der vor Ignoranz nur so sprühte. So ließ sie es und kauerte weiter auf ihrem Sitz, während Erich seine Zukunftspläne vor ihr aufmachte und ab und zu den Motor anließ, um die Temperatur im Wageninneren zu halten. Früh senkte sich die Dämmerung herab. Doch der Parkplatz blieb dessen ungeachtet gut besetzt. Sperrstunde und damit Zeichen zum allgemeinen Aufbruch würde erst um Einundzwanzig-Uhr-Dreißig sein. Spätestens bis dahin, das wusste auch Erich und er hatte es Gisa bereits erklärt, mussten sie verschwunden sein und das am besten über Nebenstraßen, die es zum Glück in dieser Gegend genügend gab. Nach der Großstadt zurückkehren war nicht ratsam solang nicht feststand, dass kein Mensch ihre Autonummer und damit ihre Flucht vom Tatort mitbekommen hatte. Sie hörten daher auf den verschlungenen Straßen, die zu dem von Erich gewählten Nachtquartier führten, fleißig Autoradio und als keine Fahndungsaufrufe und dergleichen durchgegeben wurden, freute sich auch Gisa ein wenig. Sie verstand es selbst nicht. Aber irgendwie war sie zufrieden und hoffte, dass zumindest diese Nacht ruhig verlaufen könnte. Sie bangte mit ihm, als er die Brücke über den großen Fluss ansteuerte, in die mehrere Wege münden, ob dieser Übergang frei von Polizei wäre. Zum Glück war er es, sodass sie kurz darauf ihr Ziel erreichten. Ersteres bewies einmal mehr, wie schnell ein Opfer intuitiv zum Mitläufer, das heißt in diesem Fall zur Mitläuferin wird. „Wo spart man, wenn man neue Technik wie die totale Videoüberwachung einsetzt?", unkte Erich schadenfroh, als er die Autotür aufstieß, um auszusteigen. „Ich will es dir sagen! Zuallererst am Personal, denn das kostet auf die Dauer am meisten. Mit Technik ermittelt man schnell. Doch die

Auswertung und das Umsetzen der Ergebnisse kann wegen Personalmangels dauern. Ich traue mir wetten, wir haben einige ruhige Tage vor uns."

Das Quartier war oben am Berg und abseits des Dorfs in einer großen Scheune. Es war Nacht. Doch Erich war auf Nummer sichergegangen und hatte den Wagen um die Ecke gefahren und ihn auf der vom Weg aus nicht einsehbaren Rückseite abgestellt. „Besser hätten wir es nicht treffen können", verkündete er stolz. „Hier im Schutz des Gebäudes und im Schatten der Randfichten ist der Wagen weder von der Straße noch von der Luft aus zu sehen. Komm bitte!" Gisa verharrte bewegungslos auf ihrem Sitz. Erich schien dem keine große Bedeutung beizumessen. Er kramte aus der Türablage eine kleine Taschenlampe hervor und wandte sich in ihrem schwachen Lichtkegel in Richtung Stadel.

Gisa war an diesem Tag zum ersten Mal allein. Während sie ihn an einem Seitentor arbeiten hörte, überfielen sie die ersten nicht aufgezwungenen Gedanken. Wann hat er nur den Wagen zum Ort der Tat gebracht, fragte sie sich aufgebracht und entmutigt zugleich. Er hat das Ganze perfekt vor dir verheimlicht. Du blöde Gans, warst doch bis zur letzten Sekunde völlig ahnungslos. Instinktiv griff sie zum Smartphone. Sie zögerte es aus der Tasche zu ziehen. Es hat doch alles keinen Wert, dachte sie. Erich hat recht! Kein Mensch wird dir glauben, dass du völlig unwissend warst. Jeder wird sagen, ihr habt doch gemeinsam in einer Wohnung gewohnt. Er hat alles bestens vorbereitet und sie haben voll mitgemacht. Ja, Zeugen haben sogar gesehen, wie sie ihm in Richtung Kreuzung nachgespurtet sind. Sie hätten nur stehenbleiben und auf das Eintreffen der Polizei warten müssen. Die Sirenen der Einsatzfahrzeuge müssen sie doch gehört haben. Wären sie vor Ort geblieben, hätten wir aufgrund ihrer Angaben ihren bis dato Lebenspartner sehr schnell geschnappt. Hat sich was! Was Mamma wohl denken wird? Sie wird in der Zwischenzeit unzählige Male anzurufen versucht haben. Sie dachte an die ‚Heimatmelodie'. Arme Mamma! Über Gisas Wangen kullerten dicke Tränen. Ach die Heimatmelodie! Sie nahm das Handy aus der Tasche. Unentschlossen hielt sie es in der Hand. Wenn ich es einschalte und sie anrufe, dann höre ich ihre Stimme, durchströmte es sie. „Ich kann ja gleich wieder auflegen", murmelte sie in Gedanken halblaut vor sich hin.

Erich hatte in der Zwischenzeit den im Scheuneninneren lose aufgelegten Sperrbalken durch einen schmalen Spalt hindurch mit der Hand aufgehoben und zu Boden fallen lassen. Wie er aufgrund des beleuchteten Bildschirms mit einem Blick erfasste, war er damit gerade noch rechtzeitig fertiggeworden, um seiner Meinung nach Schlimmeres zu verhindern. „Lass das!", zischte er und riss die bereits entsperrte Fahrertür auf. Er schlug ihr das Gerät aus der Hand und zwar so kräftig, dass es am Seitenholm der Beifahrerseite zu Bruch ging und anschließend auf ihrem Schoß landete. Nachdem er sich mit einem Blick auf das Display überzeugt hatte, dass das Phone tot war, beugte er sich vor, nahm es und schleuderte es über das Autodach in die Nacht hinaus. „So!", stellte er lakonisch fest. „Das hätte ich schon längst tun sollen." Gisa schickte sich an auszusteigen. „Lass die Tür zu und bleib da!", befahl er schroff, während er sich erneut hinter das Steuer klemmte. Ich fahre das Auto ins Innere."

Erich startete den Motor, machte das Standlicht an und legte den Gang ein. Vorsichtig ließ er die Kupplung kommen. Der Wagen geriet gemächlich ins Rollen. „Ein ausgezeichneter

Platz", resümierte er stolz, während er das Auto auf die offenen Torflügel zusteuerte. „Der Stadel gehört zum Schloss, das du bei Tageslicht über die große Wiese hinwegsehen wirst können. Der ehemalige Eigentümer ist verstorben. Daher steht es zurzeit leer und wird zum Verkauf angeboten. Da niemand bestellt ist, auf es aufzupassen, werden wir in den nächsten Stunden, ja vielleicht sogar einen oder mehrere Tage lang sorglos hier in diesem fensterlosen Bau leben können. Es kommt ganz darauf an, wieviel Rauschen der Überfall im Rundfunk macht. Das Autoradio wird auf jeden Fall unsere Informationsquelle sein.

Als ich das Ding geplant habe, habe ich mich an diesen Platz erinnert. Ganz in der Nähe verbrachte ich einmal herrliche Schulferien bei einem entfernten Verwandten. Ja, und als ich dann im Internet von dem Verkauf erfuhr, da hat es bei mir gefunkt..." „Und von was sollen wir leben, was soll ich anziehen, in den, wie du es nennst, nächsten Tagen?", fauchte Gisa, deren Widerspruchsgeist Erich mit so viel Selbstherrlichkeit neu aktiviert hatte. Sie fühlte zwar, dass sie noch nicht ganz die Alte war. Doch es war mit jedem ihrer Worte ein Quäntchen mehr, was ihren Blickwinkel veränderte. Willst du bleiben, oder gehst du auf der Stelle, hinterfragte sie selbstkritisch ihr Gefühl für ihn.

Vergebens! Sie fühlte sich noch zu schwach, um in dieser ihr unbekannten Gegend allein in die Nacht hinauszulaufen. Eigentlich war es ihr recht, dass er, obwohl der Motor abgestellt und das Standlicht ausgeschaltet war, keine Anstalten machte den Wagen zu verlassen. Erich wiederum schrieb ihr Fauchen ihren angespannten, überreizten Nerven zu, was ihn nicht weiter beunruhigte. „Wenn ich nachher den Kofferraumdeckel öffne, wirst du es sehen", reagierte er verständnisvoll. Auch an Kleidung habe ich gedacht und habe gestern in der Frühe einiges mitgenommen, als du in der Vorlesung warst. Von dem hoffentlich richtigen Stapel hinter dem Sofa und auch aus dem überquellenden Schrank!" „Ist mir gar nicht aufgefallen", gestand Gisa perplex. „Du warst ja gestern, als ich abends von der Uni nach Hause kam so hektisch. Da komm her! Ein interessanter Film und komm, spielen wir eine Partie Karten miteinander..." „Ja, und dann haben wir guten Sex gemacht", unterbrach er sie zärtlich. „Stimmt es, oder stimmt es nicht?"

„Erich, lass das!" *

„Und weißt du auch warum? Ich bin gestern an meinen ersten Stoff seit langem gekommen. Sie haben ihn mir auf Pump überlassen" „Wer hat ihn dir überlassen? Und wie oft warst du in letzter Zeit diesbezüglich überhaupt auf Achse ", erkundigte sich Gisa schwach. „Was mich jedoch mehr interessiert: Angenommen du zahlst nicht! Was ist dann?"

„Die Schulden nicht begleichen kommt nicht in Frage! Erstens brauche ich das Zeugs. Wie sehr ich es brauche, habe ich zur Genüge durchlitten. Ja, ich habe mir sogar eine besondere Sache geben lassen!"

„Was?"

„Das siehst du, wenn wir es uns nachher ein Stockwerk höher im wärmenden Heu bequem machen." Erich hob die Stimme. „Und zweitens", fuhr er mit seiner zuvor unterbrochenen Erklärung fort, „ist mit den Leuten nicht zu spaßen. Nicht zahlen, wäre wahrscheinlich tödlich. Die kommen allesamt vom Balkan und sind nach meiner Überzeugung bestens organisiert. Nein, mit solchen Leuten spaße ich nicht. Ich bin glücklich, die Verbindung und dazu jetzt auch noch Geld zu haben. Ich muss anschließend gleich feststellen, welcher Betrag mir in die Hände gefallen ist. Auf dem Parkplatz am heiligen Berg habe ich mich nicht getraut, denn dort sind, wie du ja weißt, immer wieder Leute vorbeigekommen, vor allem der Eine. Auf, lass uns aussteigen!"

Gisa gehorchte der Aufforderung. Als Erich zum Tor ging, in der Absicht es zu schließen, lief sie ihm nach. „Wo willst du hin?", erkundigte er sich misstrauisch.

„Pippi machen! Ich habe den ganzen Nachmittag noch nicht... „Ich auch nicht! Aber dazu brauchst du nicht ins Freie. Such dir eine Ecke aus. Der Boden ist ja schließlich nicht betoniert. Stimmt, dachte Gisa rein gefühlsmäßig. Sie blieb stehen und bohrte ein klein wenig ihre Schuhspitze in ihn hinein. Ja, es stimmt, stellte sie fest. Also gleich hier, entschied sie. In der Nähe des Wagens ist es ja auch viel angenehmer. Nach einer kurzen Weile hörte sie die Türflügel aneinander krachen. Während sie ihre Kleidung ordnete, bemerkte sie wie Erich die eingeschaltete Taschenlampe aus seinem Mantel zog. Sprunghaft glitt der Lichtkegel über den Grund. Er kam zum Auto zurück. „Wir haben keine bessere Beleuchtung", sagte er. Es klang, als wolle er sich entschuldigen. „Der Stadel hat zwar Elektroanschluss, gewiss ist auch eine intakte Birne in der Deckenlampe, doch sie einfach anzuknipsen wäre unklug. Gewiss, es kommt kaum ein Auto vorbei! Bis jetzt habe ich jedenfalls noch keines kommen hören. Hast du?" „Nein!" gestand Gisa zögernd. „Aber", fuhr Erich in seiner Erklärung fort, „in den Wenigen sitzen Einheimische und die wissen, dass da eigentlich kein Licht sein dürfte. Ich werde also auch das Standlicht löschen. Auch die Innenbeleuchtung wird nicht mehr zu sehen sein, wenn ich erst das mitgebrachte Tischtuch über das Verdeck und die Fenster ausgebreitet habe". Erich öffnete den Kofferraumdeckel und machte sich daran, dieses Vorhaben in die Tat umzusetzen.

„Meinst du nicht, dass uns längst ein Jäger mit seinem guten Glas ausgespäht haben könnte!" Papa, dachte sie mit Wehmut und auch ein wenig Wut auf Erich, der sich anmaßte, ihr Leben total auszufüllen und zu bestimmen. Papa! Dich trifft man zu jeder Tages- und Nachtzeit in deinem geliebten Revier. Es wäre ihr in diesem Moment mehr als recht gewesen, wenn sich ihr Gedanke bewahrheitet hätte. „Es ist nicht mondhell, so dass sich um diese Jahreszeit sehr wahrscheinlich kein Jäger mehr im Revier herumtreibt", sagte Erich. Da hat er recht, gestand sich Gisa enttäuscht ein. Er hat tatsächlich alles durchdacht. Der Gedanke raubte ihr für einen kleinen Moment den Atem. Seine klaren Analysen, die du immer so geschätzt hast, halten dich nunmehr in der Falle. Du kommst nicht aus. Jedenfalls nicht heute Nacht.

Sie beschloss, sich vorläufig damit abzufinden. Sie war viel zu müde und deprimiert, um noch länger aufzubegehren. Mit zusammengekniffenen Lippen zog sie sich in den Fond des Wagens zurück. Der kleine Raum, in dem noch beinahe alle Wärme einer genügend langen Fahrt steckte, vermittelte ihr einen traurigen Rest von Geborgenheit.

Nach einer Weile, während der sie Erich sich immer wieder entfernen und zurückkommen gehört hatte, öffnete er die Beifahrertüre und ließ sich körperlich ebenfalls sichtlich angegriffen auf den Sitz gleiten. Er kurbelte das Seitenfenster herunter und zog die Verhängung zurecht. „Mach zu!", flehte Gisa gedankenlos und nur vom Empfinden getrieben. „Brr! Mir wird sonst kalt."

„Gleich, wenn ich die verflixte Decke wieder an ihren Platz gebracht habe, sodass wirklich kein Lichtschein mehr in den Raum dringt und uns verrät, weil er sich im gerillten Plexiglas der Scheunenfenster spiegelt.

Sie saßen eine Weile still, ein Zustand, der Gisa das Zusammensein auf engstem Raum mit Erich ertragen ließ. Doch als er plötzlich im Handschuhfach zu kramen begann, war trotz ihrer Schlaffheit ihre Neugierde geweckt. Was macht er jetzt, fragte sie sich unwillkürlich. Sie sah wie er Straßenkarten herauszog und achtlos auf den Fahrersitz legte, bis er das gefunden hatte, wonach er suchte: Ein kleines dunkles Stofftäschchen! „Ich brauche im Moment noch wenig von dem Zeugs", murmelte er vor sich hin. Oh Gott, dachte Gisa, er wird doch in dieser Situation nicht an Sex mit dir denken und sich dafür aufputschen. „Ich bin geschafft und daher werde ich jetzt das Zeug in mich aufnehmen. Ich brauche das, denn sonst halte ich es trotz Müdigkeit keinen Moment länger in dieser quälenden Enge aus. Schon auf dem Parkplatz am Heiligen Berg hätte nicht viel gefehlt und ich wäre innerlich zersprungen. Ich hätte die Türe aufgerissen und wäre zu Fuß geflüchtet. An und für sich das blödeste, was ich hätte tun können. Ja wärst du doch, dachte Gisa. Halbwegs interessiert sah sie zu, wie Erich seine Vorbereitungen traf. Als sie die Spritze in seiner Hand erkannte, erschrak sie. Seit wann spritzt er sich Koks, fragte sie sich enttäuscht und entsetzt darüber, dass der zu Ende gehende Tag sie mehr und mehr lehrte, dass sie im Grunde genommen nicht das mindeste über ihn wusste. Eine verzweifelte Traurigkeit überfiel sie. Tränen kullerten über ihre Wangen. Einzelne Schluchzer schüttelten ihren Körper, wurden mehr und schließlich fiel sie in einen Weinkrampf. Erich langte nach hinten. Sie stieß seinen Arm von sich und wandte sich ab. Die Unterarme auf den schmalen Rand der Türverkleidung gestützt, starrte sie ins dunkle Nichts, während Woge um Woge ihren Körper stieß. „Ich sehe wie sehr du leidest", sagte Erich mit jenem unnachahmlichen Schmelz in der Stimme, der Gisa vom ersten Tag des Zusammenseins bezaubert und verzaubert hatte. „Glaub mir, mich macht das krank. Wo doch die Rettung so nah sein könnte. Probiere es! An einem solchen Abend ist der Stoff die beste Medizin, um seine Sorgen beiseite zu schieben und glücklich und frei zu sein", flehte er weiter. „Du solltest wirklich! " Gisa schüttelte vehement den Kopf. „Warum nicht? Es ist ja nur heute und ich verspreche dir, der Einstich tut überhaupt nicht weh und von dem einen Mal wirst du auch nicht süchtig. Liebling komm! Nur heute! Nicht mir, dir zuliebe sollst du es zulassen. Du wirst sehen, bis die Wirkung wieder nachlässt, haben wir unsere Situation als freie Menschen durchdacht und analysiert und ganz bestimmt einen gangbaren Weg gefunden, auf dem du schnellstens deine Eltern kontaktieren kannst." Erich bemerkte, dass seine Worte Wirkung zeigten. Rasch bettelte er weiter: „Glaub mir, ich kann dich ja verstehen, wie sauer und enttäuscht du auf und über mich bist. Aber nun ist es Mal so, wie es ist und jetzt müssen wir sehen, dass wir schnellsten zu der best möglichen Lösung der Dinge kommen. Ich sage 'schnellstens!' Doch so wie wir beide im Moment beieinander sind, aufgewühlt, verzweifelt, zerrissen von allen möglichen negativen Gefühlen, lässt sich die Situation nie und nimmer meistern!" Gisa wandte den Kopf zur Seite und sah ihn mit einem trauerumflorten Auge an. „Vielleicht sollte ich wirklich!", murmelte sie. „Auch ich weiß, dass einmal keinmal ist und nicht zur Sucht führt", begehrte sie auf. Sie hob ihre Stimme, während sie mit einer Hand begann ihre Wangen abzuwischen. Erich versuchte ihr dabei zu helfen. Sie stieß ihn zurück. „So jedenfalls wie es jetzt ist, darf es nicht sein und sollte es erst recht nicht bleiben", bekannte sie leise, wobei ihr die Worte seltsam aufgeräumt und leer von den Lippen sprudelten.

„Dann gehe ich jetzt vor den Wagen und bereite alles vor. Hier drinnen ist es mir zu eng dazu! Und wenn ich fertig bin, sollst du den ersten Schuss bekommen.

„Wieso Schuss? Seit wann konsumierst du auf diese Weise?" „Seit sie mir vor ein paar Tagen genügend Stoff zugesteckt haben. Am Anfang einer Beziehung machen sie es immer so, habe ich mir sagen lassen. Was jedoch das Spritzen angeht, weißt du selbst zur Genüge, dass die Wirkung auf diesem Weg am schnellsten einsetzt. Noch eins! Du kannst mir glauben, ich habe so viel Material, dass ich dich ohne Probleme daran teilhaben lassen kann und wenn es weg ist, dürfte für eine Neubeschaffung immer noch genügend Geld vorhanden sein. Letzteres behaupte ich, obwohl ich, wie bereits gesagt, aus Sicherheitsgründen bis zur Stunde meinen neuen Reichtum noch gar nicht nachgezählt habe. Erich schwang sich, das Täschchen in der Hand, aus dem Auto. „Einen Kohldampf habe ich", verkündete er", beim Aussteigen. "Du auch?" Er wartete ihre Antwort nicht ab. „Aber keine Angst! Die Nacht ist noch lange und ich habe genügend Proviant im Kofferraum", rief er beinahe schon fröhlich, bevor er den Wagenschlag vorsichtig zudrückte.

Gisa hatte verbissen geschwiegen. Im Übrigen war sie froh, ihn für einen Moment los zu sein. Ausgelaugt, müde, tränenlos, mürrisch und deshalb kein bisschen neugierig lehnte sie sich in den Sitz zurück.

Mit zwei Einwegspritzen, der Armmanschette und dem verschlossenen Täschchen kam Erich nach einer ganzen Weile wieder. Gisa sah ihm zum ersten Mal seit dem Überfall in die Augen. Es fehlt die zwischenmenschliche Wärme, dachte sie. Er hat sich verändert. Die Fürsorge würdest du herauslesen, wobei allerdings nicht sicher ist, ob sie dir oder ihm selbst gilt.

Egal! Du wirst seine Gegenwart besser ertragen, wenn du dir einen Schuss setzt. Sie war nunmehr fest entschlossen, denn sie war, aufgrund dessen was sie an der Uni in Tierarzneimittelkunde gehört hatte, sicher, dass bei einmaliger Anwendung das Risiko kalkulierbar war. Und zwei Spritzen hat er auch, stimmte sie sich auf den Konsum ein. Gisa versteifte ihren Rücken und machte dann den linken Unterarm frei. „Soll ich dich spritzen?" erkundigte sich Erich neugierig. Auf keinen Fall, rumorte es in ihrem Inneren. Den lässt du nicht mehr an deinen Körper heran, ganz egal auf welche Art und Weise er es versucht. „Nein!", entschied sie in einem Ton, der keinen Widerspruch duldete. „Gib her!" Erich reichte ihr als erstes die Manschette. Gisa schlüpfte hinein und ruckte sie bis über den Ellbogen. Dann zog sie zu, bis unter der Haut die Venen fühlbar wurden und der Blutfluss stoppte. „Das Licht im Fond ist schwach, leuchte!", befahl sie. Ihr Gefühl wehrte sich gegen die Spannung, doch ihr Verstand sagte ihr, dass sie noch einen Moment ausharren musste. „Tupfer!", befahl sie. Erich reichte ihr ein zusammengefaltetes, trockenes Papiertaschentuch. „Mit diesem wird es gehen", sagte er. „Auf jeden Fall taugt es nach dem Schuss zum auf die Einstichstelle drücken. Alkohol zur Desinfektion habe ich leider vergessen mitzunehmen. Doch die Spritze wurde von mir eben erst aus der Verpackung gepullt. Die ist sauber." „Flasche!", schimpfte Gisa verächtlich. „Also gib als erstes die Spritze her, denn sobald ich am Arm mit dem Taschentuch zu reiben anfange, verschmiere ich nur den Dreck." Erich reicht ihr wortlos das Verlangte. Gisa hatte in ihren Praktika genügend Erfahrung mit dem Spritzen gesammelt. Sie zögerte keinen Moment. Wenigstens brauche ich nicht zu rasieren wie bei den meisten Tierpatienten, überlegte sie ironisch. Mit leichtem Druck auf das Kolbenende entließ sie das bisschen Rest Luft aus dem Zylinder. Dann stach sie in Richtung auf den Körper in die

Vene. So und jetzt, schoss es ihr durch den Sinn. Sie gestand sich keine Zeit zu, um weiterzudenken. Entschlossen wie nie drückte sie den Inhalt in die Vene. „Tupfer!", befahl sie, nahm Erich das Dargereichte aber nicht ab. „Drück drauf, sobald ich die Nadel gezogen habe!", verlangte sie stattdessen. Erich kam auch dieser Aufforderung nach. Gisa ließ die Spritze auf den Wagenboden gleiten und übernahm von Erich mit der freien Hand das Drücken. „So und jetzt..." Sie beugte ihren Kopf seitlich nach vorne, fasste die Lasche der Manschette mit den Zähnen und klappte die Arretierung hoch. Das Blut floss in den Körper zurück und vermittelte Gisa einen ersten Eindruck von Freiheit. Ihr blieb keine Zeit um sich selbst zu loben oder zu verdammen, denn schon setzte die Wirkung der Droge ein. Das also ist gespritzter Koks, murmelte Gisa, während die Wirkung sie explosionsartig einnahm und ihr Denken lahmlegte. „Oh mein Mädchen", flüsterte Erich, „wenn du wüsstest, dass du eben aufgekochtes Heroin durch die Nadel gejagt hast! Du würdest mich verdammen. Letzteres aber wohl erst nachdem du wieder halbwegs nüchtern bist. Aber ich sage es dir nie und nimmer. Ich spüre, dass du dich heute Mittag von mir abgewandt hast. Dein Verhalten beweist es und deine Augen sprechen Bände. Aber ich will eines auf keinen Fall: Dich verlieren! Also werde ich dich, wenn es sich schon nicht auf andere Art und Weise machen lässt, durch das Zeugs an mich binden, das dich im Moment überfällt. Und dann? Mir wird schon einfallen, wie ich dich ein zweites, drittes und viertes Mal zum Konsum bringe. Bis du am Ende ganz mir gehörst und ein Wrack wie ich bist."

In Gisas Körper hatte sich eine für sie neue Welt aufgetan. Der Kick versetzte sie in eine unbeschreibliche Euphorie. Das Wohlbefinden überwältigte sie und füllte jede Zelle ihres

Organismus aus. Sie kannte weder Zeit noch Raum, hatte weder Wünsche noch das Bewusstsein, dass sie nicht allein im Wagen war. Sie war sie selbst und was das entscheidende war, sie war sich selbst genug. Gisa bekam überhaupt nicht mit, wie Erich sich den Schuss setzte und auf die gleiche Art rasend schnell und intensiv vom Rausch eingesaugt wurde. Sie wunderte sich lediglich, dass er den Wagen bereits verlassen hatte, als sie aus der dem Flash folgenden langdauernden Verträumtheit, in der Wunderwelten sie umgaukelten, ein kleines Stückchen in die Wirklichkeit zurückkehrte. Sie konnte es sich nicht erklären, verspürte aber auch keine Lust es auszuforschen. Sie sah auf die vorsintflutliche Uhr im Armaturenbrett des alten Wagens und erkannte im schwachen Licht, dass die Zeiger auf früh am Morgen, halb drei, vorgerückt waren. Gisa war zu zufrieden, um nachzurechnen, wie lange das Wohlsein nun schon anhielt. Erich wird schon zurückkehren, dachte sie. Und wenn nicht? - Ach, du weißt, dass er zurückkommt. Und im Übrigen bist du viel zu faul, um dich über diesen oder einen anderen Umstand aufzuregen. Pah, der Überfall! Warum eigentlich nicht! Die Sache ist doch gut gelaufen und wird weiter gut laufen. Erich hat sein Süppchen gekocht, jetzt bist du dran und du kannst sicher sein, dass du am Ende auch triumphieren wirst.

Ungeniert begann Gisa sich anzutörnen und zu streicheln. Daraus wurde ein Stöhnen, das Erich in den Wagen zurücklockte. Auf engstem Raum fiel er über sie her. Sie gab sich ihm willig hin. Allzu willig und eigentlich völlig unverständlich, wie sie sich zwei Stunden später, über sich selbst im Unklaren, bekannte. Als es vorbei war, schlief sie ein und begann zu träumen, real und ohne, dass eine Droge sie stimulierte. In dem Traum kam ein kleines Mädchen vor, das zu Hause, in vertrauter Umgebung, unter lauter netten Leuten und lieben Haustieren, sorgenfrei lebend in Wehmut versank, weil es sich nach dem Paradies sehnte, dem Garten Eden, wie ihn der Pfarrer im Religionsunterricht geschildert hatte: Mit einer herrlichen Natur, genossen von schönen Menschen und Tieren, die weder krank noch alt wurden und auch nicht starben. Wo der Löwe auf Fleisch verzichtete und auch der Adler keine Beute machte, wo mit einfachen Worten gesagt, dieser Teufelskreis von Fressen und Gefressen werden, von Leben und Tod nicht bestand und daher das Verlangen und die Lust auf Sex sich erst gar nicht entwickelt hatte. Letzteres schrieb sie, als sie erwachte und sich müde die Augen rieb, dem vorangegangenen Erlebnis mit Erich zu. Für das andere hatte sie keine rechte Erklärung. Sie konnte sich vor allem beim besten Willen nicht daran erinnern, dass ihr irgendjemand in ihrer Kindheit das Paradies derart farbenreich erklärt hatte. „Später war der Gedanke an das Paradies aus deinem Inneren sowieso weggeblasen", murmelte sie ratlos.

„Was ist?" Erich war auf dem Beifahrersitz, auf den er sich offensichtlich irgendwann zurückgezogen hatte, hochgeschreckt. „Liebling, wie spät ist es?", erkundigte er sich. Er nahm die Arme hinter den Kopf und streckte sich wohlig in den Fußraum hinein. Gisa gab keine Antwort. „Komm, sei nicht zickig!", meckerte er. Sie tat nichts dergleichen. Erich schob seine Hand an der Kopfstütze vorbei und versuchte sie zu streicheln. Unwillig zuckte sie mit den Schultern. „Wenn du nicht redest, dann habe ich ein ernstes Problem. Und Probleme kann ich eigentlich nur lösen, wenn ich mir eine Bahn Koks genehmige. Willst du, dass ich eine Linie ziehe? Oder, was noch besser wirken würde, willst du, dass ich mein starkes Schmerzmittel nehme? Du weißt es noch nicht. Das macht richtig ruhig. Alles ist dir egal. Dass du etwas spürst, muss man dir schon den Arm ausrenken. Darunter geht es nicht. Da kannst du Schläge einstecken und spürst sie überhaupt nicht." Gisa kämpfte mit sich. Was er zuletzt gesagt hatte, machte ihr richtig Angst. Was war das für ein Mittel? Aus einer Intuition heraus verkniff sie sich die Frage und dachte stattdessen an die eigene Erfahrung vom Vortag. Na, ja! War eigentlich gar nicht so schlecht, wenn dir nur jetzt nicht so flau wäre, dachte sie. Sie schob eine Mitschuld auf den Hunger und schluckte mehrmals. Es wurde nicht besser. Sie versuchte daher das flaue Gefühl mit neuen Gedanken zu verdrängen. Ohne den Stoff hättest du bestimmt vor Aufgewühlt-Sein und Sorgen kein Auge zugetan, begann sie sich aufzurichten. Aber muss es heute schon wieder sein? „Wenn du mich anschauen kannst, dann kannst du auch die Uhr am Armaturenbrett anpeilen. Ich sitze ja nicht davor", ging sie endlich in rauem Ton auf seine Frage ein.

„Äh, zehn Uhr, wenn ich mich nicht irre. Und noch so finster?" Erich stockte einen Moment. „Ach so!", fuhr er fort, „die Autofenster sind ja verhangen. Das habe ich ganz vergessen." Er öffnete die Türe, stieg aus und zog die Decke vom Wagendach. Obwohl es ein mildes Dezemberlicht war, das noch dazu durch die Plexiglas-Fenster des Stadels abgeschwächt wurde, begann Gisa zu blinzeln. Nanu, dachte sie. Da kann doch etwas nicht stimmen. Sie fuhr sich mit beiden Händen über die Augen. Dann blickte sie nach unten. Oh Gott, dachte sie. Du bist ja immer noch unten ohne. Erschrocken fasste sie mit beiden Händen nach ihrer Hose, die bei den Füßen war und zog sie vehement in Richtung Bauch. „Erich, ich brauche frische Luft", heischte sie anschließend unbewusst um Zuneigung.

Er ging darauf ein. „Wie fühlst du dich?", erkundigte er sich.

„Eigentlich schlecht!"

„Du wirst sehen, das gibt sich schnell, wenn du was zum Kauen zwischen die Zähne bekommst!"

„Ich habe keinen Hunger!"

„Das einzige, was ich jetzt bräuchte, wäre eine duftende, volle Badewanne oder noch besser, ein erfrischendes Brausebad!" Erich lehnte seine Arme lässig auf die offene Wagentüre. „Haben wir nicht!", bekannte er. „Wir haben etwas Besseres. Eine Bahn Koks und du fühlst dich wie neugeboren." „Nicht schon wieder!" „Wieso nicht? Du weißt genauso gut wie ich, dass Koks nie zu einer körperlichen Abhängigkeit führt. Man kann also, wesentlich einfacher damit aufhören, wie wenn man zum Beispiel Krack oder das Schmerzmittel konsumiert." Wieder das Schmerzmittel, dachte Gisa. Was konsumiert er noch alles? Erich ist das reinste Chemielabor. Gisa konnte über die Eingebung, die ihr da zugeflogen war, nicht lachen. Sie stützte sich ab und stieg aus, nachdem er ihrem körperlichen Drängen nachgegeben und den Beifahrersitz freigemacht hatte. „Zuerst muss ich einmal mit mir selbst ins Reine kommen", sagte sie, „bevor ich mir dein Gelabere weiter anhöre."

Der Stadel machte einen nüchternen Eindruck auf Gisa. Außer einem Schwaden-Rechen waren keine weiteren Gerätschaften deponiert. Eine etwas dunklere Stelle am Boden markierte den Ort. an dem sie sich in der Nacht erleichtert hatte. Direkt vor dem Kühler führte einen breite Holztreppe auf den Oberboden. Am Rand der Luke war ein einfaches Holzgeländer montiert, hinter dem auf der einen Seite Heu und auf der gegenüberliegenden Stroh zu sehen war. Und, was jetzt, überlegte sie. Sie fühlte ihren leeren Magen. Eigentlich kein schlechtes Zeichen, dachte sie. Ihr war bewusst, dass sie mindestens zwanzig Stunden nichts mehr gegessen und auch nichts getrunken hatte. „Heh!", meldete sie ihren Anspruch an. „Kannst du vielleicht deinen Kofferraumdeckel öffnen und aus deinen gepriesenen Essvorräten schöpfen!" Erich hatte sich die Geld-Tüte geschnappt und war dabei seinen Fang zu zählen.

„Muss es gleich sein?", maulte er. „Bis jetzt bin ich nämlich, wie du weißt, noch nicht dazu gekommen meinen neuen Reichtum zu beziffern. Und im Übrigen kannst du dich ja selbst bedienen." Gisa überlegte. Tue ich wie er vorschlägt, dann brauche ich nicht weiter mit ihm zu reden. Mache ich es nicht, dann habe ich einen endlos langen Disput zu erwarten. Der Arsch! Er hat dich auf einen Schlag fertiggemacht und du bist überhaupt noch nicht zum Überlegen gekommen, wie du aus der Patsche wieder herauskommst. Gisa fühlte wie sich in ihrem Inneren Unsicherheit und Wut zu paaren begannen. Entnervt schnellte sie den Kofferraumdeckel nach oben. Eine Decke und mehrere gefüllte Plastiktüten stachen ihr ins Auge. Es gab auch einen zusammenlegbaren Spaten und einen blechernen Werkzeugkasten, Dinge, die sie im Augenblick überhaupt nicht interessierten. Zielsicher griff sie in eine der Tüten auf deren Wand sich mehrere Rundungen abzeichnete. Brötchen, dachte sie und so war es auch. Sie kramte solange weiter, bis sie auf einen eingewickelten Stapel Schinken stieß. Nachdem sie die Semmel der Länge nach durchgerissen hatte, legte sie dick auf, nahm aus einer anderen Tüte eine Flasche Mineralwasser und verzog sich wortlos über die Treppe auf den relativ niederen Heu-Stock.

Auf dem Speicher war es dunkel, doch das kam ihr gerade recht. Sie fühlte, dass dies ihr kleines Reich für die nächste viertel, ja, halbe Stunde war. An diesem Platz konnte der Versuch gelingen, mit den Dingen und der Situation ins Lot zu kommen. Doch das Heu roch anders, als sie es aus ihrer Kinderzeit in Erinnerung hatte: Modrig! Es fühlte sich auch so an. Im runden Kegel eines Lichtstrahles, der durch eine Lücke im Dach drang und die unergründliche Weite über ihrem Kopf durchquerte, stellte sie die Flasche ab, nachdem sie zuvor einen tiefen Schluck genommen hatte. Von unten glaubte sie zu hören, dass Erich mit seinem Zählen bei Siebentausend angekommen war. Na immerhin etwas, dachte sie. Es hat sich also gelohnt. Sie erschrak. Du bist doch nicht etwa auf seiner Seite, schoss es ihr in den Sinn. Sie hörte in sich hinein. Was sie spürte ließ ihre Unruhe zurückkommen. Gisa, du Depp, schalt sie sich. Du liebst den Arsch noch immer? Sie fühlte sich ohnmächtig. Mechanisch biss sie ein Stück von der Semmel ab und begann zu kauen. Als das Brötchen zu Dreiviertel in ihrem Magen gelandet war, wusste sie, dass es so sein musste. Wie war das? Was hatte Erich gesagt? Eine halbwegs ordentliche Strecke Koks in die Nase gezogen - nicht gespritzt, weil das ist zu stark - und der Verstand schärft sich derart, dass schwierige Dinge einfach werden und mit Leichtigkeit zu lösen sind. Sie sehnte sich unwillkürlich nach jenem totalen Glücksgefühl, das sie am Vortag nach der Spritze empfunden hatte. Du musst denken können, schraubte sie aus einem Gefühl der Verantwortung für sich selbst heraus, schweren Herzens ihre Erwartungen zurück. Was Erich gesagt hat, wird schon stimmen. Sie musste nicht beschließen, ihm zu vertrauen, sie tat es bereits. „Hi!", rief sie gedämpft nach unten. „Hier oben ist es ganz bequem und nicht so kalt wie bei dir. Wenn du mit dem Zählen fertig bist, dann komm nach und vergiss den versprochenen Koks nicht!"

Erich war im Nu bei ihr. Obwohl sie ihn nur ungenau sah, spürte sie aus seinem Wesen, dass er mit dieser Entwicklung der Dinge mehr als einverstanden war. Sofort regte sich ihr verletzter Stolz. Soll ich wirklich, dachte sie. Der Arsch hat dich voll eingewickelt. Erich suchte, mit den Utensilien die er mitgebracht hatte, den Lichtkegel. „Bleib mir vom Leib!", raunzte Gisa.

„Aber, ich muss das Zeugs doch herrichten. Er breitete umständlich ein Papiertaschentuch zwischen ihren Beinen aus und legte auf ihm behutsam zwei gefaltete Tütchen ab. „Für dich und für mich!", sagte er.

„Ich will nicht!"

„Wieso, jetzt plötzlich nicht?" Gisa schwieg. „Nun sag schon!", drängte er. „Weil ich nicht will!"

„Aber es würde dir schlagartig bessergehen!"

„Mir geht es auch so ganz ordentlich, bedenkt man, in was du mich da hineingeritten hast. Ich könnte dich erwürgen."

„Ja, die Liebe!" Gisa räusperte sich. „Diese Phrase höre ich jetzt schon zum zweiten Mal aus deinem Munde. Du willst doch damit nicht sagen, dass dein Verhalten mir gegenüber etwas mit Liebe zu tun hat? Du willst mich als dein Eigen besitzen. Nicht mehr und nicht weniger! Und mit dem Koks willst du mich abhängig und damit gefügig machen. Nicht mit mir!" Gisa fühlte, dass sich Erich ins Heu hatte zurückfallen lassen. „Aber Schatz!", kam seine Stimme aus dem Dunkel. „Was sollte ich gestern denn machen. Ich liebe dich. Die Zeit, die wir zusammen in deinem Appartement verbracht haben, war wunderschön. Du bist meine Stütze geworden. Was sollte ich denn machen? Ja, ich habe vor langem auch einmal gedacht, dass ich das Spritzen und Schnüffeln und all das andere Zeug im Griff habe. Ja und dann bin ich, sind meine Parteifreunde und ich, mit all unseren hochfliegenden Plänen in eine Sackgasse geraten." Erich kicherte trocken und blechern. „Was war ich doch naiv! Vorne und hinten Ethik und vorne und hinten hat sie nicht zu meiner Person gepasst." Er stockte einen Moment. „Dann schon eher einen Atommeiler hochgehen lassen! Das wäre meinem Zustand besser entgegengekommen. Ein Zustand, in dem ich möglichst viele zu einer Schicksalsgemeinschaft verschworene Menschen in mein Boot holen wollte. Obgleich, wenn ich so wie jetzt nüchtern bin, muss ich mir eingestehen, dass die ganze Idee ein Hirngespinst war und bleiben wird." Erichs Worte gingen in ein Flüstern über. „Ja, das entsetzt mich und zwar so, dass ich es ohne die Gefühle, die mir der Koks oder das Schmerzmittel vermitteln, überhaupt nicht ertragen kann." Gisa hörte ihn schluchzen. Wieder ergriff sie diese sonderbare Schwäche ihm gegenüber. Sie wollte nicht und doch suchte ihre Hand seinen Körper und begann ihn zu streicheln. „Und wenn ich in den nüchternen Phasen, die oft sehr lang und daher für mich ungeheuer anstrengend waren, dich und deine Gegenwart nicht gehabt hätte, ich glaube, ich wäre auf die Straße gelaufen und hätte jeden x-beliebigen Lieferanten auf den Knien um den Stoff angefleht, ungeachtet dessen, dass mir klar war und ist, dass man in der Szene nichts geschenkt bekommst. Zumindest hätte ich auf dem Computer weiter Rezepte für das Schmerzmittel gefälscht und mir davon jeden Tag eine Packung eingeschüttet. Ja, und dann ist mein Lieferant ausgefallen und..." Erich schwieg erneut. „Den Rest hast du mitbekommen", ergänzte er schließlich. Er drängte sich ungestüm an sie. „Sag, was soll ich jetzt machen?", verlangte er. „Verlass mich nicht! Du bist der Halt, den ich noch habe. Du bist der einzige Mensch, dem ich vertraue."

In Gisas Innerem versteifte sich alles. „Aber du kannst doch nicht einfach dein Schicksal zu dem Meinen machen, indem du mich hinterrücks, wie geschehen, kriminalisierst", begehrte sie auf. Erich schluckte. „Als ich die Sache durchdacht habe, hat mir dieser Punkt am meisten Kopfzerbrechen gemacht", bekannte er. „Ich liebe dich nämlich wirklich. Aber ich sah keinen anderen Weg..."

„Und was, wenn du mich rechtzeitig eingeweiht hättest? Meinst du nicht, dass wir zusammen nicht eine bessere Lösung hätten finden können." Gisa schob wie zur Untermauerung des Gesagten ihre Hand unter seinen Kopf und hob diesen ein wenig hoch. „Wir hätten zu meinen Eltern aufs Land ziehen können. Unser Haus hat eine wunderschöne Einliegerwohnung." „Ja, wenn ich ein paar Jahre jünger und nicht so lange völlig unabhängig gewesen wäre, hätte sich das vielleicht machen lassen", stimmte er teilweise zu. „So aber bin ich zu einer Stadtratte geworden, die sich nirgendwo anders als in der Anonymität der Häuserschluchten zu Hause fühlen kann. Sorry! Aber es ist so." Gisa ließ seinen Kopf vorsichtig zurückgleiten. Als sie die Hand zurückzog, spürte sie seine Finger auf den ihren. „Ja!", sagte sie in Gedanken versunken. „Du wolltest einen Meiler heiß laufen lassen und ich wollte im Grunde genommen den Tieren Menschenrechte eingeräumt sehen. Weißt du was! Etwas Gutes hatte die Sache, auch wenn wir schnellstens zusehen müssen, dass wir einigermaßen heil aus ihr herauskommen: Sie hat mich gelehrt, was Leben heißt. Bisher ist bei mir alles glatt gelaufen: Behütetes Dasein, klares Berufsziel! Alles ok.! Aber nun!" Sie tätschelte seine Hand. „Aber wir stehen das durch! Zusammen! So und jetzt gib mir die Strecke! Es soll die letzte sein."

Natürlich blieb es nicht bei diesem einen Konsum, denn selbst mit dem durch das Gift geschärften und geweiteten Horizont fiel ihnen keine Lösung ein, wie sie aus dem sicheren Stadel in ein wohnlicheres Domizil gelangen könnten. Selbst die Tatsache, dass der Überfall bisher im Rundfunk mit keinem Wort erwähnt worden war, trug in keiner Weise zur Lösung des Problems bei. Und so kauerten sie, fixten und schnüffelten noch zwei weitere bitterkalte Tage und Nächte in relativer Sicherheit im Heu, wobei es Erich verstand, Gisa den Heroinkonsum weiterhin als Koksgebrauch schmackhaft zu machen. Dann war das letzte Futter aufgezehrt und die Batterien der Taschenlampe am Ende. Das schale, eiskalte

Wasser, das Erich aus einer Furche auf einem Wald-Pfad hinter dem Stadel holte, hatte ihnen ohnehin von Anfang an nicht geschmeckt. Feuer aber getrauten sie sich keines zu machen. Der Aufbruch ließ sich wohl nicht mehr lange hinauszögern.

16.Kapitel

Ein gutes hatte das Rauschgift. Es half Gisa die fehlende Verbindung zu den Eltern durchzustehen. An die Uni hatte sie ohnehin kaum mehr eine Erinnerung. Ihre Gedanken kreisten stattdessen um den nächsten Kick, um diesen unmöglichen und gleichzeitig hilflos, lieben Kerl an ihrer Seite und um das trostlose Interieur des Stadels, welches ihrer Meinung nach nur durch den in ihren Augen immer noch harmlosen Kokskonsum auszuhalten war, wobei ihr Verstand ihr eintrichterte, dass man dessen ungeachtet das Spritzen und die Inhalation nicht übertreiben sollte. So oder so! Es musste eine Veränderung geben.

Der Gedanke, was zu tun sei, kam Gisa als sie am letzten Morgen ihres Aufenthalts, durch ein Astloch in der Stadel-Wand die Wiese begutachtete. In den vergangenen Tagen hatte sie immer wieder den Eindruck gehabt, dass es hier, wo eine dünne Bretterverkleidung das drinnen vom draußen abschirmte, gefühlsmäßig am wärmsten war und weit behaglicher als in der Enge des Wagens oder im muffigen Heu. Eigentlich störte nur, dass die gewellten Plexiglasscheiben keinen vernünftigen Blick ins Freie zuließen und Gisa sich deshalb mit der Ein-Augen-Sicht der Dinge bescheiden musste. Aber sie hatte gelernt auch damit umzugehen. „Es schneit", stellte sie unvermittelt fest. Sie presste ihr Auge ein wenig fester an das ungehobelte Brett und freute sich wie ein Kind, das mit dem ersten Schneefall den Wunschzettel an das Christkind verbindet. Tausende, nein hunderttausende Flocken, schwebten aus sphärischem Grau kommend auf das feucht glänzende Gras, das sich allmählich weiß einzufärben begann. Vor das stattliche Schloss mit seinen vier Türmen war ein undurchdringlicher Vorhang aus flockigem Nebel gefallen.

Im Schnee hast du dich immer wohlgefühlt, dachte Gisa. Ihr Gehirn spannte einen Bogen von den ersten Vorboten des Winters hin zum jährlichen Skiurlaub mit den Eltern während der Osterferien, den sie als Kind immer so genossen hatte. Warum eigentlich nicht, schoss ihr der Gedanke in den Sinn. Bis Ostern ist es zwar noch lang hin, aber sicher sind Raimondo und Hubert, samt ihren Familien, schon von ihrem quirligen Restaurant an der Adria zurück in die Berge und haben auf sechzehnhundert Metern Höhe und abseits jedes Durchgangsverkehrs ihr Ski-Hotel für die ersten Gäste geöffnet. Das ist es, überlegte Gisa. Kein Hahn und erst recht kein Carabiniere kräht nach Erich und nach mir, wenn wir beide als eine der ersten Besucher des Winters dort absteigen. Du kannst dich als die Gisa, das kleine Mädchen outen, das immer so interessiert zugehört hat, wenn dein Vater mit Raimondo über den Unterschied einer Südtiroler Jagd im Hochgebirge zu einer südbayerischen Niederwildjagd geplaudert und über die länderspezifischen Jagdgesetze gefachsimpelt hat. Wie gern hast du von der sonnigen Hotelterrasse aus durch das Fernglas auf die verirrte Gams zwischen den bogenstemmenden Skifahrern in der supersteilen Mittagsscharte gestarrt oder mit dem Glas ein kleines Rudel Hirsche im schütteren Bergwald verfolgt. Raimondo hat immer behauptet, dass den Tieren die Unruhe guttäte, die die Skifahrer verursachen, denn nur so blieben sie in Bewegung. Das aber wäre ein ausgezeichnetes Mittel gegen die Kälte, vorausgesetzt die Hirsche nähmen in den wenigen ruhigen Morgen- und Abendstunden die Fütterung gut an. Für letztere sorgt er. Mehr als einmal durftest du ihn dabei begleiten. Jedes Mal ein wunderbares Erlebnis auf Skiern! Weil Raimondo den Akia mit dem Futter hinter sich herzog, hast du dich in der Spur leichtgetan. Herrliche, abgeschiedene, kolossale Bergwelt!

Gisa erinnerte sich angesichts der momentanen Entbehrungen nicht von ungefähr an die dortige exzellente Küche, jenes schmackhafte Gemisch aus nordischer Deftigkeit und südländischer Leichtigkeit. Ihr lief das Wasser im Munde zusammen. Immer nur magere Brotzeit aus dem Kofferraum, das kann es doch nicht gewesen sein, resümierte sie. Außerdem, wer, wenn nicht gerade ein anderer Gast interessiert sich mitten in jener Freizeitwelt schon für einen kleinen Banküberfall. Gisa riss sich entschlossen aus ihrer Träumerei. Erich wird zu überzeugen sein, dachte sie nüchtern, während sie auf ihn, der sich einmal mehr am Kofferraum zu schaffen machte, zusteuerte. „Ich habe eine Idee!", rief sie ihm zu.

„Was für eine Idee?"

„Nun, wohin wir uns wenden, wenn wir in den nächsten Stunden dieses ungastliche Domizil verlassen."

„Und wohin wäre das?" Erichs Ton zeugte von Skepsis. Eine Gemütsregung, die auch seine ein wenig zurückgezogenen Schultern signalisierten. Weil er gleichzeitig mit seiner Körperhaltung unbewusst die Distanz zu ihr ausdrückte, begriff sie, wie es um ihn stand. Sein heller Dreitagebart verstärkt selbst im Dämmerlicht seine fahle Hautfarbe, dachte Gisa. Aus dunklen Rändern blickten Augen, in denen sie nicht einmal die Spur einer Begeisterung feststellen konnte. „Lass dir erzählen!", erbot sie sich eilfertig und versuchte damit den Schrecken zu überspielen, den ihr sein Aussehen verursachte.

Sie standen sich gegenüber. „Na dann schieß los!", bestimmte er müde.

„Also! Ich habe mir gedacht, wir fahren in den Winterurlaub und zwar über die Grenze in die Berge."

„Hm!"

„Was heißt 'hm'?" Erich zögerte. Solange hat er noch nie gebraucht, um eine Sache zu analysieren und eine Entscheidung zu treffen, erinnerte sich Gisa. Welch ein Leistungsabfall! Er scheint den Koks und das Andere richtiggehend zu brauchen. Und du selbst, fragte sie sich unwillkürlich. Alles in Ordnung? -Alles in Ordnung! - „Ich denke", fuhr Erich leise fort, „dass ich die ganze Organisation nicht so ohne weiteres und vor allem nicht so schnell schaffen werde. Wenn wir uns schon in die Öffentlichkeit begeben, dann gleich richtig!" „Was bedeutet 'gleich richtig'!

„Nun, ich meine, wir sollten zunächst das tun, was am wichtigsten ist!"

„Und das wäre?" Erich zögerte erneut. „Ich muss neuen Stoff besorgen und den alten bezahlen, oder sie lassen mich fallen wie eine heie Kartoffel. Nicht auszudenken, wenn ich mich in der Szene nicht mehr sehen lassen könnte. Vor Wochen habe ich das noch irgendwie durchgestanden, heute nicht mehr."

Gisa und er schwiegen sich betreten an, während ihre nichtssagenden Blicke aneinander abglitten und vom Halbdunkel um sie herum aufgesogen wurden. „Also gut!", ergriff Gisa von neuem die Initiative. „Wenn wir schon den Umweg über die Stadt machen, dann werden wir uns in irgendeinem großen Kaufhaus auch mit Sportkleidung eindecken können. Je größer die Bude, umso weniger fallen wir bei unserem Einkaufstripp auf. Was meinst du?" Erich zog die Stirne kraus. Er blieb lange Zeit stumm. Gisa hatte den Eindruck, dass es in seinem Gehirn so richtig arbeitete. „Na gut!"‚ sagte er endlich. „Ein großes Haus, zur Rushhour, also kurz nach Büroschluss minimiert auch meiner Ansicht nach das Risiko. Wenn wir also in der nächsten Stunde aufbrechen, dann schaffe ich es, rein zeitlich gesehen, Kontakt aufzunehmen. Was das andere betrifft, so machen wir es wie folgt: Ich gebe dir genügend Geld und du beschaffst für uns beide alles, was du an Kleidung für notwendig hältst. Doch egal wie, wasch dir vorher die Haare. Du wirst also zumindest eine Toilette aufsuchen müssen. „

„Quatsch! Ich kann mich doch nicht in aller Öffentlichkeit im Vorraum waschen..."

„Das sollst du auch nicht. Ich habe da eine bestimmte Örtlichkeit im Auge. Kennst du das kleine Hausmeisterklo im Keller der Uni?"

„Nein!"

„Aber ich! Wenn du dort die Türe von innen verriegelst, hast du Zeit, sowie genügend Wasser und Papiertücher. Und außerdem ist da ein überdimensionierter Heizstrahler, der bei voller Pulle deine Haare im Nu trocknet. Also, ich setze dich an irgendeiner U-Bahnstation ab, von der aus du zur Uni fährst. Anschließend begibst du dich von dort zum Shoppen in die Innenstadt. Kauf nur das Nötigste; bedenk, du musst alles allein aus der Stadt zur Endstation der Kliniklinie karren. Ich bin bis spätestens neunzehn Uhr auf dem dortigen Parkplatz. Kliniklinie deshalb, weil es an diesem Ort keine Polizeistation gibt und weil dort bis in die späten Abendstunden reger Besucherverkehr von Leuten herrscht, denen ihre eigenen Sorgen die Sinne umnebeln. Wenn du warten müsstest, geh bitte nicht in den angrenzenden Park, sondern verzieh dich in ein Wartehäuschen der Stadtbuslinie, ganz so als würdest du noch ein paar Busstationen anhängen wollen. Die Wartehäuschen sind nämlich nicht videoüberwacht, die U-

Bahnstationen dagegen schon und im Park patrouillieren Fußstreifen. Aber ich werde versuchen pünktlich zu sein, so dass du nicht allzu lang wirst bangen müssen. " „Und du?", unterbrach Gisa genervt. „Können wir nicht einfach miteinander?"

„Nein! Wenn jeder alleine loszieht, ist es um eine Spur sicherer. Denn die Leute dürften es aufgrund der Aufnahmen der Überwachungskamera gewöhnt sein, uns im Doppelpack zu sehen. Treten wir getrennt auf, geben wir sozusagen ein anderes Bild ab, ein Bild auf das nur die wirklich kritischen Beobachter anspringen dürften." „An was du alles denkst!", rief Gisa überrascht. „Und ich dachte vorhin, dir geht es nicht gut!"

„Ging es mir auch nicht! Aber sobald mich eine Idee fesselt, bin ich wieder der Alte und nicht das Wrack, vor dem ich mich heute selbst schon gefürchtet habe. "

Gisa wippte kurz auf den Zehen. Nein willst du nicht, befahl sie sich. Gisa, du willst dieses Thema nicht vertiefen. Nur raus aus diesem scheiß Stadel! Das ist das Allerwichtigste. „Ist o.k.", schnitt sie jede weitere Diskussion ab. „Also, ich mache das Meinige und du das Deinige", beendete Erich die Lehrstunde. „Und jetzt schauen wir, dass wir hier zusammenpacken und ganz schnell verschwinden! Weitere Details werden sich ergeben. Übrigens, wo soll die Reise denn letztendlich hingehen? Die Schweiz hat eine kontrollierte Grenze, kommt also nicht in Frage."

„Das Ziel ist mein Geheimnis. Aber mach dir keine Sorgen. Im Übrigen nur so viel! Als Kind habe ich dort mit meinen Eltern mehrere Jahre hintereinander sehr schöne Skiferien verbracht!"

„Bist du sicher!", unterbrach Erich besorgt, „dass man dich dort nicht sofort wiedererkennt!" „Na und! Das kann und soll meinetwegen geschehen. Und jetzt merk auf, was ich mir zu

Recht gelegt habe! Also! Du bist für jeden mein Verlobter und ich bin dabei dir die glücklichen Stationen meiner Jugend zu zeigen. Das ist das eine! Das andere aber ist, dass es, soweit ich mich zurückerinnere, in unserem gemütlichen Hotel keine einzige deutsche Zeitung gab und wie ich die Wirtsleute in Erinnerung habe auch heute noch nicht geben wird. Die Österreicher aber werden kaum über deinen kleinen Raub berichtet haben. Ist das ein Sicherheitsplus oder ist das keines?" „Ja!", gestand Erich unumwunden ein. „Genug der Pläne! Machen wir uns auf die Socken! Im Übrigen schlage ich vor, dass wir uns heute erst stimulieren, wenn wir glücklich in deiner gepriesenen Unterkunft angekommen sind." Solange clean, dachte Gisa unwillkürlich. Ihr Einfall verunsicherte sie. Entschlossen löste sie das Beisammenstehen auf und um sich abzulenken begann sie mit Eifer rund um den Wagen nach verräterischen Spuren des Aufenthaltes Ausschau zu halten. Aus ihrer Sicht war der Aufbruch gestartet.

Der Tag verlief nahezu wie geplant. Ungut war nur, dass sich das Hausmeisterklo in der Uni nur mit einem Steckschlüssel versperren ließ, den wohl, wie Gisa mutmaßte, jeder Befugte am Gürtel hatte. Die Waschprozedur war dadurch überaus anstrengend. Immer wieder schielte Gisa im Wandspiegel unruhig nach der Tür in ihrem Rücken. Ihr flauer Magen beruhigte sich erst als sie sich nach Minuten, die sie für Stunden hielt, den Pulli über den Kopf zog. Das Einkaufen hingegen machte Spaß. Genüsslich fuhr sie die Rolltreppen rauf und runter. Das war etwas anderes als die Katzenstiege im Stadel.

So nebenbei entschied sie sich in der Sportabteilung nach genüsslichem Suchen und Begutachten für zwei superleichte Markenskianzüge. Als sie zur Unterwäsche und zu sonstigen kleineren Dingen kam, interessierte sie sich einen Moment lang für die Umgebung. Dabei stellte sie verblüfft fest, dass kein Mensch Notiz von ihr nahm. Nachdem sie als letztes noch zwei paar Hausschuhe erstanden hatte, wurde ihr schön langsam die Arme vom Tragen schwer. Gisa sah auf die Kaufhausuhr. Halb sieben! Das müsste passen in Hinsicht auf das, was zeitmäßig ausgemacht ist, schoss es ihr in den Sinn. Und damit genug! Du hast alles, was man für die Tage im Schnee braucht. Skistiefel und Ski wirst du vor Ort ausleihen. Sie steuerte auf die Kassentheke zu. Die Kassiererin scannte die Waren ein. Ihr nichtssagender Blick richtete sich nur ein einziges Mal auf ihre Gegenüber.

Als Gisa bezahlt hatte, reichte die Frau die Sachen zum Verpacken an ihre Hilfskraft weiter und schob ihr wortlos das Scheckkartenlesegerät zu. Gisa riskierte einen Blick auf den Betrag. Aha, dachte sie, bei einer Summe von nahezu tausend Euro, würde ich das an ihrer Stelle genauso machen. Gisa zögerte. Ein ungutes Gefühl schnürte ihr die Brust zusammen. Doch dann gab sie sich einen Ruck und griff entschlossen in ihre Umhängetasche. Sie zog das Bündel Hunderter hervor, von dem sie wusste, dass es exakt zehn Scheine enthielt. Die Kassiererin blickte kurz auf, streckte dann jedoch die Hand aus, um das Geld in Empfang zu nehmen. Gisa war nah daran, es ihr zu geben, als ihr Blick im letzten Moment auf die noch unversehrte Banderole fiel. Verdammt, durchzuckte es sie. Was ist, wenn diese Frau von dem Überfall gelesen hat? „Warten sie!", bat sie geistesgegenwärtig. „Ich streife nur das Band ab und zähle nach. Ich habe nämlich schon im Geschäft, in dem ich vorhin war, eine Kleinigkeit bezahlt." Gisa senkte die Arme, so dass die Theke ihrer Gegenüber die Sicht nahm. Entschlossen streifte sie die Papierschlaufe ab.

„Habe ich mir beinah gedacht", spielte sie die Erleichterte. Vorhin habe ich mit meinem Restgeld bezahlt. So jung und bin schon eine solche Schussel!" Gespannt musterte Gisa aus den Wimpern heraus die Kassiererin. Doch deren Gesichtsausdruck verriet keinerlei Misstrauen. Da die Hilfskraft die ganze Zeit über voll mit dem Zusammenlegen und Einpacken der Ware beschäftigt gewesen war, drohte auch von dieser Seite keine Gefahr. Sie konnte es trotzdem kaum erwarten, bis ihr die beiden randvollen Einkaufstaschen überreicht wurden.

Gisa genoss die Befreiung als die Prozedur endlich ausgestanden war und die Kaufhausangestellten ihre Routine auf den nächsten Kunden richteten. Befreit strebte sie dem Ausgang zu. Auf dem Weg dorthin spürte sie weniger das Gewicht dessen, was sie davontrug, sondern vielmehr, dass sie am ganzen Körper schwitzte. Wenn das so ist, dachte sie, dann hast du sicher auch rote Verlegenheitsstreifen am Hals. Sie blickte zur Kasse zurück und stellte erleichtert fest, dass ihr niemand hinterher sah. Trotzdem gut gegangen, dachte sie nach Fassung ringend. Letztere kam allerdings erst, als sie, nach einer ihrer Meinung nach endlosen Fußstrecke, die allerdings weniger als fünf Minuten in Anspruch genommen hatte, in das Menschengewimmel des U-Bahnhofes eintauchte. Geschafft, jubelte ihr Inneres. Bloß weg von hier!

Als gute Kennerin der Verkehrsverhältnisse hatte sie sich bereits vor ihrem Einkauf eine Tageskarte für das gesamte U- und S-Bahnnetz gekauft. Sie nahm den nächsten Zug in Richtung Innenstadt. Mit diesem fuhr sie die eine Station zum Hauptumsteigebahnhof. Sie hatte Glück, denn bereits die zweite dort einfahrende Wagengarnitur war auf dem Weg zur Endstation Universitätsklinikum. Da Erich sich ebenfalls an seinen Zeitplan gehalten hatte, ging der Rest glatt, so dass sie sich kurz vor zwanzig Uhr mit vollgetanktem Wagen – Erich hatte wirklich an alles gedacht - auf der Autobahn in Richtung Gebirge befanden. Im gleichmäßigen Brummen des Motors wich die Anspannung aus ihren Gesichtern. „Wenn ich vernünftig weiterfahre", stellte Erich nach einer langen Zeit des Schweigens, in der jeder seinen eigenen Gedanken nachgehangen war, schließlich zufrieden fest, „dann sind wir bis gegen dreiundzwanzig Uhr am Eingang zu irgendeinem Tal." „Ja, aber es ist ein Hochtal", gab Gisa zu bedenken und daher müssen wir den Wagen zunächst noch die Serpentinen hinaufquälen."

„So! Dann wird es eben eine halbe Stunde später. Du sagst mir bitte rechtzeitig, wann ich die Autobahn verlassen muss und in welche Richtung es anschließend weitergeht. Bis dahin will ich dich damit nicht löchern. Es lenkt sich angenehmer, wenn man sicher ist, dass der Beifahrer nicht zu früh, aber auch nicht zu spät einweist. Liebste, richte dich danach!"

Gisa starrte geraume Zeit gedankenverloren auf die Felswände, die vor jeder Kehre im Scheinwerferlicht auftauchten: dunkel, drohend, mal diesseits des tosenden Baches, mal jenseits. Die lange Fahrt blieb der Feind jeglicher Unterhaltung. Erich sah schweigend über das Lenkrad hinweg. Der Anblick eines mondbeschienenen Findlings, rechts neben der Straße, elektrisierte Gisa. Papa, nicht wahr! Jetzt sind wir gleich am Ziel, hörte sie im Inneren ihre Stimme aus ferner Kindheit: Ja, Kleines! Noch hundert Meter und dann weitet sich das Tal noch mehr und du siehst die Lichter des Orts und rechterhand am Hang ahnst du Raimondos Terrasse hinter dem Schneewall. Es ist wirklich nicht mehr weit. Au fein, Papa! Ob er und Hubert uns schon erwarten? Sicher! Wir stellen den Wagen auf den reservierten Platz. Das Gepäck lassen wir vorerst, denn wir

haben wie jedes Jahr unser Zimmer in der Dependance... Papa,
lass mich den Rest beschreiben! - Wir queren die kleine Halle
und marschieren direkt auf Raimondo zu, der hinter dem
Tresen steht und uns mit seinen Augen anstrahlt. Der sofort für
Mamma, für dich und für sich selbst einen Campari sowie für
mich eine Limonade einschenkt. Wir trinken und sind glücklich
da zu sein.

Der beleuchtete schneeumrandete Parkplatz war nur mit zwei
Autos belegt. Gisa atmete erleichtert auf. Durch das Glas der
Haupteingangstür schimmerte das Licht gelblich aus der Halle
und schuf einen hellen Kreis auf den blankgekehrten
Steinplatten. Gisa sah an sich hinunter, bevor sie den Griff der
Tür in die Hand nahm. Raimondo wird sofort merken, dass die
Sachen neu und von der Stange sind, dachte sie. Aha, wird er
sich sagen. Das sind zwei Neue, die das Skifahren lernen
wollen. Was hat die zu Beginn der Saison zu uns her
verschlagen? Um diese Zeit kommen im Großen und Ganzen
nur eingefleischte Tourengeher. Kenne ich sie? Oder ist etwas
faul?
Mein Gott, so wird er denken, überlegte Gisa. Schreck
durchzuckte ihren Körper. Ist es nicht besser umzukehren?
Unentschlossen wandte sie den Blick nach hinten. Erich befand
sich am Rand des Lichtkegels. Warum nicht, sagte sich Gisa
angesichts der Selbstverständlichkeit mit der er dort stand. Wer
weiß, für was es gut ist. Raimondo wird sicher nicht auf der
Stelle zum Telefon greifen und die Carabiniere rufen, sollte er
entgegen allem Erwarten vom Raub wissen und Erich und dich
aus der Zeitung kennen. Er wird höchstens sagen: Meine
Dame, tut mir leid. Wir sind zwar früh in der Saison, aber wir
sind belegt. Wir erwarten diese Nacht noch eine größere
Gesellschaft. Gisa fuhr ein neuer Gedanke in die Glieder. Aber

du bist ja eine Gaunerin, dachte sie. Nein! - Doch! Egal! Du bist hier und deshalb hinein in die gute Stube!

Raimondo erkannte sie nicht sofort. Er sah sie nur immer wieder fragend an, während sie zusammen den Begrüßungs-Campari tranken. Gisa war sich irgendwie sicher, dass ersteres nichts mit dem Raub zu tun hatte. „Raimondo, kennst du mich nicht mehr", ging sie daher aufs Ganze. „Ich bin es, die kleine Gisa. Du und Papa haben sich immer über die Jagd unterhalten."

„Ja, die Gisa!", staunte Raimondo. „Aus dir ist, wie ich sehe etwas geworden. Fein, dass du uns besuchst. Wie geht es deinen Eltern?" Obwohl sehr schnell todmüde, plauderten sie nahezu noch eine Stunde über die alten Zeiten, ehe Erich und sie sich schließlich in die Dependance mit ihren immer noch nicht schalldichten Wänden zurückzogen. Gisa erinnerte sich hier vor dem Einschlafen als letztes an die Opernsängerin, die während einem der Familienurlaube das Nebenzimmer hatte und jeden Morgen gegen acht Uhr lautstark ihre Stimmübungen durchs Haus schmetterte. Rauf, runter und immer wieder!

Am zweiten Tag passierte es. Raimondo, der gute Menschenkenner, fühlte längst, dass dem kleinen sorglosen Mädchen von damals, die Seele schwer war. „Gehen wir Hirsche füttern", sagte er, als sie allein und in voller Montur in die Skikammer kam. „Wo ist denn dein Holder?"
„Erich pennt noch!"
„Auch gut! Du bist sowieso die Letzte. Alle anderen sind schon bei den Liften. Nach dir bin ich hier fertig. Dann brechen wir auf. Wir beide mit dem Akia, wie in alten Zeiten!"

Raimondo schwang auf seinen Skiern im nichtgespurten Pulverschnee samt Akia, weit mal nach links und anschließend nach rechts und umgekehrt ausholend, ins Tal. Gisa hatte Schwierigkeiten ihm zu folgen. Auf seine Stöcke gestützt, erwartete er sie in der Senke. Sie wischte sich die Stirn. „So Mädel, hier sind wir allein. Erzähl! Dich bedrückt doch etwas. Sind es deine Eltern? Ist es dein fußfauler Erich? Was ist?" „Es ist wegen ihm. Aber auch ich habe mich schuldig gemacht." „Komm steigen wir leicht nach rechts bergan, für den Fall, dass uns dein Erich vom Fenster aus beobachtet. Bleib, so gut es geht neben mir, dann lässt sich leichter reden."

Gisa redete sich im Folgenden ihren Kummer von der Seele. Sie spürte Meter um Meter wie gut ihr das tat. Als sie den Futterplatz mitten im Bergwald erreichten, hatte sie sich alles von der Seele geredet. „Fertig?", erkundigte sich Raimondo nach ihrem letzten Wort. „Also pass auf! Wir laden das hier ab!" Er deutete mit dem Skistock auf den Akia. „Dann fahren wir ab und steigen anschließend zum Hotel auf, so als wäre nichts geschehen. Du verbringst anschließend wie üblich den Nachmittag mit ihm und ich bestelle für nach dem Abendessen auf Kosten des Hauses ein Taxi, das dich, so wie du vom Essen kommst und ohne alles Gepäck nach Bozen zum Bahnhof bringt. Keine Sorge, ich instruiere den Taxifahrer, dass er dir drei Hunderter für die Fahrkarte uns Sonstiges aushändigt. Gut, dass ihr in der Dependance wohnt. Da hast du wenigstens deinen Anorak beim Abendessen dabei und du hast ordentliches Schuhwerk an deinen Füßen. So und jetzt gib mir die Telefonnummer von deinen Eltern, damit ich sie von deiner Ankunft bei ihnen verständige. Ich verspreche, ich bringe es ihnen so schonend wie möglich bei. Auch deinen Erich lass meine Sorge sein. Ich werde ihn rechtzeitig vor deinem Abgang entsprechend beschäftigen. Gut möglich, dass euer Auto mehrere Platten bekommt. Ich werde ihm helfen und dabei werden wir ordentlich einen heben. Wenn er Drogen mag, mag er auch Alkohol. Keine Sorge, er bekommt überhaupt nicht mit, dass du aufbrichst."

Die Sache verlief genau nach Plan. Irgendwie erleichtert bestieg Gisa spät in der Nacht, ohne alles außer dem verbliebenen Geld in der Tasche ihres Anoraks, den Zug über Innsbruck, Rosenheim nach München. Zuvor hatte sie sich noch in Bozen umgesehen. Zum ersten Mal seit langem hatte sie sich frei gefühlt.

17. Kapitel

Herf schlief wenig in den Nächten vor Gisas Flucht nach Südtirol. In den kurzen Schlafphasen taten sich ihm Abgründe auf. Tiefen, in die er zu stürzen drohte, wechselten ab mit Erdmassen, die ihn erdrücken und Hämmern, die ihn zerstampfen wollten. Sie alle hatten plumpe, hämisch grinsende Gesichter. Visagen, die er zu kennen glaubte, die jedoch immer wieder das Aussehen wechselten und zu geifernden Fratzen gerieten. War es früher lediglich die innere Unruhe, die ihm den Schlaf raubte, so war es nunmehr blankes Entsetzen, das ihn dazu trieb, das nächste Einnicken hinauszuzögern.

Herf war kurz davor endgültig die Beziehungen zu seiner Umwelt abzubrechen. Niemand ahnte davon. Es waren Nächte, in denen sein dumpfes, grauenhaftes Stöhnen Elli von Zeit zu Zeit aus dem Schlaf riss und sie bewog, begütigend ihre Hand nach seinem Körper auszustrecken. Nächte, die das Schicksal boshaft verstreichen ließ, bevor es Gisas Weg auf grauenvolle Weise mit dem von Herf sich kreuzen ließ.

War es Bestimmung? War es Zufall? Die Geschichte kennt kein „wenn, dann!" Gisa und Herf trieben aufeinander zu, wie zwei Schiffe, deren wuchtige Massen sich mitten in der unendlichen Weite des Ozeans treffen müssen und die bis dahin zu der ungeheuren Größe des Meeres verschwindend klein scheinen. Wer weiß, wer die Kapitäne dazu bewegt, auf das Milliardstel genau diesen Kurs einzuschlagen? Soll das Schicksal Mahnung sein? Ist das scheinbar Sinnlose geeignet, an anderer Stelle noch Schlimmeres zu verhüten? Wer kennt die Antwort? Wer kann behaupten, dass der sofortige Tod eines Terroristen, Leid verhindern hilft? Löscht nicht erst Leid, Leid aus und besteht nicht in ihm für viele die einzige Chance, durch es zum Mitmenschen zu werden. Zum Mitleidenden und Mithelfenden, dem wahren Bruder also. Ein Mensch, der nicht im Schmerz geläutert wurde, weiß nur das zu nennen, was ihm im Moment bekommt, danach giert er; derjenige, der Leid erduldet hat, versteht sich aufs Garnichtstun, aufs einfache Dasitzen und Genießen.

Gisa war noch nicht soweit. Vielleicht hielt das Schicksal aus diesem Grund eine finale Lehre für sie bereit und setzte im richtigen Moment die Rädchen in Gang. Gisa und Herf! Sie kannten einander nicht und hätten sich sehr wahrscheinlich auch nie wirklich kennen und verstehen gelernt. Ihre Erziehung hatte sie während ihrer Kindertage unterschiedlich geprägt; hatte sie solange in Formen gepresst, bis sie und er in den ihnen zugedachten Rollen gefangen waren. Nie und nimmer hätte Gisa, ungeachtet all ihrer Phrasen, den Arbeiter, den einfachen

Menschen verstanden, den sie in ihm gesehen hätte, hätte sie ihn nur gekannt. Er aber wäre mit Unverstand von ihren literarischen und sonstigen Eskapaden abgerückt, denn harte körperliche Arbeit vereinbart sich nur in Ausnahmefällen mit noch schwererer Geistiger. Obwohl sie einander völlig gleichgültig sein konnten, setzte sich ein jeder so rechtzeitig in Bewegung, dass ihre Wege sich notgedrungen an der bestimmten Stelle kreuzen mussten. Dass es die Schiene sein sollte, die diese Begegnung ermöglichte, stand wegen Herf als einzige Größe in etwa fest. Der doppelte Eisenstrang war der Inhalt seines mittlerweile irren Lebens. Ihr war er, wie gesehen, der Mittel zum Zweck. Genug also, um eine Gemeinsamkeit zu flechten.

Waren es vor dem mehrere, so stand nun bis zu jenem Zusammentreffen nur noch eine aus. Es war 19.45 Uhr, die Zeit nach Gisas letztem Abendessen. Drei Stunden später war Herf mit einer neuen Technik entlang des Bahndamms unterwegs. Letztere bestand aus einem exakt gearbeiteten, stabilen, konisch verlaufendem und überlappenden Bremsklotz, den er, bevor der erste Frühzug daher brauste, im geeigneten Moment mit starken Pressschrauben auf eines der Gleise klemmen wollte. Herf schleppte schwer an seinem Material.

Gisa hatte nur noch wenige Stunden unbeschwerten Daseins vor sich. Ihr Tod kam schnell. Er liest sich in einem einschlägigen Zeitungsartikel, wie folgt:

„Mit dem Zug fahren ist sicher! Doch gestern um zwölf nach fünf entgleiste aufgrund eines offensichtlich von einem Verbrecher geschmiedeten und auf dem Gleis befestigten Bremsklotzes der aus Richtung Rosenheim kommende Fernzug auf seiner Fahrt in die Hauptstadt. Zu beklagen sind eine Tote, eine junge, Frau, etwa Anfang zwanzig, bei deren Leiche sich kein Ausweis, sondern nur ein in Bozen gelöstes Ticket fand, sowie mehrere zum Teil schwer Verletzte. Hätte der Zugführer wegen eines erwarteten Vorsignals das Tempo nicht vermindert gehabt, hätte es wahrscheinlich einige Tote mehr gegeben. Es bleibt die Frage, was geht in einem Menschen vor, der wider alle Vernunft derartiges in seiner Verbohrtheit, Verzweiflung oder auf seinem Weg zum Wahnsinn plant und auch ausführt?"

Gisa, die Tote, war genau eine zu viel. Herf war schuld. Wie groß seine Schuld ist, mag jeder Leser, anhand dessen, was er mitbekommen hat, selbst beurteilen. Der Autor hofft, dass er zeigen konnte, was im Vorfeld des schrecklichen Ereignisses mit Gisa und Herf geschehen ist.

+++

www.ingramcontent.com/pod-product-compliance
Lightning Source LLC
Chambersburg PA
CBHW071338280526
45787CB00001B/137